現代哲学のキーコンセプト
非合理性

現代哲学のキーコンセプト

Irrationality

非合理性

リサ・ボルトロッティ
Lisa Bortolotti

鴻 浩介………訳
一ノ瀬正樹……解説

岩波書店

ジュリオ・パタノスターと
アンナ・ボナリア・マメーリに捧げる

IRRATIONALITY
by Lisa Bortolotti
Copyright © 2015 by Lisa Bortolotti

First published 2015 by Polity Press, Cambridge.
This Japanese edition published 2019
by Iwanami Shoten, Publishers, Tokyo
by arrangement with Polity Press, Cambridge.

謝　辞

　ポリティ出版のエマ・ハッチンソン，パスカル・ポーチェロン，サラ・ランバートの3人には大変にお世話になった．彼女らの本当にねばり強く，理解あるサポートに心から謝意を示したい．

　バーミンガム大学の哲学・神学・宗教学部に設置された「健康と幸せの哲学研究クラスター」では多くのことを学ばせてもらった．生徒たちや同僚とのたくさんの会話は私にとってこのうえなく刺激的で，こうした会話のおかげで私は合理性や人の行為者性に関する自分の考えを形作っていくことができた．また，本書の草稿全体を校正し，鋭いコメントをくれたベンジャミン・コステロにもお礼を言わせてほしい．

　本書の議論のいくつかはすでに別の著作で展開したものだ．そうした著作のなかには私が単独で執筆したものもあるが，かけがえのない共同研究者との共著もある．ジリアン・クレーギー，マッテオ・マメーリ，ロシェル・コックス，アマンダ・バルニエ，バート・ハインリッヒス，マシュー・ブルームに感謝する．私に力を貸してくれてありがとう．そして，非合理性をめぐるたくさんの哲学問題に関する，貴重な洞察を学ばせてくれてありがとう．

　最後に，本書の2章と4章の準備においては，芸術・人文科学研究会議のフェローシップ（「不完全な認知の認識的な無実さ」，課題番号 AH/KOO3615/1）から助成を受けている．ここに記して感謝の意を表したい．

目　　次

謝　　辞

序　　論 ……………………………………………………………………… 1

本書の計画 …………………………………………………………… 2

本書の方法論 ………………………………………………………… 5

いくつかのテーマ …………………………………………………… 6

本書の構成 …………………………………………………………… 7

1　非合理性と解釈 …………………………………………………… 13

1.1　ふるまいを予測・説明する ……………………………… 14

1.2　合理性か，それとも理解可能性か？ ………………… 20

1.3　推論の体系的な誤り ……………………………………… 28

1.4　限界をもった存在にとっての合理性 ………………… 35

1.5　合理性と信念の本性 ……………………………………… 42

結論と含意 …………………………………………………………… 47

文献案内 ……………………………………………………………… 49

2　非合理性と心の健康 …………………………………………… 51

2.1　狂気とは合理的でないことか ………………………… 52

2.2　狂気とは病んでいることか …………………………… 58

2.3　精神医学の診断における非合理性 …………………… 64

2.4　非合理性と行為の責任 …………………………………… 73

2.5　非合理性，心の健康，そして行為者性 …………… 80

結論と含意 …………………………………………………………… 86

文献案内 ……………………………………………………………… 88

vii

3 非合理性と選択 89

3.1 感情と意思決定 90
3.2 感情と道徳的な行為者性 99
3.3 直観と意思決定 106
3.4 知恵と熟練 115
結論と含意 122
文献案内 127

4 非合理性と世界 129

4.1 認識的な合理性と科学 129
4.2 現実から乖離した信念 139
4.3 記憶の歪曲と自己物語 145
結論と含意 156
文献案内 158

結論——非合理な人間の行為者 161

参考文献 163
日本語参考文献 187

解説　非合理性と合理性の伸縮 ......一ノ瀬正樹......189

訳者あとがき 199
索　引 201

〔　〕は訳者による補足である
［　］は原著者による引用への補足である
脚注はすべて訳者による注である
傍点は原文でイタリック体になっている箇所を表す

表紙の図版は，北岡明佳・立命館大学教授（知覚心理学専攻）の作品「不可能立方体列」
（http://www.psy.ritsumei.ac.jp/~akitaoka/fukano2.html）を参考にして作成した.

序　論

　社会で生活していると，何かを「非合理だ」と判断するときが必ずあるもの
だ．そして，こうした判断が私たちのやりとりで重要な役割を果たすことは珍
しくない．それでは，私たちの考える非合理性とは何なのだろうか．私たちは
何を根拠に，あるものを非合理と判断しているのだろうか．非合理性は，人の
行為者性をどれくらい損なうのだろうか．本書はこうした疑問を扱う本である．

　本書の目標は大きく3つあり，その1つ目は記述的なものだ．私は非合理性
を理解するうえで支配的になっている考え方をいくつか検討していき，それら
がどのような点で連続していて，どのような点で連続していないかを明らかに
する．これを実行するためには，哲学と認知科学における近年の論争を概観す
ることになる．合理性の規範といわれるものはいくつも存在するが，そのどれ
についても，「人のふるまいは本当にその規範にしたがっているか」という論
争があるのだ．

　人の行為者性とはすなわち合理的な行為者性だ，と前提されることがある．
本書の2つ目の目標はこの前提に異議申し立てをすることだ．非合理なふるま
いを例外的な何かだと考えてはいけない．非合理なふるまいを規範からの予想
外の逸脱として説明し，片付けてしまおうというのは間違っている．むしろ逆
に，非合理性は人のふるまいの核心をなす性質の1つとみなすべきだ．たしか
に，非合理性はさまざまなことに対して厄介事を引き起こすかもしれない．知
識を学ぶことや，目的を追求することに対して．あるいはもっと一般的に，す
ぐれた生き方をすることに対して．だが，非合理性がありふれたものだと承知
していれば，こうした影響を抑えるためにはどうすればいいかもわかってくる
はずだ．

　3つ目の目標は，認知的なものと感情的なものの関係を見直し，直観的／連
想的なプロセスと熟慮的なプロセスの関係を見直すことだ．近年の経験科学の
研究によって，態度の形成や問題解決，そして意思決定で感情が果たす役割を
再評価しようとの気運が高まっている．こうした議論をふまえれば，「合理性

とは感情的な反応に引きずられないことである」との考えがなぜ疑わしいか，その理由がいくらか見えてくるだろう．合理的な行為者は正しい信念と整合的な選好をもち，よい選択を行う．それはすなわち，文脈しだいで感情と直観に頼りもすれば，もっと反省的・熟慮的なやり方を使いもするということなのだ．

本書が閉じられるころには，私は1つの枠組みの素描を終えたことになるだろう．それは人の心理の現実的なあり方に即して，かといって悲観主義には染まらずに，人の行為者性と合理性の結びつきを描き出すものである．

本書の計画

非合理性とは何だろうか？　どうしてそれが，そんなに重要な概念なのか？私がこうして非合理性の本を執筆した最大の理由は，学問や日常生活で人がこの概念を使うとき，何を意味しているのか明確にしたかったことだ．普遍的に受け入れられている非合理性の定義は存在しないし，実際のところ意味がコロ・・コロ変わる言葉だと感じている人もいるだろう．非合理性という概念がなかなか明確化できない理由もそれで説明できる．ペナルティをともなうふるまいを批判するとき，私たちは「そんなのは非合理だ」と言う．だが，どのようなふるまいにペナルティがともなうかも，なぜそれがペナルティを受けるかも，文脈しだいで変わるのだ．文脈によって，行為者性のどの側面が問題になっているかが変わってくるからである．

では人の行為者性とは何か？　行為者とは，何らかの行為をする者のことだ．そのなかでもとくに人の行為者を考えている場合，その行為者が一定の能力を・もっていることを私たちは前提している．すなわち，熟慮して最もよいと思う行為を決め，それにもとづいて行為する能力である．もう少しくわしくいえば，人の行為者はそれぞれに関心というものをもっていて――その内実は本人の信念と欲求で決定される――この関心にもとづいて自分の目的を設定する．そして目的を追求しようという意図を形成し，そのために最もよい手段を探す．というわけで多くの場合，人の行為者性は合理性によって定義されるのだ．私たち人の行為者は，人以外の行為者(たとえば動物たち)や，人だが行為者でない者(たとえば持続的な植物状態におかれた人々)と自分たちをどう区別している

序　論

だろうか．そのちがいがある一群の能力に存することは，そう異論のないところだろう．たとえば，

- おおむね正しく整合的な信念の集合によって，世界を正確に表象する能力
- 理性をはたらかせることで自分にふさわしい目的を設定し，よい選択をする能力
- 目的に対して最もよい手段を選ぶことで，計画を立てる能力
- 立てた計画にそって実際に行為する能力

などがそうである．その気になれば他にもまだまだあげられるだろう．
　また，人の行為者の合理性を特徴づけるのは以下のような規範である．

- 信念は真でなくてはならず，その集合は全体として整合的でなければならない．
- 行為することを意図しているなら，目的の達成に貢献しそうな手段を正しく特定しなければならない．
- 意図と行為のあいだには一貫性がなければならない．

人の行為者性に限界があることは哲学者たちも承知している．だがそれでも，人の行為者がみな一定の合理性を後ろ盾にしていることを，哲学者たちは強く主張する．人の行為者は感情的な反応や勘を鵜呑みにせず，反省によって自らの関心にそった目的を追求するのだ，と．
　私たちが何かを非合理と判断するのは，通常，人のふるまいの何らかの側面を批判する場合だった．では具体的には，どんなときに私たちは人のふるまいを非合理と呼ぶのだろうか？　よくある例をあげてみよう．

- まともな証拠がなく，現代の科学と矛盾する信念をもっているとき
- 推論が，論理学や確率の基本的な原理によって形づくられた推論の基準を満たしていないとき

3

- 熟慮よりも感情または直感に促されて決断をしたとき
- 信念と欲求が反映されていない意図をもっているとき
- 意図とくいちがった行為をしているとき
- 目的を達成するために適切な手段を選んでいないとき
- 目的を整合的／一貫的な形で追求していないとき

　こうしてわずかな例をあげただけでも，それぞれのケースで異なった規範が問題になっていることがわかる．文脈によって，そしてふるまいが規範から外れた程度によって，非合理なふるまいを見せる行為者はさまざまに形容される．愚かしい，無知である，知恵がない，あるいは狂っているとさえ．合理性の規範からあまりにも激しく逸脱した場合，本当に行為者性があるのかということ自体が疑われてしまう．

　合理性の規範を確定することはとびきり難しい課題といえる．なぜなら研究者のあいだでは，さまざまな異なった合理性概念が使われてきたからだ．多くの研究者は道具的な合理性と，実質的な合理性を区別する．前者はプロセスにかかわる概念で，ある態度が形成されたプロセスとか，ある決断が下されたプロセスといったものを問題にする．これに対し，後者は目的にかかわる．たとえば，態度の形成や決断を行うとき，それを通じて追求すべき目的は何かといったことが問題になるのだ．もう1つよく使われる区別をあげておくと，合理的な行為者性がうまく実現されているかを判断する規準には認識的なものと実践的なものがある．合理的な行為者とは，ものごとを正しくとらえる者（例：正しい信念をもった者）である，ということもできれば，ものごとをうまくやっている者（例：幸せ，あるいはすぐれた生き方につながる信念をもった者）である，ということもできるのだ．そしてこの2つの規準はかなりの部分重なりあっている．なぜなら多くの場合，認識的な合理性は実践的にもメリットをもたらすし，逆に幸福[1]な人がもちやすい態度は，正しい信念の形成を促進するからだ．しかし，場合によってはこの2つが両立しないこともある．本書の議論のなかで，私たちは〔認識的に〕非合理だが実践的には有益な信念や，〔認識的に〕合理的だが失敗へ導いてしまう信念について深く考えていくことになるだろう．

本書の方法論

　これは本書を通じていえることだが，非合理性をとりまく哲学の議論にアプローチする際，私は人の行為者性のさまざまな側面に関する現代心理学の成果を，ふんだんに活用していく．そう聞くと疑問をもつ人もいるかもしれない．人の認知能力に関してはこうしているあいだにも経験的データが蓄積され続けているが，どうして哲学者がそれを気にしなければいけないのか．経験的データの解釈において，哲学者に実のある仕事ができるのか，と．

　哲学と科学の関係性についてはさまざまな考え方がありえ，そのなかには哲学者の権限を非常に狭くとる考え方もある．哲学者に出番がくるのは，科学がまだ未成熟なせいで取り扱いに苦労している問題を紐解いていくときだ，とか，単に概念の使い方の混乱を正すときだ，というのである．前者の考え方だと，その科学分野が十分に成熟し，その特定の研究テーマを扱えるようになってしまえば，哲学はお役御免ということになる．後者の場合，哲学には重要な役割が与えられるが，それもあくまで批判的な役割にとどまる．だが幸いなことに，私たちにはもう 1 つの道がある (Stone and Davies 1993)．科学と哲学は多くの場合，関心のポイントも方法論もまったく異なっているが，だからこそ実りある交流を重ね，厄介な問題の数々をより深く突き詰めることができるのだ．

　この最後の考え方でいくと，哲学と認知科学は対等な立場にある——互いに学び合い，互いを拘束し合う関係だ．そして，これこそ本書をつらぬく方法論上の枠組みなのである．人の非合理性を経験的に研究して得られた最新の知見をよく理解していれば，人の行為者性がどれくらい合理的かを考えるときに，採用できない考え方がわかる．逆に，哲学的な反省によって証拠と信念，信念と欲求，直観と選択といったものの結びつきを考察していれば，これらの関係を経験的に研究するとき概念的に混乱した仮説を立てずにすむし，経験的な探求に新たな道が開けてくるだろう．

いくつかのテーマ

　本書の全体を通じて取り扱われることになるテーマがいくつか存在する．まず，ある広く受け入れられた見解に私は異議を唱える．それは，合理的でなければ行為者ではないという考え方だ．1章では明確にこの考え方をとった論者の例もいくつかあげる．たとえば若い女性が，いつまでも長々とシャワーを浴びているくせに，自分は水の節約にすごく気をつかっていると力説したとしよう．彼女は本当のところいったいどういう信念をもっているのか？　私たちが困惑してもおかしくはあるまい．こうした不整合なふるまいは，間違っているので修正しよう，で済むものではない．不整合にふるまう者は行為者としての資格が危うくなるのだ．だからこそ，私たちはこう問うことにためらいを感じない．彼女は真剣に主張をしているが，その主張は本人の信念を表すものなのか，と．さらに2章で示す通り，この考えは実社会のあり方にも影響している．行為者性と合理性が密接に結びついていると考えるならば，精神疾患[2]と診断された人々の扱われ方にちがいが出てくるのである．ある精神疾患だと診断された人がいるとする．その人の口にする信念が奇異だとしよう．あるいは，その人の行うことが私たちから見て不可解，または自己破壊的だとしよう．多くの場合，こうした条件を満たす人物は自律的に選択する能力を失ったとみなされる．結果として，もはやその人の行為には完全な形で責任を問うことができないとされるのだ．

　また，これと関係した2つ目の見解も私は批判していく．すなわち，合理的でなければ行為者として成功できない，という考え方だ．合理性（ここでは行為者が関連した認識的な基準をクリアしていることを指す）と，成功（ここでは行為者が目的を達成し，より幸福になることを指す）の関係を分析することは，本書で扱う論争すべてに通底する課題といえる．非合理な人は，本当に失敗が運命づけられているのだろうか？　私の議論がうまくいけば，合理性と成功の複雑な関係をいくらか解きほぐすことができるだろう．そして，合理性と成功がどのような文脈で一致し，またどのような文脈で衝突するのか，それを明らかにできるはずだ．

序　論

　最後に，私が反対する第3の考え方はこうである——反省的な熟慮をしなければ，合理的で成功した行為者にはなれない．人の行為者性は，他の動物の行為者性にくらべてどういう点で特別だろうか．1つよくいわれるのは，人の行為者なら感情や動機の力が自分のふるまいに与える影響をコントロールできる，ということだ．そして哲学上の定説によれば，理性で感情を支配しそこなうことは，人が愚かな選択を行い，よくない人生を送る原因の代表格なのである．こうした見解にはいくつかのバージョンがあり，それらは3章と4章で扱う．人間の最大の特徴の1つはものごとを道徳的に判断できることだが，その道徳判断を下すときでさえ，感じたままの感情的な反応が極めて大きな役割を果たすことがわかっている．人は何をするか選ぶとき，何らかの無意識な反応（例：嫌悪や興奮）にしたがっておきながら，のちほど理由をでっち上げて自分の選択を正当化することがあるのだ．ここでは理性が感情に仕えるのであって，逆ではないのである．これにくわえ，強い力をもった動機は態度形成に干渉する．つまり，ときとして人は信じるべき証拠があることを信じず，そうであって欲しいと思うことを信じる．たとえば多くの人は，大抵のことについて自分が平均以上にすぐれていると信じているし，自分の技能や才能を過大評価しているものだ．

本書の構成

　本書は4つの章から構成され，どの章も同様の手順で話が進むようになっている．各章の目的は，それぞれに異なった非合理性のとらえ方を1つずつ検討することであり，こうしたとらえ方はそれぞれ，人の行為者性に異なった角度から接近するものだ．各章で私はまず，それぞれのとらえ方にどのような規範がふくまれているかを考える．行為者のふるまいが何らかの規範を破っているとみなされたとき，そのふるまいは非合理とみなされるのだが，ではそれぞれのとらえ方で採用される規範はどのようなものか．これを示した後，古典的なものから現代のものにいたるまで，当該の非合理性のとらえ方にまつわる論争をざっと概観していく．そして最後に，それぞれの非合理性のとらえ方が，私たちにとっての行為者性の価値とどのようにかかわるかを論じて章を閉じる．

非合理性について書かれてきた文献の数は枚挙にいとまがない．さらに，そうした文献は実に多様で，さまざまな分野にまたがっている．したがって，本書で議論できることはせいぜい氷山の一角にすぎない．それぞれの非合理性のとらえ方や関連した論争について，よりくわしく学びたいと思った読者は，各章の終わりにある文献案内を活用してほしい．

1章——非合理性と解釈

　雲や岩や植物とはちがい，人は内容をもった心的状態（＝志向的状態）をもっている．そして，こうした志向的状態に促されて人は行為する．誰かがやっていることを理解したいとき，あるいは次に何をするのか予想したいとき，私たちはその人に帰属した志向的状態を当てにするものだ．こうした志向的状態の帰属は，本人の発言や行動にもとづいて行われる．「レナはビールが飲みたくて冷蔵庫に向かった」．「もし冷蔵庫にビールが残っていなければ，レナはスーパーまで買いにいくだろう」．このように志向的な言葉でふるまいを説明し，予想する行いはよく「解釈」と呼ばれる．さて，心の哲学のある有力な見解によると，解釈の助けになる信念や欲求（例：「冷蔵庫にビールがある」，「ビールが飲みたい」，「近所のスーパーでビールが買える」）を行為者に帰属するためには条件がある．まず，その行為者の信念がある整合的な体系をなしていること．そして，それらの信念はおおむね正しいものであること．さらに，こうした信念体系が他の志向的状態ともうまく符合していて，ふるまいにも反映されていること．このような意味での認識的な合理性が，「解釈可能性」の必要条件とされる．一言でいえば，解釈には「合理性の制約」が課されるのだ（Bortolotti 2005a, 2005b）．解釈が可能であるためには，信念がおおむね真であり，整合的な体系を形づくらねばならない．信念が誤っているときや不整合がみられるとき，解釈は頓挫する．誰かが真理性と整合性という認識的な規範を破っている場合，その人のふるまいは説明不能・予測不能なものとなり，このために当人の行為者性自体も疑われることになる．もしおおむね真で整合的な信念の集合をもつことができないなら，その人はそもそも信念をもつことができない，といわれるのだ．

　1章で議論される非合理性のとらえ方は，まさにこのような規範を破ること

序　論

——解釈を支えるとみなされている前提や予想にそむくこと——という観点から非合理性をとらえるものだ．1章では解釈に課される合理性の制約を概観したうえで，この制約の欠陥を指摘し，代案を考える．お互いのふるまいを理解し予想しようとするとき，私たちはもっと別のものをよりどころにしているのではないだろうか？

2章——非合理性と心の健康

　世のなかには首尾よく目的を達成してよい人生を生きる者がいれば，悪戦苦闘し，深い苦悩にとらわれて生きる者もいる．そして，そのように苦しむ人のなかには精神疾患を疑われる人々もいる．トムがいつも，こんな考えで頭をいっぱいにしているとする．「職場の人たちが聞こえないように僕の陰口を言っている．きっと僕がクビになればいいと思っているんだ」．あまりにもこの考えが重くのしかかるせいで，日中は他のことに集中できず，夜はまともな睡眠がとれない．このトムが精神科を訪れたなら，被害妄想と診断されてもおかしくないだろう．では，そうした心の病（mental illness）の診断は何を基準に行われているのだろうか？　臨床医が使う診断マニュアルには，それぞれの精神疾患の特徴となる症状が記されているが，こうした症状は多くの場合，認識的な非合理性として定義されている．たとえば，妄想のようなサイコーシス[3]症状は「固定された信念」，すなわち証拠に対して無反応な信念と定義される．

　しばしば，非合理性と精神異常（insanity）は分かちがたく結びついたものといわれる．心の病はすなわち，合理性と自己知が破綻することの一種であり，それに尽きる．そしてこの破綻が最悪の段階にいたれば，人の行為者がもつ特権で最も大切なものの1つ，すなわち自律的な意思決定の能力が脅かされるのだ，と．2章で論じるのはこうした非合理性のとらえ方である．つまり，心の正常な機能を保証するものとして一定の認識的な規範をおき，それを破るものという観点で非合理性を理解するのだ．だが，このように安直な形で精神異常と非合理性を同一視することは誤っている．心の病だからといって，必ずしも自律的な行為者性が脅かされ，行為の責任が問えなくなるわけではない．2章で私はそう主張することになる．

9

3章——非合理性と選択

　一般的な描像だと，十分に成長した人は熟慮によって選択を下すものとされている．つまり，ある行為をなすべき理由や証拠と，なすべきでない理由や証拠を比較衡量するのである．赤ん坊とも，蟻とも，貝ともちがい，成長した人は必ずしも本能で動くわけではない，むしろ理性によって自分のふるまいを決めるのだ，というわけだ．キャロラインが家を買うことになったとしよう．彼女は2つの物件からどちらを買うか選ばねばならない．市内の家か，それとも郊外の家か．市内の家は小さく，しかも高価だが，職場には近い．郊外の家は大きくて安いが，職場からも繁華街からも離れている．キャロラインは何より時間を大切にするタイプで，毎日1時間もかけて通勤するのはごめんだと考えた．そこで，彼女は市内の家を選ぶことにした……．人は人生で重要な選択をしたとき，大抵はこのような感じの説明をして，自分の最終的な決断を正当化するべく，さまざまな理由や価値観をもちだす．だが，選択の本当の理由は，ときに私たちの目から隠されているものだ．もし事実がこうだとしたら，どうだろう——キャロラインは本当のところ，見た目が気に入ったから小さい家を選んだだけで，自分の選択を合理化するため，後づけで通勤時間の短さをもちだしたのだとしたら？

　3章で扱うのは，このような非合理性のとらえ方だ．一方に反省的な熟慮があり，他方には感情または情動がある．では両者は，態度の形成や意思決定でどのように関係しているのか．こうした問いから非合理性をとらえようとするのである．人の態度や選択が知恵のあるものだといわれるとき，それは認識的な意味でも，実践的な意味でも理解できる．認識的な意味で知恵があるのは，正しいことを信じて誤ったことは信じない者，その道の専門家と判断が一致する者だ．実践的な意味で知恵があるのは，態度を形成するときや選択をするとき，長い目で見て自分の幸福がより大きくなるようにとりはからう者だ．それでは，無意識な衝動や感じたままの感情にしたがう人は，間違った選択をすることになるのだろうか？　注意深く熟慮して選んだ行為は，直感で選んだ行為よりもよい，という公式はつねに成り立つのか？　3章で私はこう答える．人の行為者にとっての最重要課題とは，感情をコントロールすることではない．どんなときに感情にしたがうべきで，どんなときに立ち止まって考えるべきか，

序　　論

それを知ることが肝要なのだ.

4章——非合理性と世界

　合理的な行為者が信念を抱き,記憶を再構成し,物語をつむいでいるとしよう.その人が合理的であるなら,しっかりと証拠をふまえ,自分の動機には引きずられずに,こうした作業を遂行するものだ.このように証拠を重視する姿勢によって,次に述べる2つの活動が支えられている.これらの活動は人の特別さを示すものとして,感情をコントロールする能力と並び称されてきた.第1に,科学的な知識を手に入れ,それによって自然を思い通りに操作すること.第2に,自己物語をつくりあげることで過去を解釈し,未来への指針を立て,自律的な意思決定に基盤をもたらすこと.これら2つの活動はどちらも,正しいことを信じ,誤ったことは信じないという姿勢につらぬかれている.そしてどちらの活動も,本人をとりまく物理的な環境あるいは社会的な文脈からフィードバックを受けとったとき,それにしっかり反応するものと前提されている.

　4章でもまた1つ非合理性のとらえ方を議論するが,そこでは認識的な目的と実践的な目的がぶつかり合うのではないか,という点が問題となる.認識的な意味で合理的な人は,すぐれた科学者のようなものだ.何かを信じるときにはしっかりと証拠をふまえたうえでそうする.もし自分の信念を否定する証拠が出てきたならば,その信念を修正したり捨てたりすることもいとわない.関連する証拠はあまさず検討材料にし,バイアスの影響を受けず,自分の限界を承知している.その人の信じていることがいつでも正しいわけではないが,正しかったときであれ誤っていたときであれ,それが過去から現在にわたる本人の手持ちの証拠に照らして,正しそうなことであった点に変わりはないのだ.まったく逆に,認識的な意味で非合理な人はこうした基準をクリアしない.欲求に影響されて何かを信じることもあれば,記憶を再構成するなかで自分を美化することもある.その結果,こうした人の作りだす自己物語は信頼のおけないものになる.

　こうした意味での非合理性は知識を得る障害になり,また本人の幸せも損なうと広く信じられてきた.だが,これは必ずしも当たっていない.誰かの認知が認識的な合理性の核心をなす規範を破っているとき,それはむしろ実践的に

11

メリットになりうるし，また認識的にさえメリットが得られる場合があるのだ．人の認知は，もとより不完全なものだからである．こうした事実から私たちは1つの考察にたどり着く．これはおそらく，本書のそこかしこで取りあげられる先行研究から示唆される見解でもある．認識的に合理的であることは人の行為者にとって1つの理想であり，そのためには多くの場合，厳しい基準のクリアが要求される．だがこうした基準をクリアできなかったとしても，人は行為者性をはたらかせ，一定の成功をおさめることができるのだ．こうして，人がどれだけ行為者性を発揮しているかを計る1つの尺度が得られる．少なからず不完全な存在でありながらも，よりうまく世界を渡っていくことができる者——それこそが，よりすぐれた行為者性を発揮する者なのである．

〔1〕　本書において「幸福」は well-being の，「幸せ」は happiness の訳語である．哲学では両者が峻別される文脈がある（その場合 well-being は「福利」と訳されることが多い）が，本書では well-being と happiness の対比は問題になっていない．

〔2〕　本書の「精神疾患」は mental disorder または psychiatric disorder の訳語である．一般に disorder は原因が未特定だが何らかの機能に問題が生じている状態をいい，disease といった場合は原因が特定されていることが含意される．本書で disease は「疾病」または「病気」と訳す．

〔3〕　本書でいうサイコーシス（psychosis）は，おおむね幻覚や妄想などによって著しく認識が現実から切りはなされた状態を指す．その典型とされるのは統合失調症である．

1
非合理性と解釈

　イタリアの劇作家ルイジ・ピランデッロ(1867-1936)が最後に発表した小説『ひとりは誰でもなく，また十万人』では，ヴィタンジェロ・モスカルダという男の物語が語られる．それはこんな筋書きだ．ある日鏡を見ていたモスカルダは，自分の鼻が曲がっていることに気づいた．この何でもない発見をきっかけに，彼は今まで考えもしなかったことに次々と気づきはじめ，やがて恐ろしい不安に襲われる．たとえば，実は彼の妻は，モスカルダを愚かで中身のない人間とみなしていた．むろん彼自身は，自分がそんな人間とは露ほども思ってはいない．これと同じように，同僚や友人が抱くモスカルダのイメージもまた，彼自身が考える「本当の」自分とはかけはなれていたのだ．そこでモスカルダは決意する．人々のなかの「偽の」自分を片っ端から壊してやろう．わざと人々の予想に背き，ことごとく周囲の期待を裏切ってやろう．たとえば他の者はみな，父親が残した事業をモスカルダが大事にしていると思いこんでいた．そこで，彼はその事業を放棄してしまうのだ．結局，モスカルダのふるまいは周囲の目には滅茶苦茶なものにしか映らなかったため，彼はおかしくなったものと受けとられ，精神療養所に収容される．モスカルダが人生でかかわってきた人々にとって，彼の行為が計算ずくだなどとは思いもよらないことだった．人々の目に飛び込んできたのは，長年知っていたモスカルダからは考えられないようなふるまいだったのだ．彼が予想もつかないふるまいをするせいで，意思の疎通も困難なありさまだった．人々が手持ちの情報にもとづいて，彼のふるまいを説明することは不可能だった．そして，人々はこう判断するにいたったのだ——モスカルダは非合理である，と．

1.1 ふるまいを予測・説明する

　この小説でピランデッロが語ろうとしたのは，人の同一性がいかに相対的な
ものか，そしていかに脆いかということだった．けれども，ここではもっと単
純な話をしよう．ピランデッロが創作したモスカルダの物語は，心の哲学で影
響力をもつ，ある1つの見解を具体化してくれるものにもなっているのだ．そ
の見解によると，ある人のふるまいが基本的な合理性の規範にそっている場合
にのみ，私たちは信念や欲求などの内容をもった心的状態(今後まとめて志向
的状態とよぶ)をもちだして，そのふるまいを説明・予測することができる．
つまり，非合理なふるまいを解釈することはできない．これが本章で検討して
いく考え方だ．志向的行為者性という言葉は，世界を表象し，そうした表象に
導かれて行為する能力を意味する．だから人の行為者は，志向的行為者である．
そして上の考え方によれば，志向的行為者は必然的に合理的な行為者である，
ということになる．

　カフェでじっとチョコレートケーキを見つめている小さな女の子を見かけ，
あなたは考える．「あの子，あのケーキが食べたいんだな」．このとき，あなた
はその子のふるまいを解釈した．つまり，志向的状態(この場合はケーキを食
べたいという欲求)を帰属することで，彼女のふるまいを説明したのである．
誰かの行っていることを理解しようとする場合や，次に行うことを予測しよう
とする場合，私たちは相手を志向的行為者とみなす．そして相手の動作や発言
の裏に，それを動機づける志向的状態があるものと考える．こうした志向的状
態にもとづいてふるまいを予測・説明することは，解釈という実践にふくまれ
る．以下のような例を考えてほしい．「あのウェイターが親切なのは，チップ
がたくさんほしいからだ」．「あの男の子が興奮して飛び跳ねているのは，おば
あちゃんにおもちゃ屋へ連れて行ってもらえるからだ」．「あのチームのコーチ
は，ミッドフィルダーを下げてストライカーを出すだろう．試合はもう終わり
かけで，自チームはゴールを決めないと勝てないのだから」．

　この章では非合理性の1つのあり方について考えていくが，そこで問題にな
るのは，いま述べた意味での解釈を受けつけないように見えるふるまいだ．相

手がそんな風にふるまっているなら，その人の過去のふるまいを説明すること
も，確認されたふるまいをもとに，これから先何をするか推論することも，難
しく（もしくは不可能に）思えるだろう．さてここで，2人の哲学者の名前をあ
げたい．彼らの研究内容は明らかに異なっているが，重なり合う部分も有して
いる．1人はドナルド・デイヴィドソン．もう1人は，ダニエル・デネット．
両者とも，私たちが誰かのふるまいを解釈するプロセスに関心をもっていて，
そのプロセスの本質的な側面をとらえようとしたのである．では，彼らのコミ
ットした見解はどのようなものだったか．ある人がある信念や欲求をもってい
る，と正しく述べられるためには条件があるが，彼らによるとその条件の1つ
は，解釈の可能性によって与えられる．すなわち，もし適切な位置におかれた
解釈者がいたなら，その人はまさにその信念や欲求をもっていると解釈される
だろう，ということが条件となる．さらに彼らによると，解釈者はある決まっ
た前提のもとでしか，志向的な言葉を用いてふるまいを説明・予測することが
できない．そのなかでも中心的とされるのが，相手は合理性の基準を満たすよ
うにふるまっている，との前提なのだ．以上の主張へのコミットメントを基本
的な理念とするのが，解釈主義——解釈の実践を見ることで，志向的行為者性
の本性がわかるという見解——である．

1.1.1 志向的システム理論

では，解釈主義者たちが考える合理性とはどのようなものか？　デネットの
論文「本当に信念をもつ者たち」(1981)での説明によると，ある行為者が合理
的といえるのは，もつべき信念と欲求をもっており，なすべきことを行ってい
る場合である．ここでの「なすべきこと」は，自分の目的を達成するためにな
すべきこと，という意味であり，それは行為者の信念と欲求によって変わって
くる．それでは，行為者がもつべき信念と欲求とはどのようなものか．これは
論争を呼ぶ話題だが，デネット自身の提案はこうだ．ある行為者が合理的であ
るためには，自分が知りうる範囲にあり，かつ関心をもっている真理をすべて
信じねばならない．さらに，何かが自分にとってよいものだと思ったならば，
それを欲求せねばならない．志向的システム理論とよばれるデネットの理論に
おいては，このような意味での合理性が必要不可欠な前提とされる．その人が

合理的であることを前提しなければ，人のふるまいを予測するべく方針を立てることはできないというのだ．

　デネットによると，人が他者のふるまいを予測するために使う方針は3種類ある．まず，物理的スタンス．このスタンスをとることで，予測したいシステムのふるまいについては一定の洞察が得られるが，そこで参照されているのは，システムの物理的な組成，システムに影響する可能性があるものの物理的本性，および物理法則の知識である．観察者がこの方針をとるのは，水が何度で沸騰するか，日曜日に雨は降るか，といったことを予測するときだ．次に，設計的スタンス．この方針でシステムのふるまいを予測する場合，そのシステムがどうふるまうように設計されたかがポイントとなる．観察者が設計的スタンスに立つのは，目覚まし時計がいつ鳴るのかを予測するときや，パソコンのキーボードの ESC キーを押したら何が起こるのかを予測するときだ．こうした出来事を予測する際に物理的スタンスをとり，目覚まし時計やコンピュータの物理的組成に注目することもできはする．だが，このようなシステムは複雑だから，設計的スタンスのほうが便利だし経済的なのだ．ただし，もしシステムに誤作動が生じたならば，物理的スタンスへ立ち戻らないといけなくなる．それはシステムが設計通りにふるまわなくなった，ということなのだから．そして最後に，志向的スタンス．これを使うためには，ふるまいを予測したい対象のシステムを，志向的状態をもった合理的な行為者とみなしていなければならない．ゆえに，解釈者には考えねばならないことが出てくる．たとえば，対象のシステムの目的を前提したとき，そのシステムはどのような信念と欲求をもっているべきか．こうしたことを考えはじめて，そのシステムが目的を達成するべく，帰属された信念と欲求にそってどう動くかが予測できるようになる．この文脈において，解釈者はある特定の意味で対象の合理性を前提している．つまり，対象のシステムがもつべき信念と欲求をもっていると前提している．そして，その信念と欲求を前提したとき，システムが目的を達成するため行うべきことを行うとも前提している．解釈の対象が人の行為者のふるまいである場合，この志向的スタンスがデフォルトの方針となる．

　原則としては，1つ目と2つ目の方針，すなわち物理的スタンスや設計的スタンスで人のふるまいを予測することも可能である．だがそれでも，志向的ス

タンスが余計だということにはならない．ここでデネットは以下のように論じている．外部からやってきて人のふるまいを観察する存在，たとえば好奇心旺盛な火星人が仮にいたとしよう．もしこの火星人が志向的スタンスをとらなかったとしたら，おそらく大事なことを見落としてしまうだろう．火星人が認識できるふるまいのパターンのなかには，志向的スタンスでの一般化と予測を支えるパターンがふくまれていないのである．物理的スタンスや設計的スタンスをとり，物理的な組成や生物学的な機能だけで考えたせいで，火星人は人のふるまいを最もシンプルに説明することができなくなってしまった．そして，人がお互いを理解し，相互に協力することを可能にしているパターンを見抜くこともできなくなってしまったのだ(例：人は悪いニュースを聞くと悲しくなる．ディナーに招待された人は，おそらくワインとかチョコレートを持参する．バス停の横に立っている人々は，バスがもうすぐ来ると信じていて，来れば乗れるとも信じている)．

　志向的スタンスでふるまいを予測することは，どのような個体に対しても可能ではある．じっさい，ペットや植物，時計，雲といったもののふるまいを志向的な言葉で語ることもある(「トマトの苗木が日光を欲しがっている」「あの犬は，リスがオークの木の上にいると信じている」といったように)．だが，志向的スタンスがふるまいの予測で本領を発揮するのは，やはりペットでも植物でも時計でも雲でもなく，人に関して予測を立てるときだ．人々はひっきりなしに志向的スタンスでやりとりをしている．そして通常，仲間の人間のふるまいを説明・予測することが非常にうまい．相手を志向的なシステムとみなし，このシステムについて前提を立て，そうした前提にもとづいてふるまいを説明・予測する，この一連の作業にたいへんすぐれているのだ．デネットにいわせれば，これは驚くようなことではない．進化の過程で人は合理的なものとして設計されたのだから．

　では対象が非合理であったとき，解釈にはどのような影響が出るだろうか？デネットの場合，志向的スタンスにもとづいた予測には必ず問題が生じることになる．とはいえ非合理性にはさまざまな形があり，それに応じて対応も変わってくる可能性がある．明らかに誤った知覚的な信念，たとえば幻覚による信念を考えてみよう．デリアはアルコールか薬物のせいで幻覚を見ており，まわ

りの環境に関して誤った知覚的な信念（例：「目の前にチカチカ光るものがある」）を抱いたとする．このときデリアのふるまいは，アルコールか薬物が視覚にもたらす影響によって説明可能である．彼女のふるまいをうまく説明するためには，知覚のメカニズムに異常が生じていることに言及すればよいのだから，予測したければ志向的スタンスでなく物理的スタンスに立てばよいのだ．

　それでは，対象のふるまいが不整合であるとか，自己欺瞞的であると見受けられた場合はどうか．デネットによればこうした場合，解釈者は明確ではっきりとした信念・欲求の帰属を行うことができず，予測も不安定になってしまう．メアリーが自己欺瞞に陥っているとしよう．息子のジミーが銀行強盗犯であるはずがない，と彼女は自分にいい聞かせている．だが本当は，ジミーを犯人と示す証拠がたくさんあることを彼女は知っている．息子が重大な犯罪に手を染めたという事実を，彼女は受け入れられないのである．解釈者はメアリーにどちらの信念を帰属するべきだろうか？　ジミーは無実だという信念を帰属したなら，彼女が次に何をするか，信頼に足る予測を行えるだろうか？　合理性からの逸脱が一時的で，たまにしか起こらないものである場合には，信念と欲求をはっきりしない形とはいえ帰属して暫定的な予測を立てられる．こうしたケースは規則にとっての例外なのだ．だが，もしふるまいがどこを取っても，そして体系的に非合理であるならば，志向的スタンスではいかなる志向的状態も帰属できず，いかなる予測も立てられない．

1.1.2　根源的解釈

　解釈は合理性を前提とする，という見解は『真理と解釈』(1984)のなかでデイヴィドソンも論じており，彼のバージョンも非常に影響力がある．デイヴィドソンは，ある特別な状況下で行われる信念の帰属を考えてみよという．それが根源的解釈のケースだ．解釈が根源的といわれるのは，以下の条件が成り立つ場合である．まず，ある者の発言やふるまいを解釈者が理解しようとしていること．だが，その者は解釈者にとってまったく未知の言語を話しており，解釈者とはまったく異なった文化を背景にして生きてきた可能性もあること．具体例で考えてみよう．ある人類学者が，それまで存在の知られていなかった部族を孤島で発見したとする．人類学者はこの部族の生活様式を研究するため，

部族で話される言語を理解したいと思っている．そして根源的解釈が始まる．その端緒となるのは，話し手と解釈者，そして両者が共有する環境のあいだに生じる，一連の因果的な相互作用である．古典的な例は，ウサギを見て話し手が「ガヴァガイ！」と叫んだ，というものだ(Quine 1960)．たとえそれを聞いたのが初めてだったとしても，解釈者はこの発言の意味について理にかなった推測を立てられる．おそらくは「おっ，ウサギだ！」あるいは「見ろ，ウサギがいる！」といった意味だろうと．これが可能なのは，話し手と解釈者の共有する環境が有力な手がかりを与えてくれるからだ．

　このような一連の因果的な相互作用は，三角測量と呼ばれる．なぜなら，そこには因果的に関係しうるものが少なくとも3つ存在するから．まず話し手．そして解釈者．最後に，両者が共有する環境のうちで，目下かかわりのある部分だ．こうした形の三角測量にたずさわることで，つまり話し手に応答し環境に反応することによって，解釈者は少しずつ話し手の言語を理解しはじめる．だが発言に意味を帰属し，心的状態に内容を帰属するためには，まず解釈者がある程度のことを前提していなければだめだ．たとえば話し手は，明らかに間違ったことを信じたりはしていないという前提．これは上のような文脈で根源的解釈をする者が立てる前提として理にかなったものといえよう(でなければ，ウサギが現れたときの「ガヴァガイ！」を「見ろ，ウサギがいる！」ではなく「見ろ，ゾウがいる！」と解釈してもよいことになってしまう)．

　背景的な情報がわずかしか手に入らない場合，解釈の難易度は高くなるので，解釈者の立てる前提が重要な役割を果たす．そしてデイヴィドソンによると，聞いたことのない発言の意味を推測し仮説を立てるためには，解釈者が2つのことを前提せねばならない．第1に，話し手は正しい信念をもっているという前提(Davidson 1980: 238)．第2に，話し手の信念は正しい推論の原理にそって結びついているという前提(Davidson 1985: 346)．なお，「正しい推論の原理」は基本的な論理学の原理によって規定されるものだ．というわけで，根源的解釈の成功のカギを握るのは，前者すなわち真理性条件と，後者すなわち論理条件なのである．この2つを合わせると，俗に寛容の原理と呼ばれるものの1つのバージョンができあがる．話し手の口にする信念が明らかに誤っている，あるいは正しい推論の原理に反しているように見受けられたとしよう．それに対

し，解釈者はこう考えた——話し手に正しく論理的な信念をもつ能力が欠けているのではなく，むしろ私たちが翻訳のしかたを間違えてしまったのではないか？　こうした場合に解釈者は「寛容」といわれる．解釈者は，明らかに間違った信念や非論理的な信念を話し手に帰属しないように努めねばならないのだ．ただし間違いが明白で，なぜ間違えているかも説明がつく場合は話が別だが．

　デイヴィドソンは解釈というものに彼のやり方でアプローチし，寛容の原理を定式化したが，そのアプローチと寛容の原理は非常に強い影響力をもち続けてきた．論争を引き起こしては，それを通じてまた発展してきたのである．より後期の著作になると，デイヴィドソンはある点を強調するようになった．解釈の目的とは，解釈者と話し手の信念をできるだけ一致させることでも，できるだけ不一致を減らすことでもなく，むしろお互いを理解することだというのだ(Davidson 1984: xvii)．この結果デイヴィドソンは，解釈に課される制約を述べるときに真理性条件を重視せず，論理条件のほうを強調した(Davidson 1985, 1988 を見よ)．解釈者は，論理学で規定される正しい推論の原理によって，話し手の信念のつながり方が統制されていると前提せねばならない．とりわけ，話し手が不整合な信念を同時にもつことはないと前提せねばならない．合理性の根本原理は整合性であり，解釈者は話し手が内的に整合的である(互いに矛盾する信念をもたない)ことを前提にせざるを得ないのだ．後期の著作でデイヴィドソンが大きな関心を寄せるようになっていった問題は，どの程度まで論理条件に違反すると，人はもはや信念をもつことができなくなるか，というものだった．彼の説明によれば，非合理な人が信念をもっている，と考えること自体にパラドックスがふくまれているという．話し手のふるまいが局所的に，そして一時的に，合理性から逸脱することはあってもよい．だが大部分においては合理的にふるまってもらわないと，解釈をすることができない．合理性が広い範囲で，また継続的に抜け落ちてしまったら，解釈はいっさい不可能なのである．

1.2　合理性か，それとも理解可能性か？

デネットもデイヴィドソンも，人の非合理性にはある限界点が存在すると論

じていた．その点を超えると，その人のふるまいはもはや志向的な言葉で説明
したり，予測したりできなくなる．非合理なふるまいは，信念や欲求といった
志向的状態による説明・予測を受けつけないのだ．この2人の哲学者は——ほ
かの多くの哲学者もそうなのだが——志向的行為者性の核心に合理性をおいて
いる．はたして，それは正当なのだろうか？

1.2.1　人間性の原理

　ふだん私たちが解釈をするときは，誤った信念や非論理的な信念を帰属する
ことなど日常茶飯事である．「移民の増加について話を振られたら，隣に住む
彼女は人種差別的な発言をするだろう」．私はこう予測することができる．だ
がこのとき，私は彼女と同じ信念をもっている必要はないし，その信念が正し
そうだとか，きちんとした根拠にもとづいていると前提する必要もない．それ
どころか，彼女の信念が内的に整合的だという前提さえ不要なのである．彼女
の発言を予測できるのは，私が根源的解釈者ではないからだ．彼女のことはず
っと前から知っているし，発言を以前にも聞いたことがある．それに，彼女が
最近になって意見を変えたと信じる理由は何もない．彼女の偏見に満ちた信念
はもっともらしいものでも，しっかり証拠に支えられたものでもないが，だか
らといって彼女のふるまいが予測困難になりはしない．機会があれば彼女はそ
うした差別的信念を口にするだろうし，正しいと言い張るだろう，と予測でき
る．彼女のふるまいが，解釈者としての私の予想を受けつけないなどというこ
とはないのだ．同様のことは他のケースにも当てはまる．私たちにとってなじ
み深い非合理性の形はいろいろと存在し，そうした非合理性は心が正常に機能
することをそうそう妨げないのである（例：迷信にもとづいたふるまい，意志
の弱さ，偽善，自己欺瞞）．
　これに対してすぐに思い浮かぶ応答がある．いわく，デイヴィドソンは何も
こうしたケースを念頭におきながら真理性条件を主張したわけではない．彼は
あくまでも，解釈者と話し手の共有する信念が論争を呼ぶものではなく，イデ
オロギー絡みでもない場合を論じていたのだ．たしかに，解釈者と話し手のあ
いだで信念が一致にいたると強調していたときデイヴィドソンが念頭において
いたのは，おそらくこういう信念ではなかっただろう．彼が考えていたのは知覚

的な信念(たとえば「見ろ，ウサギがいる！」)だった可能性が高い．話し手が解釈者とも共有する環境と接触することで，この知覚的な信念は形成される．それゆえ，言葉を介さずふるまいだけを見て容易に帰属できるのだ．しかしながら，知覚的な信念であっても解釈者と話し手のあいだで不一致が生じる状況や，互いに齟齬をきたす状況はいくらでも想像できる．それは不注意のせいかもしれないし，推論でミスをしたせいかもしれない．あるいは，推論能力や知覚能力に問題を抱えていることも考えられる．たとえば，ふつうの色覚をもたない人物ならば，カエルのカーミット〔「セサミストリート」などに登場するキャラクター．体の色は緑〕が赤色だと信じるかもしれない．おそらくデネットなら，この人のふるまいを志向的スタンスから説明するのはあきらめ，物理的スタンスへ移るべきだというだろう．しかし，カーミットを赤色と信じている人が，その信念と結びついたさらなる信念をもつことは可能である．カーミットと熟したトマトは同じ色だ，といったように，志向的スタンスからの説明・予測という船が沈没してしまう前に，そこから逃げ出すのがベストな方針とはかぎらないのだ．これは一般的な問題である．何らかの信念に類する状態があり，それが明らかに誤っている，または統一がとれていないとしよう．このような志向的状態でさえ，他の志向的状態と推論で結びつき，行為にも影響を与えられる．その意味で，解釈における信念の「職務」を果たせるのだ．こうした信念に類するものを，まさに信念そのものとして帰属すれば，志向的な言葉で対象のふるまいを説明・予測できるようになるかもしれない．もしそうなら，物理的スタンスに降りていくのはあまりに性急であり，妥当なやり方とはいえないだろう．

　相手が非合理であっても，うまく解釈ができそうな場合はある．少なくとも，そういうタイプの非合理性も存在する．このことがわかった以上，1つの仮説を検討してみなければいけないだろう．ことによると，解釈するとき指針になる原理は合理性を軸にしたものだ，という考えがそもそも間違いだったのではないか？　解釈者は何らかの原理やヒューリスティック〔経験則〕をもっており，それを指針としてふるまいの説明にあたる．ここまではおそらく確かだろう．ならば，こう考えてはどうか．解釈者がうまく説明や予測できるのは，相手のことを理解可能だと前提していたからであり，必ずしも合理的と前提する必

要はなかったのだ．期待よりもチップが少なければウェイターはがっかりする
だろうし，おもちゃ屋に行くことになれば男の子は喜ぶだろう．こうしたふる
まいのパターンは予想がつくものだが，必ずしもそこで合理性が示されている
とはかぎらない（合理性という概念をもっと弱い意味で使うのなら別だが）．上
の例の登場人物が合理的かどうかは，状況をもっと細かく調べたときにわかる
ことだ．解釈をめざすかぎりにおいては，合理的でも非合理的でもかまわない．
いずれにしても，ウェイターや男の子のふるまいのパターンは常識心理学で一
般的に認められているパターンの一種なのである．そして，このような人のふ
るまいについての一般的な見解は，解釈者がもつ背景的知識の一部だ．解釈者
はこうした知識を見る間に学習していき，まわりの世界との接触を通じてしば
しば訂正もする．この知識が基礎にあることで，人の社会的な実践は（失敗す
ることもあるが）おおむねうまく行くのだ．

　リチャード・グランディは寛容の原理の改良版として，人間性の原理なるも
のを提案している（Grandy 1973）．彼によると，寛容の原理に頼っているかぎ
り解釈者は困難に直面するが，ある異なったアプローチをとることで，その困
難は回避できる．すなわち，自分が話し手と同じ信念や欲求をもっていると想
像し，その状況で自分ならどのようにふるまうか自問するのである．これによ
って解釈者は，話し手がどうするか予測できるようになる．とすれば，解釈を
可能にしているのはある種のシミュレーションだ．このプロセスで前提されて
いるのは，解釈者と話し手が同じ内容の信念をもっているということではない．
むしろ，同じ「信念・欲求・世界の結びつき方のパターン」（Grandy 1973: 443）
をもっているということだ．解釈者と話し手の信念にちがいがあった場合，デ
イヴィドソンはどう考えるのだったろうか．それがちょっとした不一致やエラ
ーによるもので，すぐに理解でき訂正できるのなら問題はない．だがそうでな
いなら厄介だ．こうした差異のせいで，解釈のくわだてそのものが崩壊してし
まうのだから．対してグランディの場合，解釈者と話し手の信念が些末とはい
えないレベルでちがっていても，それを許容できる余地がある．信念と他の志
向的状態，そして世界の結びつき方さえ同じであれば大丈夫なのだ．私の家の
隣に住む差別的な女性の例を思い出してほしい．私は彼女と同じ信念をもって
などいないが，にもかかわらず彼女のふるまいを予測できる．移民が増えてい

るせいで犯罪率も増加している，と彼女が信じているならば，近所でまた盗難があったと聞いたとき，彼女は寛大な移民政策を非難するだろう．このように予測できるのは，彼女と私で信念の結びつき方にちがいがないからだ．彼女があらかじめもっている信念は，彼女がこれから下す判断を規定する．私があらかじめもっている信念も，私がこれから下す判断を規定する．どちらの場合も，この結びつき方自体は同じパターンにしたがっているのである．

　グランディの提案は本当の意味でデイヴィドソン説から前進したものといえるか？　それは，人間性の原理がいう「信念・他の志向的状態・世界の結びつき方のパターン」の内実しだいである．もし話し手の信念の結びつき方を特徴づけるのが，論理的な関係をなぞる推論の原理だとしたら，そして共有された環境と心的状態は主として因果的に結びつくのだとしたら，人間性の原理が本当の意味で寛容の原理の代替案になっているとはいえないだろう．それだと強調点と言葉づかいを少し変えただけだ．では，こう考えてはどうか．ここで問題になっている関係を具体化するのは，帰属されるべき心的状態それぞれの機能役割なのである．ここでいう機能役割とは，ある志向的状態を他の志向的状態から区別するもので，いわばその志向的状態の職務を指す．たとえば信念の機能役割はこうなる．証拠に敏感であること，他の信念と相互作用すること，ふるまいに反映される(少なくとも，そういう状況がある)こと，行為を促すこと，等々．たとえ隣人が私とはちがった信念をもっていたとしても，その信念が私の信念とだいたい同じようにふるまうだろう，と前提することに問題はないのだ．このような考え方につらぬかれているのが人間性の原理なのだとしたら，そこから導かれる結論は，寛容の原理によるものとは別物になってもおかしくない．人間性の原理にしたがう解釈者が重視するのは，理解不可能なものをできるだけ減らすことであって，信念の不一致を減らすことではない．このようにして人間性の原理は，ハードルの高い合理性概念をもち出さずに，解釈の実践を説明しようとするのだ．

1.2.2　類似性ヒューリスティック

　スティーヴン・ルークスによると，デイヴィドソンの信念帰属の理論で登場したもともとの真理性条件は，おもに2つの問題を抱えている．そして両方と

も，寛容の原理をグランディの人間性の原理におきかえれば解決できるのだという (Lukes 1982)．第 1 に，すべての話し手が共有しているとされる信念や論理学の原理に対し，デイヴィドソンは詳細な説明も体系的な説明も与えていない (Lukes 1982: 263)．第 2 に，デイヴィドソンの主張からは真理と合理性が密接に関係していることが帰結するのだが，これは解釈の目的が単に他者を理解することである場合には間違いにつながる可能性がある (Lukes 1982: 264)．話し手の信念が大部分において正しいという前提のもとで解釈を行えば，解釈者は結局のところ話し手のふるまいを解釈しそこなうことになるかもしれないのだ．解釈の目的は正しい信念を帰属することではない．むしろ，相手を理解可能にすることだ．ルークスとグランディは，人類学者の作業を念頭において考えていた．まったく異なった文化を理解しようとするとき，人類学者がどのような課題にぶつかるかを考えていたのだ．ここでよく言及される例の 1 つは，アザンデ族のものだ．E・E・エヴァンズ゠プリチャードの描くところによると，アザンデ族の信念体系のベースには，あらゆる不幸な出来事は呪術で引き起こされているという確信がある (Evans-Pritchard 1976)．出来事はどのように引き起こされるのか．それは，誰のせいであるのか．こうした点に関して，彼らは他の文化とは大いに異なった見解をもっているわけだ．だがそれにもかかわらず，アザンデ族の信念体系は完全に神秘的なものとも，解釈不能なものとも思えない．人類学者たちがこうした信念そのものを受け入れることなしに，彼らの信念体系を，少なくともある程度までは理解することができてもおかしくはない．

　これと同じ反論を別の形で追求していくこともできる．まず人々は誤りを犯すものだという観察からスタートし，そのうえで人の犯す誤りが解釈を不可能にしそうか考えてみるのだ．デネットは解釈において，誤りの可能性を承認することを好ましく思わなかった．だがそれでも，人々 (そのふるまいは志向的スタンスで予測される) が誤った信念をもったり，誤った推論をしたりすることがありうると認めてはいた．この点を認めることは，デネットの志向的システム理論とのあいだに緊張関係をもたらす．そこで彼は，志向的スタンスにある種の柔軟性を組みこむことで解決をはかった．対象の合理性を前提することは，志向的スタンスで予測を行うというゲームの中核をなすルールである．だ

が今やデネットは，個々の状況に合わせてこの前提を調整してもよいと述べるのだ．観察されるふるまいに関して利用可能な情報があるならば，それにもとづいて合理性の前提を調整してよいのだと．たとえば，あなたが中世に書かれた書物を読んでいて，その著者がアリストテレスの物理学を信奉しているとしよう．ならばあなたは，著者が慣性や質量に関して，現代の物理学者と同じ信念をもっているなどと前提してはならない．解釈者は，初めて対面する人物の合理性をさしあたり高く見積もっておくべきだ．しかし対象が間違いを犯したなら，歴史的な文脈や発達の度合いという要因を考慮して，解釈の方針を見直すべきなのである（Dennett 1978）．

　だがこの提案には問題がある．合理性からの逸脱が志向的スタンスの枠内で処理されるのなら，一般的で必要不可欠な制約としての合理性をもちだす元来の動機が失われてしまうのだ．個々人のおかれた認知的な状況を考慮にいれることが重要だと進んで認めるのなら，それにくわえて解釈を支配する１つの包括的な原理というものにコミットする必要があるのだろうか？　スティーヴン・スティッチは，そもそも人が何を信じるべきか，何を欲するべきかについての規範的な理論を唱えても役には立たないと論じている（Stich 1981）．そのような理論は多くの場合，直観に訴えて支持されるのだが，これは満足のいくやり方ではない．というのも，問題になるシナリオに関して人々がつねに同じ直観をもつわけではないのだから．そこでスティッチは，グランディやルークスと同様の方向性でこう提案する．解釈者が信念の帰属を行うとき，合理性の制約を採用する必要はない，そのかわり類似性ヒューリスティックを用いればよいのだ，と．解釈者が話し手に対し，森のなかにウサギがいるという信念を帰属したとしよう．なぜその信念を帰属したのか．それは話し手の心的状態が，「もし解釈者自身が森のなかにウサギがいると信じていたならおかれていたであろう心的状態」に類似していたからなのだ．

　スティッチの提案によると，志向的状態の帰属を介してふるまいの説明・予測を行う際，解釈者は自分自身を物差しにして他者を把握しているのである．ただし，そのためには話し手の志向的状態や過去の心理的な経緯についての適切な情報が必要であり，それが欠けていればふるまいの予測は不可能になりうる（ヴィタンジェロ・モスカルダを思い出してほしい．彼のまわりの人々はモ

スカルダのふるまいが理解できずに混乱したのだった．だがもしも，彼が周囲の人々の期待を裏切ろうとしているのだと知っていたなら，人々はモスカルダのふるまいをもう少しうまく解釈できていただろう．人々に足りなかったのは適切な背景的知識だったのだ）．

このスティッチの提案，あるいはそれに似たタイプの提案がうまくいくためには一定の前提が必要となる．その前提とは，人の認知能力の限界は誰でも同じところにあり，それゆえ人は類似性ヒューリスティックを利用できる，というものだ．しかし実際には，人は誰もが同じような形で非合理なわけではなく，ふるまいや推論の行い方には大いに個人差が見られる．たとえば仮説を立てることにたいへん慎重な人々もいれば，結論へと飛びつく人々——つまり，ごくわずかな証拠にもとづいて軽はずみな決断を下してしまう人々もいる．自己奉仕バイアスに影響されて自分の能力を過大評価する者もいれば，もっと現実主義的な信念をもつ者もいる．だから，私が誰かのふるまいを予測したいなら，その人が私と同じ間違いを犯すだろうと前提していてもそう上手くはいかない．そんな前提をもっていると，個人差を説明するために何らかの理論をもちださなければいけないように思えてしまう．

私は，話し手が推論のなかで犯す誤りを予測・説明できるようになりたいとしよう．そして話し手のふるまいを，自分自身のふるまいを物差しにして把握できるようになりたいとしよう．ならば私は，話し手の年齢や教育の水準，推論のスタイル，知的能力，そして過去の心理的な経緯に応じて，前提を調整できねばならない．いいかえると，話し手がより犯しそうな誤りの種類は何かという前提を立てねばならないのだ．未就学児と会話するときにはある一群の前提が必要となり，中世の書物を読む際にはまた別の一群の前提が必要となる．こう考えることは以下の見解と両立するだろう．つまり，どんな状況でも使えるひとつの包括的な合理性の制約があり，解釈者はそれに依拠しているという描像は正しくない．解釈者が依拠するのは文脈に依存した一群のヒューリスティックだ．こうしたヒューリスティックがあるからこそ，対象のシステムが自分とは異なった認知的な状況におかれている可能性があったとしても，それに信念を帰属できるのである．

1.3 推論の体系的な誤り

寛容の原理にふくまれる真理性条件に対して，いくつかの反論を検討してきた．同じような反論はもう一方の条件，すなわち論理条件に対しても行えるかもしれない．解釈者が人々のふるまいをよりよく理解するためには，もっと弱い，あるいは柔軟な論理条件をとった方がよいかもしれないのだ．デイヴィドソンは整合性の原理を合理性の根本原理として支持していた．たしかに，あからさまな形で人がこの原理を破ることは多くない．人が明らかに矛盾をふくんだ信念を述べることはそうそうないからだ．しかし，それ以外の論理学の基本的な原理についてはどうだろうか．実のところ，多くの話し手はこうした原理を十分に使いこなせておらず，間違いがちである．そしてそのような間違いの結果，暗黙のうちに不整合な信念をもってしまうことがあるのだ(それをこれから示していこう)．

1.3.1 確率的推論と演繹的推論

連言原理というものがある．すなわち，2つの出来事の連言が生じる確率は必ず，その連言肢のそれぞれが生じる確率以下になる．たとえば「明日の天気が雷雨であり，かつその後に虹がかかる」確率は，「明日の天気が雷雨である」確率よりも低いだろう．これくらいわかりやすい例ならば，誰でもすぐに連言原理を適用できる．だが，人々がいつも連言原理を正しく適用できると前提しているようでは，解釈者としては落第もいいところだ．ここである有名な一連の実験を紹介しよう．リンダという架空の人物についての記述を用意し，それを被験者らに読んでもらう．その記述は銀行の窓口係のステレオタイプには一致しないが，フェミニストのステレオタイプには完全に一致する内容のものだ．そして「リンダはフェミニストであり，かつ銀行の窓口係である」という文と「リンダは銀行の窓口係である」という文のうち，正しい確率が高いのはどちらかと聞く．すると，被験者たちの圧倒的多数は前者だと答えてしまったのだ(Tversky and Kahneman 1983)．この実験で被験者らがこのように答えたのは理解できないことではないが，この答えは間違っている．リンダに関する記述

28

を読んだ被験者たちは，その記述が2つの文の正しい確率を導き出すための手がかりになると考えたのだ．だがしかし，どんなときであれ「ある人がフェミニストであり，かつ銀行の窓口係である」確率は「ある人が銀行の窓口係である」確率よりも低い．つまり被験者たちは，連言原理に反した推論をしてしまったのである．

　推論に関する膨大な心理学の研究によって，人がさまざまな状況で誤りを犯すことが示されている．たとえば，すでに獲得した情報から新しい情報を引き出すときや，出来事の生じる確率を評価するとき，条件文の真理条件を考えるとき，その他ふだんの意思決定にかかわる状況において（Nisbett and Ross 1980: 296）．科学的な証拠に照らしても，他人との日常的な交流の経験に照らしてもわかることだが，人の決断や態度はいつも熟慮のうえでの判断を反映しているわけではない（Mele 2012）．息子のジミーが重大な犯罪に手を染めたと示す有力な証拠があるにもかかわらず，母のメアリーがそれを信じようとしない場合はその一例だ．これにくわえて，ある一般的な原理を言葉の上では熱心に支持しているが，それを適用すべき状況で必ずしも整合的に適用しない，という場合もある．水は節約するべきだといいつつ，泳いだ後いつまでもシャワーを浴びている学生のように（Aronson 1999; Valdesolo and DeSteno 2008）．こうして不整合が白日の下にさらされると，とりわけ解釈主義にとっては打撃となる（Bortolotti 2003, 2004）．すでに見てきた通り，信念のパターンにおいて整合性が成り立たないということは，志向的行為者性を脅かす深刻な非合理性の一例とされるのだ（Davidson 1982: 170）．

　人間の非合理性が経験的に実証されたならば，そして，それでもなお少なくともある種の人間のふるまいは解釈可能であるならば，合理性と解釈のあいだに必然的な結びつきがあるという見解は深刻な問題にぶつかることになる．ここで，人間の非合理性を示すものとされてきた，いくつかの古典的な推論に関する実験をまとめてみよう．演繹論理によると，「pならばq」という形の条件文が偽であるためには前件pが真，かつ後件qが偽でなければならない．いわゆる「選択課題」は，人々がこのような条件文の真偽を確かめられるかどうかの判定を目的とした実験である．古典的な形の選択課題では（Wason 1966），一組のカードが用いられる．それぞれのカードは一方の面に何らかの数字，逆側

の面に何らかのアルファベットが記されている．被験者たちの目の前にはテーブルの上におかれた 4 枚のカードがある．1 枚目のカードは見えている側に母音の A が記されており，2 枚目には奇数の 7 が，3 枚目には子音の K が，そして最後のカードには偶数の 4 が記されている．ここで被験者に与えられる課題は「あるカードの一方の面に母音が記されているならば，そのカードの逆側の面には偶数が記されている」という規則が正しいかテストするためにどのカードをめくる必要があるか答えよ，というものだ．大部分の被験者の回答は，「A が見えているカードと 4 が見えているカード」あるいは「A が見えているカードだけ」というものだった．だが正解は「A が見えているカードと 7 が見えているカード」である．条件文が偽になるのは前件(「カードの一方の面に母音が記されている」)が真，かつ後件(「逆側の面に偶数が記されている」)が偽のときなのだから．この最初のバージョンの選択課題を解くことができたのは，被験者のうちわずか 5% だった．

　その後，テストする規則がもっと具体的で，被験者が日常生活のなかで経験する状況に言及しているものであれば，結果は向上するのではないかという仮説が立てられた．そして，この仮説にもとづいて選択課題の他のバージョンが作られた．すると予想通り結果は飛躍的に向上したのである．あるバージョン(Wason and Shapiro 1971)では，「私がニューヨークへ行くならば，いつでも電車を使う」という文を使ってテストが行われた．被験者には 4 枚のカードが渡され，それぞれ開いてある面には「ニューヨーク」「ボストン」「車」「電車」と記されていた．この場合だと被験者のうちの 2/3 が，規則をテストするためにめくらなければならない 2 枚のカードを正しく選びだすことができた．つまり，「ニューヨーク」と「車」のカードである．また別のバージョンの選択課題は，テストされる規則が社会におけるかかわり方の規則，たとえば不正を検知する規則である場合に，さらに結果が向上するのではという仮説を検証するべく作られた(Cosmides 1989)．たとえば，被験者にある警官のことを想像してもらう．警官は，バーで飲み物を飲んでいる人々が規則を守っているかチェックしている．その規則とは「ある人が飲酒するならば，その人は 21 歳を超えていなければならない」である(Griggs and Cox 1982)．カードの見える面には「ビール」「コーラ」「22 歳」「16 歳」と記されている．この状況だと，被験

者の大多数が「ビール」のカードと「16 歳」のカードを選択した(正解である).こうした結果をもとに,次のように結論した心理学者たちがいる.人がもつ推論に関する直観は,体系的に不確かなものというわけではない.こうした直観は自然選択によって形成されてきたのだ.ある種の推論の課題ならば,人は正しく遂行できると期待してもよい.すなわち不正の検知のように,社会的な状況において進化論的に有用であった課題ならば(Cosmides and Tooby 1992).

1.3.2 選　　好

人の推論における苦手分野をもう 1 つあげておこう.それは,選好の逆転についての心理学や経済学の研究を見ることで明らかになる.手続き不変性の原理によると,ある人が 2 つの選択肢を与えられた場合に B よりも A を選好するならば,その選好はどのような手続きで刺激されようと維持されなくてはならない.だが被験者たちはしばしば,これに反したふるまいを見せる.直接どちらかを選べといわれたときは B よりも A を選好すると述べつつ,それを得るためにより多くの金銭を払ってもよいのはどちらか,と聞かれたら A よりもむしろ B だと答えてしまうのだ.例として 2 種類のくじを考えよう.1 つは比較的リスクの少ないもので,10% の確率で何も当たらないが 90% の確率で1000 円が当たる.もう 1 つは比較的リスクが大きく,10% の確率で 9000 円が当たるものの,90% の確率で何も当たらない.どちらかを選ぶようにいわれた場合,人々はふつうリスクの少ないくじを買うことを選好する.しかし,自分がすでにくじを持っているとして,それをいくらなら売ってもいいかと尋ねられると,人々はリスクが大きいくじのほうにより高い売値をつける.こうして不整合な選好をさらけ出すわけだ.こうした現象は,選択と釣り合いに関する別の文脈でも観察される.1 週間のうち 5 日間偏頭痛に悩まされる人生を 20年間過ごすのと,10 年間過ごすのと,どちらを選好するか.こう問われれば,多くの被験者が後者を選ぶ.しかしながら,この 20 年ないし 10 年の人生がそれぞれ健康な人生何年分の価値をもっているか,という形で質問されると,多くの被験者は後者(偏頭痛とともに 10 年間生きる)よりも前者(偏頭痛とともに20 年間生きる)のほうがより多くの健康な人生と釣り合う,と答えるのだ

(Stalmeier et al. 1997).

　研究者によって提示された，人が手続き不変性を破る古典的な事例が次の「交通問題」である(Tversky and Thaler 1990)．

　1)国土交通大臣は以下の2つの計画のうち，どちらが有権者をより幸せにするか考えている．

　　計画Aは，交通事故による年間の死者数を現状の600人から570人まで減少させる見込みであり，年間に12億円の費用がかかると見積もられている．計画Bは交通事故による年間の死者数を現状の600人から500人まで減少させる見込みで，年間の費用は55億円と見積もられる．

　　あなたはどちらの計画がより好ましいと考えるか？

　2)国土交通大臣は以下の2つの計画のうち，どちらが有権者をより幸せにするか考えている．

　　計画Aは，交通事故による年間の死者数を現状の600人から570人まで減少させる見込みであり，年間に12億円の費用がかかると見積もられている．計画Bは交通事故による年間の死者数を現状の600人から500人まで減少させる見込みである．

　　計画Bにいくらの費用がかかった場合に，それは計画Aと同じだけ魅力的になるか？

設問1と2は，人命を救うための2つの計画のうち人々がどちらを選好するか調べるための，2つの異なった方法を表している．設問1の場合，人々は2つの計画に関する必要な情報をすべて与えられる．つまり何人の命が救われるか，それにどれだけの費用がかかるか，である．選好がこの方法(直接の選択)で調べられると，被験者の2/3が計画B(より高額な費用をかけて，より多くの人命を救う)に対する選好を見せた．設問2においては，人々は何人の命が救われるかを教えられ，計画Aの費用も教えられるが，計画Bの費用は教えられない．むしろ，計画Bにどれだけの費用がかかったときにそれが計画Aと同じだけ魅力的になるかを尋ねられる．この形(値段の釣り合わせ)で選好を調べ

られた場合，被験者の 90% が計画 B に対して 55 億円よりも小さい額を割り当てた．だがそうだとすると，被験者は〔設問 1 において，計画 B よりも〕計画 A を選好していたことになってしまうのだ．交通問題への人々の反応のデータを，生態学的に妥当で信頼のおけるものとみなすならば，態度の不協和に関して興味深いことがわかる．おそらく人々は交通問題を提示されたとき，大臣がどうすべきかに関して 2 つの不協和な信念を抱いているのだ．たとえ計画 B には計画 A よりも 43 億円多い費用がかかるとしても，年間に 70 名多くの人命を救うため，大臣は計画 B を実行すべきだと人々は信じている．他方，計画 B にかかる費用が 55 億円よりも十分に少ないのでないかぎり，大臣は計画 A を ──それではより少ない人命しか救えないのだが── 実行すべきだとも信じている．選好を調べられる際のやり方に応じて，どうやら人々は人命に帰属する金銭的価値を変えているのだ．

　選好が表現される際によく見られるもう 1 つのふるまいのパターンとして，記述不変性への違反がある．2 つの選択肢が与えられた際に主体が B よりも A を選好するならば，一方もしくは両方の選択肢が，意味上は異なるが論理的には等価な形で記述し直されても，この選好を逆転させてはならない．この記述不変性が破られるケースとして，研究者が提示した古典的な事例が「アジアの病気問題」である．

　1)ある特異なアジアの病気に流行の兆しがあり，合衆国がそれに備えている．この病気は 600 人の命を奪うと予想されている．病気に対処するため，2 つの計画が提案された．それぞれの計画の帰結は以下の通りであり，これは科学的に正確に予想されている．

　　もし計画 A が採用されれば，200 人の命が助かる．もし計画 B が採用されれば，1/3 の確率で 600 人の命が助かり，2/3 の確率で誰も助からない．

　　どちらの計画が採用されるべきか？

　2)ある特異なアジアの病気に流行の兆しがあり，合衆国がそれに備えている．この病気は 600 人の命を奪うと予想されている．病気に対処するため，

2つの計画が提案された．それぞれの計画の帰結は以下の通りであり，これは科学的に正確に予想されている．

もし計画 A が採用されれば，400 人が死ぬ．もし計画 B が採用されれば，1/3 の確率で誰も死なず，2/3 の確率で 600 人が死ぬ．

どちらの計画が採用されるべきか？

この問題を最初に考案したトヴェルスキーとカーネマンは，問題の定式化によって人々の反応が大いに影響を受けることを発見した(Tversky and Kahneman 1981)．問題が設問 1 のような形で定式化された場合は，72% の被験者が計画 A を採用すべきだと述べた．しかし，設問 2 のような形で定式化された場合，計画 A を採用すべきだと述べたのはわずかに 22% だった．どちらの場合も計画 A と計画 B は論理的に等価だというのに，である．被験者たちは「何人が助かるか」という観点で解決策を提示された場合，リスクを避けようとする．しかし「何人が死ぬか」という観点で解決策を提示されると，リスクを取ろうとするのだ．ゆえに著者たちによると，被験者らは記述不変性の原理を破っている．記述不変性の原理によれば，結果が同じであるかぎり，どのように記述されても選択を変えてはならないはずなのだから．この現象は感情を刺激する概念や倫理的にデリケートな概念がかかわってくる場合，とくによく見られる．たとえば生や死に関する概念がまさにそうだ(Bleichrodt and Pinto Prades 2009)．

最初の調査以来，この問題にはさまざまなバージョンが考案されてきた．すると問題が文脈に合わせてつくり変えられ，物理学者やリスク関連の決断にたずさわる実業家に提示された場合でさえ，フレーミング効果〔記述に応じて選好が変わること〕は無視できないレベルで残り続けたのだ．実験結果に対しては新しい解釈が提示されてきており，問題の定式化が選好に影響する程度は思われていたより小さいのではという可能性が出てきたが(e.g., Bless et al. 1998; Li and Xie 2006)，それでも影響が完全に消去されることはなかった．リスクがかかわる決断にフレーミングが与える影響について書かれたあるレビュー論文では，フレーミング効果の実在が数々の実験によって裏づけられている．もっとも，効果の大きさは実験環境の性質に依存するようだ(Kühberger 1998)．

1.4 限界をもった存在にとっての合理性

人間の非合理性に関するいくつかの実験の結果をここまで要約してきた. では，こうした実験がもつ重大性を，私たちはどれほどのものと見積もればよいだろうか？ 心理学者たちがくりかえし，そして説得力をもって論じているのは，人々が演繹的推論や帰納的推論で基本的な誤りを犯し，また統計学や確率理論，意思決定理論における基本的な規則を破っているということだ. 推論をうまく遂行できないことが，言語を話すことや信念をもつことの障害になるようには思われない. ゆえに，それは解釈を明らかに妨げるものではないのである.

1.4.1 誤りを計算ミスとして理解する

解釈においてはたらく制約について議論するなかで，こう主張した哲学者たちがいる. 人の推論能力の限界を考慮すれば，「基本的」といってもよい論理学の諸原理ですら，要求が厳しすぎるというのだ(Cherniak 1986). たとえば人は互いに矛盾した信念をもつし，自分の信念の論理的帰結をすべて信じはしない. なぜなら，人は自分の信念のすべてをつねに把握していることなどできないし，自分の信念が何を帰結するのかつねに把握していることもできないからだ.

デネットは，推論についての心理学的な研究にもとづく反論から自分の志向的システム理論を守るため，次のように主張している. いわく，人間が広範囲において非合理だということはありそうにない，なぜなら自然選択においては，正しくて論理学の諸原理とも一致した信念をもつことが有利な戦略であったにちがいないからだ. くわえて彼は，推論の誤りは非合理性を示すものではないと主張して，心理学的データの標準的な解釈の前提を切り崩そうとしている. デネットにいわせれば，推論における誤りとは計算ミスである. それはある種のエラーであり，必ずしも主体の非合理性を含意しないのだ. だが，まさにこうした論点に関するデネットへの応答で，スティッチは進化論の援用に待ったをかけている(Stich 1981, 1990). スティッチによれば，論理学や意思決定理論

の諸原理に反した認識的プロセスは自然選択でむしろ有利にはたらくのだ．さらに，デネットは推論における誤りが非合理性の1つの印だということを否定できないはずだとスティッチはいう．というのも，デネットは合理性とは何であるかについて自分でははっきりした説明を与えていないのだが，自分の信念から演繹される帰結をすべて信じることと，信念が整合的であることを合理性の根本原理として頻繁にあげているからだ．

　これまで見てきた通り，デイヴィドソンとデネットの考え方には共通点があった．解釈者は志向的スタンスをとって非合理なふるまいを予測することができるが，それには一定の情報が必要なのだ．対象となる個人がなぜそのようにふるまっているのか説明するために使える，その個人についての情報に，解釈者はアクセスできねばならない．このような議論の進め方の一部をなすのは，ふるまいを予想したい個人の特性に，合理性の基準を合わせるという発想である．つまり，こういうことだ——信念を帰属するというゲームは，あくまでも理想的な合理性のみが根本的な規範としての役割を果たすゲームなのだが，特定のふるまいの一事例を予測するという目的のためには，理想的な合理性よりも低い基準が用いられてよい．デネットはうまいアナロジーでこれを説明している．反則になる手を指しながらチェスを指すことはできない．誰かがチェスのルールに違反する仕方で盤上の駒を動かしているのなら，その人はもはやチェスを指すことを止め，別のゲームを始めているのである．だが，チェスの対局中に非常に悪い手，つまり対局相手にチェックメイトのチャンスを与えてしまう手を指すことはでき，それは依然としてチェスを指すことにふくまれる．これと同じように，解釈者は話し手の状況と環境に関する情報を用いて，合理性からの逸脱とおぼしきものを説明することができる．だが解釈者がもはや話し手を合理的と前提しなくなれば，解釈者はゲームのルールを放棄し，志向的スタンスによる予測を止めることになるのだ(Dennett 1971)．

　だが悪い手と反則の手，という区別の余地をたとえ設けたとしても，デイヴィドソンによるもともとの寛容の原理の定式化もデネットの志向的システム理論も，なじみ深い非合理性による反論——おなじみの非合理性がいたる所に見られるにもかかわらず，それによってふるまいの解釈が脅かされているようにはまったく思われない，という反論——に応える十分な道具立てをもってはい

ない．すでに述べた通り，合理的な挙動（合理的な能力ではなく）と解釈の必然
的つながりなるものにひとたび例外が認められてしまえば，包括的で逃れえな
い制約を提唱する理論はどれも魅力を失うのだ．人々が体系的な推論の誤りを
犯しがちであるというまさにその事実は，解釈と合理性のあいだに概念的なつ
ながりを認め，かつ普遍的に論理学にしたがうべしという何らかの原理を支持
する理論にとっては困ったものとなる．もし合理性が論理学の基本的な原理に
したがって推論することをふくむのだとしたら，合理性の制約を採用すること
と，ふるまいを解釈可能な人々が体系的な推論の誤りを犯しがちだと認めるこ
とは両立しないだろう．挙動に欠陥が見られても能力にはまったく問題がない
かもしれない，と論じたとしても，これまで研究されてきた推論の誤りの本性
によって，この見解が支持されるとは思えない．

　さまざまな種類の推論課題について，否定的な結果も継続的に報告されてお
り，この点では専門的な論争がある．だがそれはさておいても，人が条件文を
テストするときや選択を下すときに誤りを——論理学や意思決定理論の原理を
正しく適用していれば犯さないような誤りを——犯しやすいことは認めるのが
妥当だろう．とはいえ，こういった誤りが非合理性を示すものかは別に考えね
ばならない問題である．現代の認知科学では，合理性が抽象的な課題を解決す
る能力に尽きるとはされていないが，それでも論理学は合理性の特徴づけで非
常に重要な役割を果たす(Flanagan 1984: 206)．論理学の原理にしたがうことを
非常に重要視している合理性概念の一例は，合理性の標準的描像と呼ばれるも
のだ(Stein 1996: 4)．これによると，ある主体が合理的なのは，正しい推論に
関する利用可能な最良の基準に主体の信念がしたがっているときである．そし
てこうした基準は論理学によって決定されるのだ．

　標準的描像のさまざまなバージョンが，推論課題における人間の挙動を評価
するため暗黙的に，あるいは明示的に用いられてきた．合理的なふるまいは
「最良の推論規則を前提としたときに人々がなすべきこと」として定義される
(Nisbett and Thagard 1983: 251)．フィル・ジェランによれば，合理性のある種
の理解において「合理的主体とは論理学の規則やベイズ主義の意思決定理論と
いった手続きにしたがって推論する者のことであり，こうした手続きからは推
論的に整合的な命題の集合が導かれる」(Gerrans 2001: 161)．もし標準的描像が

採用されたならば，そしてもし実験の結果，人々は多くの課題において推論を
うまく遂行できないと示されたならば，結論はこうなるだろう．すなわち人々
は，こうした環境において合理的に推論あるいは行為していないのだ．実際，
一定数の心理学者たちがこの方針にそった主張を行っている．

　　人々が推論の間違いを犯すことは実証されている．こうした間違いが起こ
　　るのは特定の帰納法に関する規則を知らなかったり，知ってはいてもそれ
　　を適用できなかったりするからだと考えられる．だとしたら，人々は利用
　　可能な最良の規範にかなう推論をしていないという意味で，完全に合理的
　　ではないといわねばならない．(Nisbett and Thagard 1983: 257)

　　人々の現実のふるまいは規範的なモデルから逸脱している．この逸脱は，
　　無視するにはあまりにも広く観察され，偶然のエラーとして捨ておくには
　　あまりにも体系的で，合理的選択の理論に組みこむにはあまりにも根本的
　　である．とすれば，理論の最も基本的な規則を意思決定者はあたりまえの
　　ように破っている，ということになるだろう．(Tversky and Kahneman
　　2000: 210)

　だが心理学でも哲学でも，体系的に推論の誤りがみられるからといって非合
理とは結論できない，と考える論者は多い．なかには，合理性とよい推論の規
範の順守を区別する者もいる (e.g., Harman 1999: 45)．また，キース・スタノヴ
ィッチは合理性と知性のあいだに区別を設ける (Stanovich 2009)．通常の議論
では，知性と合理性は同じものとして扱われたり，あるいは知性の一部をなす
のが合理性であるとされたりすることが多い．しかし IQ テストはよい判断を
下し，よい選択をなすための能力を測定するものではない．もし知性というも
のが何であれ IQ テストによって測定されるもののことだと考えるならば，そ
れはどのふるまいが行為者の実生活における幸福に貢献する可能性が大きいか，
教えてはくれないのだ．また，IQ テストは情報を素早く効果的に処理して操
るための能力を測定するものの，行為者がしっかりと証拠に支えられた信念を
もっているかどうか，情報を批判的に吟味できるかどうかは検知しない．この

1 非合理性と解釈

区別を鮮やかに示すものとして，スタノヴィッチは賢い人々が愚かに行為してしまう有名なケースを描写している．すなわち，ある領域では高い知性を有している人々が，よくない判断や選択を行い非合理にふるまってしまうさまを実例によって示しているのだ．

知性と合理性はそれぞれ異なった適用範囲をもつものとして理解できるかもしれない．たとえばスタノヴィッチによれば，知性はアルゴリズムのレベルにおける認知的なはたらきの効率性を表す．対して彼の考える合理性は包括的なもので，思考の傾向性をより高次のレベルから監視すること，意思決定を統制すること，行為者の目的や価値観を考慮することを意味する．こうしたスタノヴィッチの合理性概念は，人々が「知恵」と呼ぶものを思わせる．そしてそれは，論理的に健全なふるまいと結びつけられる，ああいった狭い合理性概念とははっきりと異なったものだ．さて，このあたりでハーマンやスタノヴィッチの陣営に加わり，推論の誤りを犯すことは必ずしも非合理性を帰結しないと結論したくなってきたかもしれない．しかしながら，もう少し考えておくべき問題が1つある．それは推論の誤りと合理的な選択の関係だ．不整合な選好をもつことが，よい意思決定につながるとは一見して考えづらいだろう．

1.4.2　ヒューリスティック――それはよいものか悪いものか？

非合理性という概念には何がふくまれるべきか．これに関する一定の手がかりは，体系的で広範な推論の誤りがなぜ生じるのかを説明することで得られるかもしれない．少なくともある種のバージョンの選択課題や交通問題，アジアの病気問題を人々に解かせると，あまりよい結果は出ない．これはなぜであるのか．古典的な説明は，人々が手早く大雑把な方針で考えているから，というものだ．そういった方針もある種の状況では十分信頼できるかもしれないが，ここで問題になっている文脈では信頼に値しないのだ，と（Nisbett and Ross 1980: 8）．そうすると，問題を解いて認知的な課題を遂行するためには2つのやり方があることになるだろう．(1)：ヒューリスティックにしたがう．これはつねに信頼できるわけではないが，早くて適用しやすく，かぎられた計算資源しか要求されない．(2)：よい推論の規範にしたがう．これは正しさを保証してくれるが，より計算するのが難しく時間がかかる．

39

方針(1)が推論の誤りにつながってしまうことは多い．人の推論の二重システム理論，あるいは二重プロセス理論(さまざまなバージョンがあるが)によってもそう考えられている．この非常に影響力のある理論によると，人の心には2つのシステム，あるいは2種類のプロセスが存在するのだ．1つは経験的で連想的なもの，もう1つは分析的で熟慮的なもの(Evans and Over 1996; Stanovich and West 2000)．経験的／連想的なシステムは，おそらく進化論的により古く，人間とそれ以外の動物が部分的に共有している．分析的／熟慮的なシステムはより新しく，言語を話す生物に特有のものと考えられる．経験的システムの処理は速く，意識的な反省を受けつけず，直観で動いており，特定の文脈に限定される．分析的システムの処理は遅く，意識的な反省を受けつけ，規則で動いており，特定の文脈には限定されない．推論に関する心理学の研究では，さまざまな文脈を通じて正しい推論の帰結や合理的な意思決定をもたらしうるのは分析的な処理のみだ，という見解が支配的な時期があった．たとえばトヴェルスキーとカーネマンも，ヒューリスティックは経済的ではあるが間違いを生みやすいと考えていた(Tversky and Kahneman 1974)．

　だが，より近年の研究によれば，私たちは経験的／連想的なルートで意思決定した場合でさえ，合理的なふるまい，とりわけ合理的な意思決定をすることができるという(これに関連したいくつかの研究にまつわる議論については，第3章を見よ)．この主張を行うための1つの手立ては，限定合理性という概念を展開することだ．ハーバート・サイモンは著書『人間行動のモデル』で限定合理性を論じた．彼はこの概念を使って，知識も計算能力もかぎられている個人が下す選択について語ろうとしたのだ．この合理性概念を展開することの狙いは，まず経済学や哲学で提唱されてきた，さまざまな理想化された合理性概念に異を唱えること．そして，個人がかぎられた時間・情報・計算資源で行為することを可能にしている意思決定のメカニズムを研究することだ．人の意思決定に対して，もっと心理学的に現実味のある説明を与えようというわけである．

　限定合理性の概念を解釈し展開していくにはさまざまなやり方があるが，ここではその1つ，生態学的合理性と呼ばれるものを紹介するに留めたい．核心をなす考え方は，現実の生活での問題に対し，ヒューリスティックで正しい解

決策にいたることは可能だというものだ．今やヒューリスティックは「手早く大雑把な」ものではなく，「高速で倹約的な」ものとして描かれる．ヒューリスティックは適応的なものであり，自然選択によって磨きあげられ，人が生きのびて成功する確率を向上させたのだ．ある特定の環境で意思決定を下すとき，人は適応的にふるまうべく，その環境の構造を活用したヒューリスティックにもとづいて推論する．こうしたヒューリスティックを使うためにはかぎられた計算能力だけで十分だし，それでいておおむね正確である（Gigerenzer et al. 1999）．

　高速で倹約的なヒューリスティックの一例に再認ルールがある．このルールによると，もし2つの対象のうち一方には覚えがあり他方はそうでないとしたら，覚えがあるほうがより大きな値をもっていると推論すべきである．ゲルト・ギーゲレンツァー自身が出している例は，2つの都市の人口を比較するというものだ．ミュンヘンとドルトムントという2つのドイツの都市のうち，より人口が多いのはどちらか．そう聞かれたなら，私はミュンヘンだと答えるだろう．なぜならドルトムントはあまり聞き覚えがないが，それにくらべればミュンヘンの話はよく聞くからだ．部分的に知識が欠如しており，そして環境の構造がちょうど，問題になっている値と知名度のあいだに相関が認められるようになっている場合，再認ヒューリスティックというシステムは概して正確な結果をもたらす．

　限定合理性の概念を批判し，より理想化された合理性概念を支持する側にも，そうする理由はある．その1つは認知的運という現象を避けるため——つまり，「ある決断が合理的であるのは，その決断へたどり着くために使われた方針がたまたま環境の構造に適していたからにすぎない」という結論を避けるためだ（Matheson 2006）．もし合理性が運の問題だとしたら，私たちの認知を改善していく見通しは絶望的なものになる．それゆえ生態学的合理性や他の限定合理性概念には，合理性の規範的な次元をいかに維持するかという課題がある．これらの概念は，人間の行為者が特定の環境で推論する際に何を行っているのか記述するためには掛け値なしに有用かもしれない．しかし，人間の推論を評価し改善していくための枠組みも提供することができるのだろうか？　いいかえると，ギーゲレンツァーたちが素描している意思決定の描像に，非合理性の余

地は残されているのだろうか？

1.5　合理性と信念の本性

　特異なアジアの病気の流行について考えるとき，私は計画 A のほうが計画 B よりもよいと信じている，といえるか？　「何人が助かるか」という観点で結果が記述されれば，私は計画 A を選ぶだろうが，「何人が死ぬか」という観点で結果が記述されれば，私は計画 B を選ぶかもしれない．この不整合性は私の意思決定する能力を損なうのだろうか？

　メアリーは息子のジミーが銀行強盗をしていないと信じている，といえるか？　彼女には息子が犯罪に手を染めたと示す有力な証拠が突きつけられている．もし認識論的に合理的であったなら，彼女はその証拠をあるがままに受けとっただろう．しかし彼女はジミーが無実だといって譲らないのである．彼女は，証拠を無視している．それでは，息子は無実であるという彼女の本心からの訴えは，信念と呼ぶに値しないのだろうか？

1.5.1　信念と合理性

　解釈に合理性の制約を課す，というアイディアの魅力はどこにあるのか．それは解釈の実践を見ることで私たちが，信念に関して何かを学べるという点であり，信念をもつことと合理的であることが分かちがたく結びついているという点である．解釈に合理性の制約を課す際に人気がある手法の 1 つは，しきい値理論をとることだ．この理論によると，ある人のふるまいが十分に合理的であるならば，その人には信念（および他の志向的状態）が帰属されてもよいことになる．そこにはしきい値があるのだ．ひとたびそれを超えれば信念の帰属は正当となり，その人は志向的行為者とみなされる．難しいのは，どの程度の合理性が必要なのかを説明することである．デイヴィドソンにおける合理性の制約は，しきい値理論をとっていたといえる．というのも彼は，志向的行為者は大部分において合理的でなければならないと主張していたのだから．合理性からの局所的で一時的な逸脱は，信念を帰属する妨げにならない．しかし，広範囲にわたり長く持続する非合理性は，信念の帰属を脅かすのだ．

42

1 非合理性と解釈

　これとは別に，スライディング・スケール理論をとることもできる．信念と認められるために心的状態が必ず満たさねばならない合理性のしきい値が1つ存在するのではなく，信念には程度があると主張するのだ．非合理な，信念らしき状態を目にしたとき，それが信念そのものなのかどうか解釈者にはよくわからない場合がある．犬は信念をもっているのか？　病的な妄想は信念なのか？　こうしたケースにふれると，イエスかノーかという考え方があまりに単純で不満足に思えることがあってもおかしくはない．ふるまいは解釈できるかもしれないが，私たちの説明と予測は精密さを欠く．そういう状況なのである．ここでスライディング・スケール理論がうまい考え方を提案する．解釈者によって帰属される心的状態は，その性質が合理的な信念の性質と重なる程度だけ，信念とみなされるのだ（たとえば，ある心的状態が証拠に対して無反応であればあるほど，それは信念ではなくなっていく）．合理性の規範から逸脱する心的状態は完全な信念ではなく，部分的な信念，すなわち信念とそうでないものとの狭間にある状態なのだ．この理論によれば，信念はちょうど合理性と同じように，程度をもった概念である．

　デネットの志向的システム理論に対しても，スライディング・スケール理論はより柔軟な解釈へのアプローチを提供する．だがそれでも，ふるまいが解釈可能かを決定するのは合理性である，という見解を志向的システム理論が支持していることに変わりはない．「まさしく中間的な状態であって完全な信念ではない」といえる心的状態が，存在すると考えるべき理由はあるかもしれない．だがその理由を，当の心的状態が合理性の規範を満たすかどうかに求めるべきだろうか？　すでに論じてきた通り，非合理な信念でさえ他の志向的状態と推論によってつながり合うことができるし，有利な証拠や不利な証拠に反応できるし，ふるまいを導くこともできる．そういう意味で，非合理な信念も信念の職務を果たせるのだ．

　デイヴィドソンやデネットは解釈に合理性という条件を課したが，人がそうした条件を日常的に破っていることは，データによって強く示唆されている．そうである以上，私たちには何らかの新しい説明が必要だ．志向的行為者性はどのように特別なのだろうか．そして，とりわけ信念をもつためにはどのような能力が必要なのだろうか．

1.5.2 信念と機能プロファイル

　志向的な語彙でふるまいを説明・予測するという実践を，合理性は統制も束縛もしていないのだとしよう．その場合，解釈にもとづいて，信念の本性に関して何らかの興味深いことをいえるのだろうか？　もし信念をもつことが合理的な生物の特権ではなく，ありそうにないことを信じ誤った推論をする者にも信念は帰属できるとしたら，信念の帰属が不当になる状況など存在するのだろうか？

　私の提案はこうである．人間性の原理を機能の観点から解釈し，そこから着想を借りて信念の合理性ではなく職務に焦点を当てるのだ．私たちが信念として帰属すべきなのは合理的な心的状態（真であり，他の心的状態と正しい仕方で論理的に結びついているもの）だけではない．いかなる状態であれ，信念の職務を果たし，証拠や他の心的状態，そしてふるまいと適切な関係をもつのであれば，それは信念として帰属されるべきだ．このような制約の使い方としては，やはり2種類が考えられる．しきい値を設定するか，スライディング・スケールで考えるか．おそらくはどちらも可能だろう．

　エリック・シュヴィッツゲーベルは，スライディング・スケールによる考え方を提示している．彼は合理性の基準を満たす心的状態には頼らず，むしろ信念に固有の機能プロファイルに焦点を当てることが重要だと述べている（Schwitzgebel 2012）．彼の見解を要約すると，信念は信念らしい影響をもたねばならない，となる．つまり典型的な信念が有する，ある機能プロファイルが存在していて，どんな心的状態も信念であるためにはその機能プロファイルを十分多く共有していなければならないのだ．このプロファイルの一部だけを満たしている心的状態は完全な信念ではない．それは信念と他の志向的状態の中間にあるものか，または信念のなり損ないかのいずれかだ．このアプローチにとって，これまで見てきたような批判は問題にならない．たしかに人々は誤った推論をするし，不整合をきたすこともあるし，誤っていて証拠にもきちんと支えられていない信念をもつ場合もある．こうした事実は，彼の理論にとって問題ではないのだ．

　シュヴィッツゲーベルのスライディング・スケール理論は洗練されたもので，いくつもの利点を有している．とはいえ，信念を帰属されることがその人の地

位に影響するような文脈では，結局は実用性に欠けるものということになるか
もしれない．信念（および他の，同様に複雑な志向的状態）をもつ者だけが，あ
る特定の道徳的考慮に値する——なぜなら志向的状態をもつことは，道徳的に
重要な関心も有していることを示すから——としよう．もしそうならば，部分
的な信念を帰属しても役に立たない可能性がある．人間以外の動物が信念を有
するのかという論争は，動物の道徳的地位をめぐる諸問題に重要な影響を及ぼ
す．また，病的な妄想を抱く人々は自分が発言したことを本当に信じているの
かという論争は，そうした妄想に動機づけられた行為に対する自律性と責任の
帰属に影響するのだ．

　選択肢として１つありうるのは，信念の帰属と，道徳的考慮や自律に関する
論争を強く結びつける考え方に反論することだ．もう１つの選択肢は，道徳的
考慮や自律についての問いもまた，程度をもちだして答えるべきだと認めるこ
とである——部分的な信念をもつ人物は，その部分的信念に動機づけられた決
断や行為に関して，部分的にのみ自律的なのかもしれないではないか．信念を
帰属されることと，道徳的考慮の対象になること．自律性を帰属されることと，
道徳的責任を帰属されること．これらのあいだに結びつきがあるという見解は，
法的な枠組みや政治的な枠組みのなかにも，一般人の考え方のなかにもふくま
れており，さらなる検討に値する．もし吟味の結果，こうした結びつきが正当
だと明らかになったならば，部分的な信念の帰属を行う枠組みは，そうでない
枠組みよりも実用性に劣る．すなわち，信念を帰属するための最小限の要請が
存在すると考え，「信念」を程度的な概念ではなく１か０かの概念とみなす枠
組みのほうが実用的ということになる．逆にいうと，もし私たちがある最小限
の信念という概念をもっており，それに合わせて最小限の自律や道徳的考慮と
いう概念をもっていたならば，ある種の論争はもっと見通しがよくなるかもし
れない——少なくとも理論上は．とはいえ，ある特定のふるまいを行っている
ある特定の個人が，信念をもった志向的行為者とみなされるための最小限の基
準を満たしているか判断するのは，もちろん依然として非常に難しいことでは
あろう．

　では結局，どういう方針で考えればよいだろうか．それはおそらく，スライ
ディング・スケール理論をどう理解するかにもよる．シュヴィッツゲーベルに

いわせれば，信念が通常もつ影響力の一部のみをもっている心的状態は，完璧な信念でもなければ信念以外の心的状態でもなく，むしろ両者の中間にある何かであった．ある心的状態が信念の機能プロファイルに合致しないとしよう．その場合，解釈者は信念とは異なった機能プロファイルをもつ心的状態，たとえば想像とか欲求といったものを帰属してもよいし，単にその心的状態は信念として出来損ないだと述べてもよい（Tumulty 2012 を見よ）．前者の場合，「混合的な状態」という概念を導入する必要が出てくる．妄想や自己欺瞞は，まさにこうした混合物ではないかと論じられてきた．すなわち妄想や自己欺瞞が生じるのは，信念に類する状態が形成される過程に動機的な要素が介入したときであり，その結果，信念と欲求の混合物である「信求（besire）」が生まれているのだ，と（Andy Egan 2009，および *Philosophy, Psychiatry and Psychology* 2010 年 12 月号収録の Marga Reimer, Time Bayne, George Graham による議論を見よ）．対して後者の場合，典型的でない信念も混合物ではなく信念として帰属できるが，その内容はくわしく特定できないということになる．それゆえ，そのような信念を帰属しても，主体のふるまいを説明・予測する役には立たない．この解決策はデネットの提案とそれほど異なっていない．彼の提案によると，合理性の規範から逸脱したふるまいを解釈するときには，内容が不明確な信念しか帰属することが許されないため，志向的な語彙でふるまいを予測・説明することは困難になるのであった．

　機能プロファイルにもとづいた信念の帰属については，どうやら 2 つの大まかな選択肢があるようだ．1 つ目の選択肢は，信念の帰属を保証するため，解釈可能性にしきい値を設けること．2 つ目は，志向性には程度があると認めること．すなわち行為者は，信念をもった志向的行為者の傾向性プロファイルにふるまいが合致する程度だけ，信念を帰属されるのだ．どちらのアプローチでも，難しいのは境界線上の事例への対応である．つまり，最小限のしきい値にわずかに届かない心的状態や，信念の核心的な性質のいくつかを共有していない心的状態をどう扱うかが問題となってくる．

結論と含意

　本章で私は，解釈に合理性の制約を課すことに抵抗すべき理由をいくつか示し，行為者が合理的にふるまっていることを前提せずに信念を帰属できる考え方を提示してきた．リスをオークの木の上に追い立てているとき，犬のファイドーを導いている表象的状態も，看護師が食事に毒を盛っているのではといいつつ出された食事を食べている入院患者の妄想も，解釈者は信念として記述することができる．こういった議論の余地がある，境界線上の事例においてさえ，解釈者は信念という概念の核心をなすものに訴えることができるのだ．すなわち，信念は他の志向的状態と有意味な関係をもつものであり，証拠に敏感なものであり，何らかの適切な環境では人のふるまいを導くものである．しかしながら，この立場には批判がある．解釈はある重要な統制的機能を果たすものだ，と考える論者たちが，この立場を批判してきたのだ．

　たとえばヴィクトリア・マクギアーは，解釈を過度に合理化している点をもってデネットを批判するのは間違いだと論じる（McGeer 2007）．デネットの理論の問題は，合理性を解釈の要件としていることではない．行為者がふるまいを説明・予測するための実践として，解釈を特徴づけていることが問題なのだ．むしろ彼は，理解のための規範にそうようにふるまいに形を与えるのが，解釈の主要な機能だと認めるべきであった．そしてこの規範は（少なくとも部分的には）合理性に関する考慮事項に動かされているのだ．マクギアーによると，「他者が期待した通りにふるまわねば」というプレッシャーを感じることで，その人のふるまいは予測しやすくなり，社会的な交渉がより円滑になる．結果として，より暮らしやすい社会が実現するのである．同様にモーラ・タマルティも以下のように主張する．行為者は信念の帰属を統制する規範に自分のふるまいを合致させるとき，自分自身への実効的なコントロールを発揮している．これによって解釈は独特な規範的実践となるのだが，しかし必ずしもそのことが信念と信念帰属の理想化につながるわけではない．なぜなら，信念の帰属を統制する規範のすべてが合理性の規範というわけではないからである．肝心なのは，ある者が規範に合致していないことがわかり，それを修正する行動もと

っていないのだとしたら，その者が本当に何かを信じるという行いにたずさわっているのかが疑わしくなるということなのだ(Tumulty 2012).

　解釈は統制的なものであるという主張によって，私がこの章の冒頭で描いた現象に対する1つの診断が提示される．ある者が他の者たちにとって説明・予測しづらいふるまいをし，そのふるまいが非合理的と判断される．結果として，この異常に映る行為者(ヴィタンジェロ・モスカルダのような)は高い代償を支払う．なぜ，予測不可能性と非合理性のあいだにはこのように一見したところ相関があるのか．これが私たちの立てた問いだった．そして今，この問いに1つの答えを与えることができる．解釈することで行為者は自分をとりまく社会を渡っていけるようになる．だが解釈は，より渡っていきやすくなるような社会を成形する手段でもある．信念の帰属や他の解釈実践の要となる成形作業に，行為者がうまくはまらなかった場合，解釈者は諦めて，その行為者を解釈の範囲から外す．そして当人のふるまいが志向性をもつかが疑われるのだ．

　──と，この説は述べる．だが本当にそうなるのだろうか？　行為者が自分の期待に反したなら，解釈者は何かがおかしいと気づく．そして，説明不能あるいは予測不能のふるまいをする行為者を，自分がうまく扱えないことに落胆する．そうなれば，立ち止まってもっとよく観察を行うか，あるいは共有されている環境をいっそう注意深く調べるだろう．そうすることでさらなる情報が集まり，自分が最初に行っていた志向的状態の帰属に誤りがあったとか，間違った前提にもとづいていた，ないし適切な背景的知識を欠いていたといった可能性が開かれていく．私は言いたい，他の行為者との日常的な交渉において私たちはみな粘り強い解釈者なのだ──少なくとも一定の時間はそうなのだ──と．私たちは予想もしない出来事に直面したとき，自分の背景的知識を疑ったり改定したりすることを拒まない．もっと本章の眼目に引きつけていうと，私たちは非合理なふるまい(例：明らかに誤った，あるいは不整合な信念)を必ずしも不可解なものとは受けとらない．というのも，広く見られる非合理なふるまいの事例は，予測するのも説明するのも，必ずしも難しくはないのだから．

　解釈は統制的な機能をもっていると主張することと，そこで合理性が役割を果たすと主張することは別である．合理性は志向的状態や行為を帰属されるための前提条件だ，という広く受け入れられた前提を疑うべき理由を私はいくつ

か示してきた．信念の帰属と，その実践を統制すると思われる規範に焦点を当てて私は論じた．ありそうにない内容の信念を口にする人々や基本的な推論の誤りを犯す人々，あるいは不整合な人々のふるまいでさえ，うまく解釈することは可能だと．こうしたケースでも，解釈者は信念の帰属にもとづき，ふるまいの説明と予測を行える．なじみ深い非合理性（一般的で広く見られる形の非合理性をまとめてこう呼んでいた）がみられるからといって，ふるまいを志向的語彙で説明・予測することが不可能にはならないのだから．

　ふるまいが志向的語彙による説明と予測を受けつけない場合でも，そのふるまいを解釈できない核心的な理由が非合理性だとはかぎらない．解釈者が，行為者ないし共有された環境についての適切な背景的知識を欠いているせいで，志向的なふるまいのパターンを見いだせないだけかもしれない．行為者が適切な環境の手がかりに反応しない場合や，信念らしき心的状態をもっているが，それが証拠に無反応な場合，行為者のふるまいが志向的かどうかには検討の余地が残される．そして，それが志向的であるかどうかは必ずしも，それが合理性の基準を満たしているかで決まるわけではない．大事なのはむしろ，そのふるまいが意図的行為ないし志向的状態としての職務を果たす（それは合理性の基準よりもハードルが低い）かどうか，なのである．

文献案内

　人の非合理性を示す証拠をもっと知りたいならば，いまや押しも押されもせぬ古典となった 2 冊の本を読むといい．1 つはダニエル・カーネマン，ポール・スロヴィック，エイモス・トヴェルスキーの 3 人によるもので（Kahneman, Slovic, and Tversky 1982），もう 1 つはリチャード・ニスベットとリー・ロスによるものだ（Nisbett and Ross 1980）．このほか，人の非合理性の古典的な証拠を楽しみながら学べるのがカーネマンの有名な著書（Kahneman 2011）だ．この本でカーネマンは近年の心理学のデータにもとづき，二重システム仮説を展開している．

　バランスよく，かつ内容豊かに，哲学と認知科学での合理性をめぐる論争を概観してくれる文献もある．お薦めはエドワード・スタインの本（Stein 2006）

と，それからリチャード・サミュエルズ，スティーヴン・スティッチ，マイケル・ビショップの 3 人による共著論文(Samuels, Stich, and Bishop 2002)だ．信念の帰属と非合理性についての理論をよりくわしく学びたければ，ドナルド・デイヴィドソン(Davidson 2004)と，ダニエル・デネット(Dennett 1987a)の論文集にチャレンジしてみるといい．この 2 冊に収録されている論文は読むのに苦労するかもしれないが，明晰で厳密な議論が展開されており，苦労に見合った価値はある．常識心理学と非合理な信念の関係をさらに知りたい人には，ダニエル・ハットーとマシュー・ラトクリフの編著(Hutto and Ratcliffe 2007)と，ニコライ・ノッテルマンの編著(Nottelmann 2013)がある．どちらもすばらしい論文集だ．

2

非合理性と心の健康

　神話の物語にもとづく古代ギリシャの悲劇『メディア』はエウリピデス（c. 480-406 BC）の作品であり，「狂気としての非合理性」という考え方を体現している．メディアは夫のイアソンを深く愛しており，彼のために自分の家族さえ裏切った．彼女らはコリントスで幸せに暮らし，2人の子供も授かっていたのだが，イアソンは政治的な野心につきうごかされ，コリントス王の娘である王女と結婚するためにメディアのもとを去ってしまう．舞台の幕が上がると，メディアは捨てられた，屈辱を受けたという感情を露わにする．アテネに移り住み，子供たちとともに保護を受ける選択肢もメディアにはあった．それでも彼女は，裏切りを認めようとしないイアソンに復讐することを望んだのである．恐ろしい贈り物によって，メディアは王女とその父に死をもたらす．さらにはイアソンの幸せを徹底的に破壊するため，彼女は自分の2人の子供まで手にかけてしまう．だがそれは，彼女自身の幸せを崩壊させることでもあった．『詩学』でアリストテレスは，新しい人生の可能性よりも復讐を選んだメディアは非合理であった，と述べている．

　今，「狂気としての非合理性」と表現したものの興味深い事例をもう1つあげよう．それはトム・マッカーシーの現代小説『もう一度』(2006)で描かれる物語だ．主人公は怪我をしたせいで記憶と身体の動きに障害を負う．だが彼は補償金によって大金持ちとなり，1つの決意を固める．新しく手にした財産を使って，自分の記憶を色・音・匂いといった細部にいたるまで再現しようというのだ．彼は記憶のなかの出来事が起きた建物に似たものを探し出すと，オリジナルと寸分たがわぬように改築する．さらには役者たちを雇い，その日に目にしたさまざまなふるまいを再現させる（レバーを調理する老婦人，ピアノを弾く若者，等々）．どう考えても取るに足らないものから暴力的で異常なものまで，出来事を再上映しようという欲求は膨らみ続け，ついには彼の人生と思

考を支配する．そうして主人公は仕事にも友人にも関心を失ってしまうのだ．しだいに強迫的なものとなって，人生のすべてを食い尽くしてしまう欲求．この物語で表現されているのは，その鮮やかな一例といってよいだろう．

2.1 狂気とは合理的でないことか

上であげた2つの例には共通点があった．合理性の規範や，道徳的あるいは慣習的な規範から逸脱したふるまいが，行為者の生活機能と幸福を損なっていたのである．だが行為者が非合理であることは必ず，生活機能と幸福を損なうことにつながるのだろうか？　行為者が心の健康を手に入れるためには，合理的である必要があり，心の健康を維持するには合理性を維持する必要があり，心の健康を取り戻すことは合理性を回復することである……．こうした考え方は正しいのだろうか？　この章では，非合理性と精神異常の関係を探っていくことにする．

2.1.1 理性にふくまれる非理性？

ラテン語の *insania* は非合理性，精神異常，狂気のすべてを意味していた．日常会話でも，現代の精神医学においても，非合理性と精神異常はしばしば一方が他方の原因かのように扱われたり，同義語とみなされたりする．影響力ある著書『狂気の歴史』において，フランスの哲学者ミシェル・フーコー（1926-84）は，それぞれ異なった歴史的・文化的な文脈のもとで狂気がどのようにみなされていたかを考察している．彼によれば，狂気は3つの異なった形で概念化できる．すなわち理にかなっていないこと，合理的でないこと，そして健康でないこと．支配的な見解が何であるかに応じて，狂った者は理にかなわない者として，非合理な者として，あるいは単に病んだ者として描写されるのだ．こうした描写はどれも社会からの排斥をもたらすが，その理由はそれぞれ異なっている．狂気を非合理性として特徴づけることを，フーコーは「理性にふくまれる非理性（unreason within reason）」の一例とみなす．狂った者は完全に理性を欠いているわけではないのであり，だからこそ治療を施すことには正当性がある．治療は，理性と非理性の対立を消去する試みとして正当化されるので

ある．もしも精神の病が全面的な非理性であったなら，治療を正当化すること
はもっと困難になるだろうし，理性を回復させることは不可能とみなされるだ
ろう．

　狂気を非理性として概念化することは過去の遺物ではない．精神異常を病気
の一形態として受け入れている者たちでさえ，非合理なふるまいをそのような
病気の症状とみなしている．非合理なふるまいにふくまれるのは，認識的な規
範に反したふるまい(たとえば歪曲された記憶，正当化されていない信念)，社
会的あるいは道徳的な規範に反したふるまい(たとえば傲慢さ，過度に衝動的
であること，抑制の欠如)，そして「意味をなさない」ふるまい(たとえば不整
合な発言や，言葉と行動の一貫性の欠如)である．専門家が精神疾患を診断す
るときには，認知的な状態や情動的な反応の非合理性が基準として用いられる．
専門家がある特定の種類のふるまいを観察し，それが不適切なもの，理にかな
っていないもの，正当でないもの，あるいは異常なものと判断したなら，その
判断にもとづいて精神疾患が特定されるのだ．さらにいえば，ある種の精神医
学の治療は合理性を回復させる試みとして描写できる．たとえば認知行動療法
では患者の信念の不整合な点を追求する場合があるが，その眼目の1つは，患
者が自分の最も厄介な思考に対して距離をとって批判できるよう手助けするこ
とだ．現代の精神医学において，そして心の病についての一般的な認識におい
て，非合理性と精神異常のつながりが認められていることは注目に値する．こ
の事実に注目することで，両者のつながりの本性をさらに検討していく道が開
かれるだろう．精神異常を非合理性と同一視することには肯定的な議論も否定
的な議論もあるが，それらの主要なものは後で再びとりあげることにしたい．
最終的に私は，非合理性は精神異常にとって十分条件でも必要条件でもないと
論じるつもりである．

　トマス・サズは精神医学の代表的な批判者の一人であり，1958年以来，精
神医学は医学の正統な一分野ではないと主張し続けてきた．彼は「心の病」な
る表現が，誤解をまねくメタファー以上のものではないという．サズによると，
心を病んだ者に対する態度には少なくとも2種類があり，それぞれははっきり
と異なっている(Szasz 1997)．第1に，精神異常の状態にある者は病気だと信
じる，精神医学者の視点(これはフーコーにおける，狂気を健康でないことと

みなす考え方に対応する）．第2に，精神異常の状態にある者は非合理だと信じる，法律家の態度（フーコーにおける，狂気を合理的でないこととみなす考え方に対応する）．

　だがサズはどちらの見方も却下する（Bortolotti 2013 を見よ）．まず，精神異常を疾病とみなすことにはなぜ問題があるか．それはサズによると，身体の病と心の病にはアナロジーが成立しないからである．この2つの現象のあいだに存在する差異は，原因，結果，そして社会的影響という観点から見て，あまりにも大きいと彼はいう．それゆえ精神の病について語ることは誤解をまねく言葉づかいにすぎないのだと．誰かが精神異常だと判断したとき，私たちはその人を，身体の疾病をもつ人々と同じように扱いはしない．身体に疾病があると診断された人は，人の行為者を特別たらしめる特徴も，人の行為者に認められる基本的な権利も，まったく失わない．しかし心の病と診断された人の行為者性は，弱められている，または損なわれているとみなされることが多い．そして，こうした人に対して監禁，本人の意思によらない治療，権利の一時的剝奪といった措置がとられることは珍しくないのだ．他方，サズは法律家の態度も認めようとはしない．なぜなら彼は，非合理性が精神異常の印だという考えも拒否しているからだ．人はしばしば非合理と判断され，精神異常とみなされる．しかし，ある人間が別の人間のふるまいの合理性を判定することなどできるのだろうか？　サズはここで合理性という概念そのものを問題にしている．合理性は客観的に価値あるものとして扱われているが，多岐にわたる文化相対的な規範をふくむ概念ともみなせる．社会的に許容可能であることや，社会と調和していることもその一部だ．とりわけサズが問題視するのは，精神異常の状態にある者は合理性や自律を欠いているため自分の行為に責任を問われない，という前提である．

2.1.2　法律家の見解

　サズがいうところの法律家の見解によると，精神疾患は本質的に心とふるまいに関する現象であり，検知するためにも対処するためにも，疾患が非合理なふるまいという形で表れることは根本的に重要である．この見解においては，心の病は厳密にいうならば病ではなく，合理性と自律の（著しい）欠如なのだ．

54

ベン・エドワーズは，心の健康とか心の病という概念を適用することは道徳に
かかわることがらである，と主張している（Edwards 1981）．なぜならば，こう
いった概念は記述的な要素とともに規範的な要素ももっているからだ．記述的
要素とは，統計的な意味でふつうではないふるまいのこと．規範的要素とは，
こうした統計的標準からの逸脱のうち，肯定的／否定的な態度を向けられるも
ののことである．エドワーズの主張では，「心の病」とは合理的・自律的に行
為する能力の欠如と結びついた，望ましくないふるまいに与えられる名なのだ.
ここでいう合理性には，目的と手段に関する推論を行う能力，論理的に整合的
で経験の裏づけをもった信念を抱いていること，自分の信念やふるまいに理由
を与えられる能力，明晰な思考，そして偏った考えをもたないことがふくまれ
る．そのような合理性の基準から逸脱することが，エドワーズにとっての心の
病なのである.

> 定義：「心の病」は，心あるいはふるまいに関する望ましからぬ逸脱のみ
> を意味する．私たちは通常，自分自身および社会的・物理的な環境に合理
> 的で自律的なしかたで対応する方法を知っており，それを実践することが
> できる．だが心を病んだ者はこうした能力を深刻に，しかも継続的に欠い
> ている．この欠落が上述した逸脱の主要な要素である．すなわち狂気とは
> 深刻かつ継続的な，実践的非合理性と責任能力の欠如なのだ．逆に，「心
> の健康」は心またはふるまいの望ましい正常さ（と，ときたまの異常さ）の
> みから成る．これによって私たちは，自分自身および社会的・物理的な環
> 境に合理的で自律的なしかたで対応する方法を知り，それを実践できるの
> だ．すなわち，心の健康とは実践的な合理性と責任能力である．（Edwards
> 1981: 312）

　ここでエドワーズがとっている立場は，心の病に関する多くの哲学的な，あ
るいは日常的な考え方のなかで暗黙のうちに用いられているものだ．しかしそ
こには1つ問題がある．よい推論や明晰な思考から逸脱することは非合理性の
典型例とされるが，ある種の逸脱は患者以外の人々のあいだできわめて広く観
察される．そのため，統計的にはむしろ標準的というべきなのだ．第1章で見

てきたように，そもそも人が整合的な信念や選好をもつことはそう多くない．さらに第3章では，人が何かに理由づけをすると，大抵の場合には作話〔いわゆる作り話〕が行われるということを見ていくし，第4章では，行為者の信念は多くの場合に動機的なバイアスがかかって（自分の欲求に影響されて）おり，手持ちの証拠にまともに支えられていないことがわかるだろう．エドワーズはこうした「なじみ深い非合理性からの反論」を予想しているからこそ，ただ合理性に違反することではなく，継続的かつ深刻に違反することを心の病としているのだ．

　だがこの応答にも問題がある．何よりも，ある人が深刻かつ継続的に非合理であっても精神疾患と診断されるとはかぎらないのである．基本的な推論の誤りを犯すことや，証拠に支えられていない信念を形成することは，まさに深刻で継続的な合理性の欠落となりうる．しかし，それで必ずしも精神疾患と診断されるわけではない．これは，ふるまいが認識的な合理性の基準を満たさないことだけを根拠に診断しても，病的なふるまいとそうでないふるまいをうまく線引きできない理由の1つだ．また逆に，深刻または継続的な合理性の欠落が見られなくとも，精神疾患と診断されることはある．不安障害やうつ病やサイコーシスは人々の幸福と生活機能を損なうが，継続的または体系的な合理性からの逸脱として表れるとはかぎらない．不安障害はストレスや脅威に満ちた状況への対応として理解可能なものであるし，虐待を受けた人間が妄想的な思考をすることは正当化できる．また，うつの影響により自分のおかれた状況を現実的に受け止められるようになり，未来について正確な予測ができるようになる場合もある．このような事例を考えるなら，継続的で深刻な非合理性こそが心の病を他から区別する特徴だ，という主張は説得力を失う．

　問題はまだある．心の病を合理性の欠落として理解した場合，心と身体の関係を十分にとらえられるのだろうか．深刻で継続的な非合理性がみられることは，心の病の原因候補として同定されている神経生物学的なプロセスとどのように関係するのか？　エドワーズは心と脳のあいだに予測可能な相関関係があると主張している．それはテストすることが可能だし，治療を選択するときにも役立つはずだと．しかしこれを認めただけでは，現代の精神医学における心と身体の関係をとらえるためには不十分かもしれない．少なくともいくつかの

精神疾患については，その生物学的な基盤に関する情報が日に日に充実しているからだ．統計的な標準から外れたふるまいを示す人々の認知と情動に関する障害を正しく理解するなら，身体的，生物学的あるいは化学的なプロセスと，標準から外れた心やふるまいのあいだには因果的なつながりがあることが強く示唆される．それは単なる相関関係ではないのである．整理された病因の説明が存在せず，専門家らの悲願という段階にとどまっている精神疾患が少なくともいくつか存在するとしても，この点は変わらない．

身体的な病が生物学的な規範からの逸脱であるのに対し，心理的な病あるいは精神異常は社会的な規範からの逸脱とみなされている．サズはそう論じる．だとすると，厳密な意味では心の病は存在しないことになる．心の病と身体の病のちがいに関する手がかりは，それぞれの患者のちがいに見いだせるかもしれない．身体の病の場合，医師と患者の双方が問題の存在を認識していて，それを解決するべく協働することになる．しかし心の病の場合，精神科医の見解は診断を受けた当人の見解とは著しく異なってくる可能性がある．患者は治療が必要であることを認めず，協働を拒むかもしれないのである．身体の病の患者は自ら進んで患者という役割を担うものであって，もしも当人が治療を拒んだなら，その人はもはや患者ではない．だが心の病の患者は治療を拒んでもなお患者とみなされるものであり，当人にこの役割が帰されるのは，そのふるまいを他の人々が気にかけるからであるかもしれないし，ことによると法的審理の結果でさえありうる．さて以上の議論は，精神異常を医学的に扱うことへの批判として，より有望なものといえるだろうか？

たしかに場合によっては，精神疾患と診断された人々が自発的に医療従事者の助けを借りようとせず，自分には治療は必要ないと考えることもある．しかしだからといって，この人々は自分が困難に直面していることを認めていない，ということになるわけではない．そうした人々も多くの場合，何らかの形で自分に起きている異常を認識しているのである (e.g., Amador and David 2005; Estroff et al. 1991; Roe and Davidson 2005)．事例研究に目を向ければ，全体像がけして一様でなく，さまざまなケースがふくまれることがわかってくる．深刻な精神疾患を抱える人間のなかには，自分に助けは必要ないと信じており，むしろ自分は才能を授かっているため周囲の人間たちよりもすぐれた存在だと考

えている者たちもいる．一方，下された診断をはっきりと受け入れ，医学的な
処置を受けるずっと前から自分は何かがおかしいと思っていたのだ，と述べる
者たちもいる．それゆえ，個々のケースの多様性についてよく考え，自発性が
患者であることの核心的な性質なのかくわしく検討した後でなければ，心の病
と身体の病では患者にちがいがあるというサズの一般的な主張に同意するわけ
にはいかない．

　よく見過ごされるのだが，自分にはどこか問題があるとか自分には助けが必
要であると認識することと，ある特定の精神疾患の診断や治療方法を受け入れ
ることは同じではない．この点を考慮すると，上記の問題はいっそう複雑なも
のとなってくる．精神医学の研究で，上のような意味での自発性をもたない心
の病の患者について述べられることはある．そうした患者の多くは，自分が周
囲の人間とはちがうと気づき，そのために苦悩している可能性があるし，自分
には助けが必要だとさえ認めている可能性がある．しかし，こうした人たちは
往々にしてある特定の精神疾患の診断を受け入れなかったり，ある特定の治療
方法に反発したりする．ともかく，こうした事例でも多くの場合，患者が自分
の身に何らかの異常を感じていることは事実である．それを認識するなら，心
の病の患者とそれ以外の患者にアナロジーが成立しないという印象は大幅に弱
められる．身体の病の場合でも，診断を受け入れようとしない患者はいるし，
推奨された治療が自分の信念や価値観にそぐわなかった場合，それを拒否する
患者も同じように存在するのだ．

2.2　狂気とは病んでいることか

　ここからは，精神異常を概念化する別のやり方を検討していくことにしよう．
その1つは折衷案的な立場である．これによると，非合理性は精神異常の基準
のすべてではないが一部ではある．もう1つは精神異常の医学モデルだ．この
考え方では，私たちが精神異常を理解するにあたって，非合理性は非常に些末
な役割しか果たさないとされる．

2.2.1 非合理性以外に何が必要か

論者たちのなかには，心の病を非合理性と安直に同一視したり，社会的な規範を破ることと安直に同一視したりすることを拒否する者たちもいる．その例としてレン・バウワーズとピーター・シジウィックをあげられる．バウワーズは心の病を「社会的な規範への違反のうち，非合理または説明不能なもの」として記述している（Bowers 1998）．つまり，一見したところ何の理由もなしに生じるルール破りということである（p. 154）．しかし同時に，彼は非合理であることが心の病にとって十分ではないと認めている．苦しみを感じていることと，社会でうまく機能できていないことが精神疾患に独特の特徴であり，どのような治療が必要か決断を下す際に最も関係してくるのもこういった特徴だ，とはっきり認めているのだ．続けてバウワーズは，心の病にとって中心的と考えられる他の要素をリストアップしていく．そこでは社会にとって破壊的なふるまい，脳機能に影響する生理学的欠陥，自制の欠如，責任能力の欠如，社会からの隔離といったものがあげられている．

これと同じように，シジウィックは心の病という概念を単純に消去してしまうことを拒否し，折衷案的な立場を見いだす必要があると論じる（Sedgwick 1973）．それは「精神医学の分類は本性的に社会が構築したもので，他の医学の分類は本性的に客観的なもの」という粗雑な対比にとらわれない立場だ（Sedgwick 1973: 21）．彼の見解だと，精神医学の診断や治療が道徳的・社会的な規範に（しばしば暗黙的に）もとづいていると示したところに，反精神医学運動の功績がある．だがシジウィックは正当にも，この点は精神医学だけではなく医学のすべてに当てはまるはずだと論じる．そうして彼は，身体の病と心の病にアナロジーが成り立たないというサズの主張に異議を唱えるのだ．

歯が足りないことや肥満であることは病なのだろうか？　シジウィックは，病（身体のであれ心のであれ）を特徴づけるものは標準からの逸脱だが，すべての逸脱が病ではないと論じている．逸脱が病的なものとなるのは2つの条件が満たされたときである．(1)：その逸脱は，当の個人に内在するものとみなせる一群の因果的な要素によって説明される．(2)：その逸脱への適切な対応は，それを癒やすこと，あるいはどのような治療が可能か検討することである．シジウィックの結論は，あらゆる形態の病が価値判断と，客観的な因果的説明の試

みの双方をふくんでいるというものだ(Sedgwick 1973: 36). このような立場は啓発的なものだし，ともすれば二極化してしまう論争のなかにあってバランスのとれた立場である．だが，シジウィックの積極的な提案からは懸念が生じてくる．

逸脱はその個人のなかにあるもので説明されなければならない，といわれていた．だが精神医学において，これはつねに成り立つのだろうか？　この疑問には少なくとも2通りの解釈がある．一方の解釈は，精神の病の形而上学を考えることにつながる．身体の病には病変が存在する．病変は個人の内部に生じるものであり，他者からも外的な環境からも独立して，その個人の幸福に影響を与えると考えられる．では，それにあたるものを精神疾患の場合でも見いだせるだろうか．他方，もう1つの解釈は精神疾患の因果的な来歴，あるいは病理学的な本性にかかわる．当の個人の性質だけで，これらを十分に説明することができるものだろうか？　精神疾患は外的な(環境的または社会的な)原因によって引き起こされる場合がある．そして当の個人のおかれた環境や社会的な文脈に言及しないかぎり，精神疾患がもつ生活に支障をきたすような性質を説明することは困難かもしれない．精神疾患の原因が，あるいは精神疾患が病的なものである理由が，必ず／完全に主体に内的だと主張し続けるなら，疫学の興味深い研究結果を無視することになってしまうだろう．疫学の研究によると，ある種の精神疾患はストレスの多い環境におかれた感受性の強い人々や，トラウマになるような経験をした人々により発生しやすいことがわかっている(たとえばサイコーシスは都市部でより多く生じ，また遅発性統合失調症は難民や亡命希望者により多く見られる．これは Broome et al. 2005 で報告されている)．

シジウィック以外にも，価値観はすべての医学にとって重要だと主張する者はいるし(Fulford 2004a も見よ)，効果的な治療を見つけるために因果的説明を探し求めるという点では精神医学も他の医学も変わらない，と考える者もいる．他の具体例を以下に示しておこう．

　　糖尿病と統合失調症はさまざまな点で類比的である．一方は肉体的・生化学的な異常性によって，他方は心理学的な異常性によって表されるが，どちらも一定の症状を集めたもの，すなわち症候群である．［…］また，ど

ちらの発生の過程でも遺伝や環境が影響していると示すデータがある．どちらに対しても，医学的モデルを適用することはまったく適切だと思われる．(Kety 1974: 962)

疾患は，もともと存在する自然的な世界と，私たちが構成した社会的な世界の境界線上に位置する．ある人の内的な機構が自然によって設計された通りの機能を果たすことができず，それによって当人の幸福が損なわれる場合，それは疾患となる．ここでの幸福とは社会的な価値と意味によって定義されたものである．(Wakefield 1992: 373)

2.2.2 精神医学者の見解

　ここで精神医学者の見解と呼ばれるのは，精神疾患と他の医学的な疾患の類比的な部分を強調し，精神医学の分類と診断において心的な現象の役割は重視しない見解である．精神異常は本質的に1つの疾病であると考えるなら，心の病という現象はとりたてて心的なものではないのでは，という疑いが生じても不思議ではない．近年では，私たちが心の病と呼んでいるものは神経生物学的な機能不全であり，たまたま逸脱したふるまいとして表れているにすぎないと論じる者もいる(e.g., Taylor 1999)．こうした見解によると，精神疾患の診断と分類において非合理性はいっさい根本的な役割を果たさない．ある特定の疾患が，逸脱したふるまいの観察にもとづいて診断されることは依然としてありうる．だが，より科学的に信頼のおける診断経路が近いうちに神経科学によって提供されるだろう，と期待されているわけだ．

　さらに一歩進み，精神医学の消去に踏み出す者たちもいる(Jablensky and Kendell 2002)．現在精神医学で使われている分類のための種は消去してしまい，私たちが今「精神疾患」と呼んでいるものの生物学的な基盤にもとづいて，代わりとなる新たな種を考えようというのだ．精神医学を消去することは，まずそれを還元することから始まる．すなわち，ある疾患のふるまいに関する側面や心理的な側面に着目した説明が，神経生物学的な側面に着目した説明へと翻訳されていくのである．しかし，やがて現代精神医学の言語は使われなくなっていく．神経生物学的な説明を構成する種だけが，科学的に信頼のおける存在

論の構成要素とみなされるようになるからだ．こうした消去の過程は，他の医学の分野で「分子診断の機器，画像処理の機器，そして計算機器が診断のための臨床的技能に取ってかわっていった」(Jablensky and Kendell 2002: 22)消去の過程をなぞるものだ．結果として，精神病理学の伝統的な分類法は消え去ることになる．

　消去主義が台頭してきたのは，近年になって神経生物学と精神医学の関係が大いに強まってきたからである．この変革をもたらした要因は，おそらくアルツハイマー病（認知症の一般的な一形態）やトゥレット症候群（チックを特徴とする遺伝性の疾患）の病因学に関する（つまり，因果的な来歴に関する）重要な発見，そして脳機能画像解析だといってよいだろう．

　　20世紀の終わりごろ，脳と特殊感覚に影響する多くの疾病の遺伝的基礎を解明する試みがめざましい進歩を遂げた．新たな薬品が生みだされ，新たな理論が支持された．神経学の領域と精神医学の領域を，科学的に区別することの難しさは増すばかりである．（Martin 2002: 695)

　　かつて，精神疾患は「器質的」な病変が存在しないことによって定義されていた．病変が発見されると，その瞬間に精神疾患は神経学的な疾患となったのである．今や脳機能画像解析の登場によって，通常の心的経験と病的な心的経験に結びついた脳の各部位の活動パターンをそれぞれ視覚化することが可能になった．［…］もし精神疾患が脳の疾患だとすれば，2つのことが論理的に帰結する．第1に，精神医学にとっての基礎科学には神経科学とゲノム学がふくまれねばならない．第2に，精神科医の訓練はやがて，これまでとはまったくちがったものになっていく必要がある．（Insel and Quirion 2005: 2221)

　　今や［…］現代の神経科学の道具立てを得たことで，代表的な神経精神医学の病の因果的経路をより深く理解できるようになってきた．それにより，精神医学と神経学を隔てる境界は人工的にすぎないものとなった．この事実は精神医学の未来にとって極めて大きな意味をもつ．かつては一体であ

った2つの領域は臨床神経科学として，少なくとも部分的に，再統合されるべきだ．私たちはそう主張する．（Reynolds et al. 2009: 447）

器質性の疾患と機能性の疾患——器質的な原因のある疾患とそうでない疾患——の区別を維持することは近年ますます困難となっている．この事実によって，1つの領域としての精神医学のとらえ方も，それぞれの精神疾患の現在の理解も，甚大な影響を受けてきた．ふるまいに関する症状を説明するために神経生物学が支配的な役割を果たすとしたら，反精神医学運動が槍玉にあげていた心の病と身体の病のアナロジーは強化されたことになる．

　　精神医学の基礎を臨床神経科学として定義し直すことは，精神医学と他の医学との統合を促進することにもなる．精神医学が他の医学の専門領域から切りはなされたことが一因となって，心の病に苦しむ者たちと同様，それを治療する者たちにも偏見の目が向けられてきたのである．（Insel and Quirion 2005: 2225）

　さて，そうなると精神医学の分類や診断や治療において，合理性と非合理性の果たす役割はあるのだろうか．精神疾患が他の疾患と複数の特徴を共有していると考えるのは自然なことだ（Broome and Bortolotti 2009a）．たとえば，心のであれ身体のであれすべての疾患は，当人が関心を満たす障害になるだろうし，当人の幸福を減少させるだろう（これと似た説明に関してはクーパーの著作（Cooper 2008)を見よ）．しかし精神疾患はまた別の特徴ももっているように思われる．そうした特徴は，ふるまいにおける表れ方が問題になったときはじめて，病的といってよいものとなるのだ．神経生物学は説明において重要な役割を果たすし，正常／異常な機能の他の側面と疾患がどう結びついているのか明らかにすることもできる．けれども，神経生物学だけでは果たすことのできない仕事も存在する．何らかのふるまいのパターンを病的なものとして特徴づけることは，その1つである．

　一般的な精神疾患に関する，診断マニュアルで述べられている標準的な分類法において，ある疾患を他の疾患や病的でないふるまいから区別するための第

一の根拠とされるのは何か．それは，こうした疾患がいかに不適切な，ないし
非合理なふるまいとして表れているかという点なのである．

2.3　精神医学の診断における非合理性

精神異常を概念化する 2 つの方法として，「精神異常とは合理的でないこと
だ」という見解と，「精神異常とは病んでいることだ」という見解を検討して
きた．ここまででも述べたように，精神医学でよく使われる診断の基準にとっ
ては，ふるまいが認識的／社会的／道徳的な規範に反するものとして記述され
ることが必要である．本節では統合失調症とパーソナリティ障害をとりあげつ
つ，この依存関係を描き出してみたい．

2.3.1　統合失調症

統合失調症を意味する「スキゾフレニア(Schizophrenia)」はギリシャ語の
「スキゾ(分割する)」と「フレーン(心)」から来ており，文字通りには「分か
れた心」という意味になる．この名称が使われるようになったのはオイゲン・
ブロイラー(1857-1939)の影響で，それ以前にはベネディクト＝オーギュスタ
ン・モレル(1809-73)とエミール・クレペリン(1856-1926)による「早発性痴呆」
(あるいは，早期に発症する痴呆)という呼び名が用いられていた．早発性痴呆
という呼び名では，病の過程に痴呆(現在の呼称では認知症)がふくまれている
という意味になり，それゆえ誤解をまねくものだったとブロイラーは述べてい
る．伝統的に狂気，呪術，悪魔憑き，あるいは神罰として描かれる奇妙なふる
まいが，古代から記録に残されているが，それらの多くは現代なら統合失調症
と診断されるだろう．だが他方，ある 1 つの疾患の代表的な症状が薬理学的に
治療可能であることをもってそれを統合失調症と呼ぶのだとしたら，それは非
常に新しい疾患ということになる．統合失調症の患者に史上初めて用いられた
薬はクロルプロマジンだが，この薬が実験的に投与されたのは 1952 年のこと
だ．それ以前は，統合失調症の患者たちは治療を受けないまま精神病棟に収容
されるか，ロボトミーや電気けいれん療法による治療を受けるかであった．

統合失調症は症状も，その重さや持続期間もさまざまなので，一般的にこう

いうものであると記述することは今なお難しい. 典型的に見られるのは以下の
3種類の症状である. まず, 妄想や幻覚といった陽性症状. 次に, 不適切な感
情, 意欲の喪失, 引きこもりといった陰性症状. 最後に実行機能障害, つまり
認知的な課題を実行するための集中や記憶が困難になることだ. 統合失調症に
ついて興味深い視点を与えてくれるのは, 病の急性期を乗り越えた人々による
回想録である. ここでその一例を見てみよう.

　　私は非合理性の海で溺れていた. 周囲で〈声〉がざわめき, 私に〈知恵〉を教
　えようとしていた. それは〈深き意味〉にまつわる〈知恵〉で, 私はそれを理
　解しようとあがいた. 〈声〉たちは, 自らの知る秘密と洞察を私に1つずつ
　伝えた. やがて, 少しずつすべてが意味をなしはじめた. 決して妄想など
　ではなかった——医師たちが何を言おうとも.

　　「エリーン, 君は科学者じゃないか」医師たちはそう言ったものだ. 「君
　は知的で合理的な人だ. それなのに, 君の脳のなかにネズミがいるなんて,
　どうして信じられるんだい? サイズ的に入りっこないじゃないか. だい
　たい, どうやってそんなところに入ったっていうんだ?」

　　医師たちの言っていたことは正しい. 私の賢さについては, という意味
　だが. 何しろ私はブリティッシュコロンビア大学で神経科学を学ぶ大学院
　生だったのだ. だが, そういう形での合理性を〈深き意味〉の論理と結びつ
　けることが, 医師たちにどうしてできるというのだろう? ネズミどもが
　私の体内に潜入し, 脳に棲みついたのは〈深き意味〉による出来事なのだ.
　奴らは休む間もなく私のニューロンをかじり続け, とんでもない被害をも
　たらした. 神経科学の研究のために研ぎ澄まされた精神を必要としていた
　私にとっては, これは格別耐えがたいことだった. (Stefanidis 2006: 422)

　ジャネット・ヒューイットが論じるように, 統合失調症の診断が下されるこ
とは多くの場合, 患者が大域的に非合理だという含意をもつとみなされている
(Hewitt 2010). そしてサイコーシスの諸症状は, 精神的な能力の欠如を示すも
のとされる. 結果として, 統合失調症と診断された人々のふるまいが, その診
断を理由に非合理とみなされることが往々にして生じる.

一般に，合理性を表すのは整合的な思考と行為だとされている．そして整
合的な思考や行為は，より高次の計画や目的とのあいだに一貫性をもつ．
逆に非合理性を示すのはそうした調和の欠如，および／または，自己矛盾
的ないし自傷的なふるまいである．人々が一貫して合理的ということはな
いものだが，心の病という診断がつけ加わらないかぎり，単に非合理であ
ることをもって自由の権利が奪われることはめったにない．統合失調症の
ような深刻な心の病の患者は，「状態」診断にもとづいて非合理的だと定
義される場合がある．妄想や幻覚を抱えていることが，精神的な能力の欠
如ないし非合理性とみなされるのだ．(Hewitt 2010: 63-4)

ICD-10(WHO 発行の『疾病及び関連保健問題の国際統計分類』第 10 版)のな
かでは，統合失調症は以下のように記述されている．

　統合失調症の一般的な特徴は，思考と知覚に関する根底的かつ特徴的な歪
みと，不適切なあるいは鈍麻化した感情である．通常は意識清明で知的能
力も保たれるが，特定の認知的欠損が時間の経過につれて発現し進展して
いくことがある．(ICD-10, F20)

また，DSM-5(アメリカ精神医学会発行の『精神疾患の診断・統計マニュア
ル』第 5 版)における統合失調症の診断基準 A は以下の通りである．

　以下のうち 2 つ(ないしそれ以上)の症状が，1 ヶ月のうち非常に多くの期
間において見られること．症状のうち少なくとも 1 つは 1, 2, 3 のいずれか
であること．
1. 妄想
2. 幻覚
3. 無秩序な(たとえば，頻繁に脱線や矛盾がみられる)発話
4. きわめて無秩序な，あるいは緊張病性のふるまい
5. 陰性症状(すなわち，感情の平坦化や意欲の欠如)

66

（DSM-5, 295.90, F20.9）

統合失調症の諸症状は非合理なふるまいとして記述される．すでに見たように，陰性症状は感情や意欲の途絶によって特徴づけられるのだった．そして陽性症状は認識にかかわる語彙で特徴づけられる．たとえば妄想，および奇異な妄想は以下のように記述されている．

　　妄想とは，それを否定する証拠を出されても変化を受けつけない，固定された信念である．

　　妄想が明らかに信じがたいものであり，理解不能であり，日常的な生活経験から導かれていないとき，その妄想は奇異なものと判断される．（DSM-5, 297.1, F22）

　私自身の研究でも，いくらかの時間を費やして妄想と作話について考えてきた（Bortolotti 2011b）．妄想は非合理な信念，作話は不正確な語りとしてそれぞれ定義され，統合失調症や健忘症，認知症の症状にふくまれる．妄想と作話はどちらも，その外面的な特徴（たとえば当人たちがどのようにふるまうか）にもとづいて定義されるが，こうした特徴は認識的な語彙で表現される．つまり真理，合理性，正当化，信念といった概念に明示的に言及するのだ．とりわけ合理性についていえば，妄想や作話の見られる人々に帰属される認識的な特徴の多くは，信念が合理的であるための規範に違反するものである．たとえば不利な証拠から目を背けること，不整合さ，根拠の欠如，あるいは自己知の欠落など．ここでの自己知の欠落とは，自分自身の個人的な境界に関する感覚の歪みや，自伝的な語りの不正確さ，記憶の捏造といったものをいう．以下に例として示す定義を見てほしい．やはり，妄想や作話を定義する際にその病因にも，妄想・作話を生じる精神疾患にも，とくに言及していないことがわかるだろう．

　　ある人物が何らかのことを信じており，その信念は手持ちの証拠からはまったく正当化できないほど強固である．しかもそのために，当人の日常生

活における機能が脅かされている．以上の条件が満たされているとき，その人物は妄想を抱いているといえる．（McKay et al. 2005: 315）

作話は，典型的にはある種の誤った信念を表すものと理解されている．そうした信念は患者がもつ，世界についての明らかに誤った考えであり，否定的な証拠がはっきりと提示されても患者はそれを正しいと考え続ける．（Turnbull et al. 2004: 6）

統合失調症の諸症状を非合理なふるまいと同一視するならば，行為に対する道徳的・法的な責任の帰属には影響が生じるだろう．統合失調症と診断された人物が法を犯した場合，その犯罪行為は非合理性の表れであり，心の病がもたらしたものだ，と受けとられる傾向がある．ヒューイットも述べている通り，こうした人物が自殺した場合にも同様のことが起こる．しかし統合失調症は合理性のあらゆる側面を損なうわけではなく，妄想や幻覚のようなサイコーシスの症状が必ずしも「一般的な判断力を曇らせる」わけではないのだから（Hewitt 2010: 64），統合失調症患者のふるまいすべてを病の結果と解釈することに正当な根拠はないし，患者たちが自分の行為に法的・道徳的な責任を有さないと決めてかかるべきではない．

2.3.2 パーソナリティ障害

統合失調症と同じく，パーソナリティ障害の歴史も比較的新しい．19 世紀のころには，自分の衝動をコントロールできず暴力性が噴出しがちな人々を表すために「譫妄なき狂気」という言い回しが作られた．J・C・プリチャードは『狂気とその他の精神疾患に関する論考』を出版した際，背徳症という造語を提案しているが，これが指すのは現代なら反社会性パーソナリティ障害と呼ばれるものだ（Matthews et al. 2003: 296）．プリチャードは「行動の突飛さ」や「風変わりで馬鹿げた習慣」といった，私たちが非合理なふるまいと結びつける言い回しを使って議論をしている（Prichard 1835: 23）．クレペリンの影響力ある著書『臨床精神医学──学生と精神科医のための教科書』(1912)や，クルト・シュナイダーの『精神病質パーソナリティ』(1923)，デビッド・ヘンダー

ソンの『精神病質の諸状態』(1939)では，異常なパーソナリティの分類法として
それぞれ異なった提案がなされている．

　境界性パーソナリティ障害をわずらった実体験を語るなかで，リン・ウィリ
アムズはこの障害に関してよくみられる誤解の数々を取りのぞこうとしている．
たとえばパーソナリティ障害の人物は演技がうまく，苦しむふりをして他人の
気を引いているのだ，という通念がそうだ．

　　境界性パーソナリティ障害というものを言葉でどう表せばいいだろう．私
　が知るかぎりでベストの表現は「感情の皮膚をもたずに生まれてきた」，
　だ．攻撃的な感情にさらされたとき，あるいはそう感じたときに，自分を
　守るための障壁を人はもっている．だがそれをもたずに生まれてしまった
　のが，境界性パーソナリティ障害なのだ．他の人々にとってはたぶん些細
　な侮辱にすぎないことが，私にとっては感情の大災害だった．他の人には
　おそらく感情にとっての頭痛でしかないものが，私には感情にとっての脳
　腫瘍だった．こうした反応は不随意で，私が選んだものではなかった．
　　境界性パーソナリティ障害の典型的な特徴の1つとしてよくあげられる
　のは，何かが起きたとき過剰なほどに激しく怒ることだが，これにも上と
　同じことがいえる．こうした怒りは単なる「かんしゃく」でも「気を引く
　ための行動」でもない．私の場合，過去を思い出させる痛みに打ちのめさ
　れたとき，それへの反応として生じるのが怒りだった．簡単にいうと，あ
　なたにとって本当に辛い何かを思い浮かべ，それを100倍してもらえばい
　い．
　　ストレスになることが続けて起きると，私はそれらを一般化しはじめる
　ことがあった．それもネガティブな方向に．過去と現在はつながって1つ
　になった．ジャングルの動物をとらえる網のように，感情が私をからめと
　った──黒く，暗く，変化のない，ときとして自殺願望をともなった感情
　が．こうした感情には欠陥だらけの論理と，誰かが救済してくれるという
　空想がついて回った．そこに一種の歪んだ自己保存システムが加わること
　で，私の心には混沌が生まれた．私はもうどうにもならないと感じながら，
　自分の世界に閉じ込められて，絶え間のないショック状態に陥るのだった．

苦痛は永遠に続くかのように思えた.

　だから境界性パーソナリティ障害の患者が経験する苦痛は，単なる未成熟さから発するものでもなければ，豊かな想像力の産物でもないし，甘やかされて育った子供のわがままが原因でもない．私たちに道徳的な欠陥があるせいで最後には精神病棟送りになるとか，警察の留置場で精神科医の診断を待つことになるとか，ましてや命を失うといったことはない．私たちが感じている苦痛は本物だが，その苦痛が生じるのは周囲の誤った見方のせいでもある．私たちの脳のなかでは何かのスイッチが切れてしまっているのだ．ただ生き残ることに必死で，周囲の声に耳を傾けることがそもそもできないのだ．（Williams 1998）

　診断マニュアルのパーソナリティ障害の記述では，上の引用でも出てきたいくつかのポイントを検討したうえで，ふるまいの非合理性と不適切性が明示的に言及されている.

　パーソナリティ障害は，ある人物のふるまいがその文化における平均的な個人のふるまいから大幅に，あるいは重大な点で逸脱していることを表す．逸脱はものの見方，考え方，感じ方，そしてとりわけ他者とのかかわり方において生じる．逸脱したふるまいのパターンはおおむね持続的で，複数の領域にわたるふるまいと心理的な機能をふくむ．多くの場合，さまざまな程度の主観的な悩みや社会的機能における問題と結びつくが，つねにそうというわけではない．（ICD-10, F60）

　特定のパーソナリティ障害の記述では，道徳的な欠損が言及されることもある．妄想性パーソナリティ障害では「情け容赦がない」，情緒不安定性パーソナリティ障害だと「直情的」と記述されている.

　妄想性：以下の点を特徴とするパーソナリティ障害を指す．邪魔をされることに過剰なほど敏感である．侮辱に対して情け容赦のない反応を返す．猜疑心が強く，他者の中立的／友好的な行動を敵対的／軽蔑的なものと誤

って解釈することで，経験を歪曲する傾向がある．［…］（ICD-10, F60.0）

情緒不安定性：以下の点を特徴とするパーソナリティ障害を指す．結果を
考えず，直情的に行動する傾向が強い．気分が変わりやすく，その変化の
予測がつかない．（ICD-10, F60.3）

DSM-5 では，パーソナリティ障害は「自己同一性の感覚の障害」および
「効果的な対人関係を築けないこと」をふくむものとして一般的に記述されて
いる．これは，パーソナリティ障害が自己知と自己制御，そして社会への適応
に関する問題としてくくられていることを示唆する．例を示そう．

妄想性パーソナリティ障害
　友人や仲間が誠実でない，信頼できないという根拠のない疑いに取りつ
かれている．
　侮辱されること，損害を受けること，蔑ろにされることを許さず容赦し
ない．（DSM-5, 301.0, F60.0）

自己愛性パーソナリティ障害
　共感を欠いている．すなわち，他者の感情や他者が求めているものを認
識したり，それに自分を重ね合わせたりしない．
　傲慢で尊大なふるまいや態度がみられる．（DSM-5, 301.81, F60.81）

心の哲学を専門にしながら，パーソナリティ障害の治療共同体でも働くハン
ナ・ピッカードは，その経験を活かして興味深くバランスのとれたパーソナリ
ティ障害の理論を提示している（Pickard 2009）．彼女はまず，心の病は存在し
ないというサズの議論を検討する．そしてパーソナリティ障害はいくつもの重
要な臨床的側面をもつが，同時に道徳的な欠損，ないし性格についての欠損と
しても表れると認める．たとえば，境界性パーソナリティ障害の特徴は強烈な
怒りと衝動的な性質だ．
　ピッカードは性格の発達についてのアリストテレスの理論に依拠しつつ，私

たちが有徳な習慣を身につける過程を3段階に分けて説明している．第1段階では，よい習慣が推奨され報われる環境のなかで子供たちが育てられる．すると，こうした習慣は子供にとって第二の自然となり，いちいち熟慮するまでもなく自然としたがうものになる．第2段階では，成長した人々がこうした習慣を有徳なもの，快いものとして評価するようになる．たとえ，なぜその習慣がよいのかはっきりと理由をあげられなくとも．そして最終段階にいたると，人々は成熟して反省的な思考の能力を身につけ，自分の習慣がなぜよいのかという知識を得ることになる．ピッカードは人々が分け合うことを学ぶ過程を例にして，以上の流れを説明している．子供たちは最初，そうすると褒められるという理由で他者と何かを分け合う．だがそのうち，分け合うこと自体を快く，楽しいこととみなすようになっていく．そしてより抽象的に思考できるようになったとき，分け合うことが他者を思いやり，利他的に行動するために必要なことだと理解するのだ．

　診断でパーソナリティ障害の典型的な特徴とされるものには，何らかの遺伝的な原因があり，患者たちはそうした遺伝的な性質をもっていたのかもしれない．だが患者たちが育った環境のことも忘れてはならない．その環境では，よい習慣を身につける方法を教えてもらうことができなかったのだ．パーソナリティ障害の人々の多くは虐待や育児放棄を特徴とする厳しい幼少期を経験しており，そのため道徳的な性格があるべき形へと発達しなかったのだとピッカードは述べている．少なくともパーソナリティ障害に関するかぎり，サズは部分的には正しかった．この障害は生きるうえでの問題で，規範からの逸脱として理解されるのである．しかしピッカードにいわせれば，サズは誤りも犯していた．サズは，いわゆる精神疾患が生きるうえでの問題だとすればそれは医学の管轄外であり，おそらくは科学的な説明や治療の対象にもならない，と前提していたからだ．ピッカードが働く治療共同体は人々にさまざまな機会を提供する．そこでは新しい習慣を身につけ，それを安心できる環境で実践することができる．さらには自分自身について学び，過去の経験についてよく考え，自尊感情を確立することもできるのだ．

2.4 非合理性と行為の責任

精神疾患と診断された人々は，他の診断を受けた人々とは異なった扱いを受ける．なぜならその症状や診断を理由として，権利が一時的に剥奪されることや，行為の責任を問われなくなることがあるからだ．本節では心の病，自律的な意思決定，そして行為の責任の関係を手短に検討していく．

サズがふれている事例の1つは，サイコパス的な傾向をもった親が子供の親権を失う場合である．こうした人々が親権を失う理由は何なのだろうか．おそらく，診断そのものは理由ではない．むしろ，理由は虐待の事実が証明されたことだと考えられる．

> [子供を虐待する親たちは]よくサイコパス，あるいはソシオパスとして描かれる．こうした人々にはアルコール依存症，性関係の乱れ，短期間での離婚，そして軽犯罪がよく見られるといわれている．この人々は子供っぽく，直情的で自己中心的，過剰に敏感で他者に攻撃的になりやすく，その攻撃的な態度を自分でうまく制御することができない．一部の事例では，虐待する親たち自身も幼少期，自分の親からある程度の虐待を受けていたことを示唆するデータが存在する．しかしながら，サイコパス的なパーソナリティや低い社会経済的地位をもった人々だけが子供を虐待するわけではない．よい教育を受け，金銭的・社会的に安定した状態におかれた人々も虐待を行うことがある．(Kemp et al. 1985: 145)

精神疾患と診断された人々が皆，子供の親権を取り消されるわけではない．それゆえ，こうした権利の差し止めを受けたかどうかは，精神疾患と診断された人々とそうでない人々を区別する方法としては信頼できない．上の一節でも示されているように，人々が子供の親権を失う理由は特定の疾患の診断を受けたことではなく虐待を確認されたことであり，虐待の事実そのものは精神疾患と診断されたかとは別のことがらだ．子供を虐待するのがサイコパス的な傾向をもつ親だけでないことは明らかだし，虐待を確認された親は誰であれ高い確率

で親権を差し止められるだろう.

しかし，行為の道徳的・法的な責任について何らかの主張をするために，精神疾患の症状の本性や，精神科医の診断がもちだされる状況も存在する．その一例が以下で論じるブレイビク事例だ．この事例は診断と責任の関係に一定の光を当てるものであり，すでに考察した2つの精神疾患，すなわち統合失調症およびパーソナリティ障害とも関連している.

2.4.1　ブレイビク事例

アンネシュ・ブレイビクは2011年7月にノルウェーで77人を殺害し，2012年8月に禁錮21年の判決を受けた．トルゲイル・フースビとシネ・ソルヘイムによる1度目の精神鑑定においてブレイビクは妄想性統合失調症と診断され，最もありえない内容のいくつかの信念は，持続的で体系的で奇異な妄想とみなされた．たとえば，自分はテンプル騎士団——ノルウェー警察によれば，実在しない——の指導者だと彼は信じていたのである.

もし犯行の時点でブレイビクにサイコーシス症状が生じていたと示されていたなら，彼はサイコーシスと診断されたうえで公判に臨み，犯行に対する責任なしと判断されていただろう．ノルウェーの刑事訴訟法では，サイコーシス症状を呈する者には行為に対する刑事責任を問えないと定められているからだ．「犯行の時点においてサイコーシス症状を呈していた者，意識不明であった者，あるいは著しい心神耗弱の状態にあった者は刑事責任を負わない」(Melle 2013: 17)．ノルウェーの法律において，サイコーシスが何をふくむかについてはその時点での治療マニュアルにしたがうことになっている．DSM-IV-TR のサイコーシスの定義は，幻覚ないし妄想を呈すること，となっており，より広い定義ではこれにくわえて奇異なふるまいや発言もふくまれていた．ブレイビクがサイコーシス障害をもつという診断が症状にもとづいて立証されていたならば，彼は「刑法上の心神喪失」とみなされ，強制的な精神科治療を受けるよう判決が下されていただろう.

　　ノルウェーの裁判システムは生物学的原則を採用している．つまり，犯行
　　が行われた時点でサイコーシスが生じていた場合，犯人の意図とかかわり

なく自動的に心神喪失との裁定が下るのだ．正当な根拠によってサイコーシスが疑われるならば，それはつねに心神喪失の裏づけとなる．（Måseide 2012: 2413）

　しかし，統合失調症との結論を出した1度目の鑑定は，2度目の鑑定で覆されることになった．再鑑定にたずさわったアグナル・アスパースとテリエ・トリッセンは，ブレイビクの奇妙な信念はサイコーシス症状ではなく，統合失調症やその他のサイコーシス障害とは関連性がないと主張，こうした奇妙な信念はむしろパーソナリティ障害によって説明可能だと報告したのだ．ブレイビクには幻覚も，シュナイダーの分類でいう1級妄想(外部から思考を送り込まれている，自分の思考が外部に流出している等)もまったく見られなかった．この点を根拠に，2度目の鑑定の担当者たちは当初下されていた統合失調症との診断を否定し，ブレイビクのふるまいの原因は虚言症をともなう自己愛性パーソナリティ障害であると結論．1度目の鑑定で統合失調症の陰性症状と解釈されていたもの(感情の障害，無関心，引きこもり)も，別の形で説明されることになった(Melle 2013)．2度目の鑑定で下された新たな診断により，ブレイビクは犯行時点においてサイコーシスを呈してはいなかったと判断され，犯行に責任を負うものとされた．ノルウェーの法律においてサイコーシス症状と責任の帰属は非常に直接的に結びついているので，もしブレイビクに犯行時点でサイコーシス症状が生じていたと判明していたなら，彼は犯行の責任を問われなかっただろう．

　しばしばブレイビク事例との類似性を指摘されるのは，「ロンドンの釘爆弾男」として知られるデビッド・コープランドの事例だ．コープランドは1999年4月，手製の釘入り爆弾を用いた一連の爆破事件において3人を殺害，139人を負傷させた．彼の公判でも，統合失調症と診断すべきか，それともパーソナリティ障害と診断すべきかで専門家らの意見が割れることになった(Persaud and Spaaij 2012)．コープランドは自分が心神耗弱の状態にあったとして無罪を主張したが，殺人罪で有罪判決を受け，終身刑6回を宣告された．イギリスの法律には，心の病によって行為の責任を問われなくなる条件を指定するマクノートン・ルールが存在する．このルールで基準とされるのは，まず当人がその

行為の性質または本性に対して無知であり，それが悪い行いだと知らないこと．そして，その行為の本来の性質または本性の認識を妨げる「病的な妄想」に冒されていることである．だが，これが弁護として認められるのは計画的殺人に関してのみだ．衝動的殺人や過失致死については，求められる基準はかなり高くなるため，かわりに心神耗弱にもとづいた弁護が用いられる場合が多い．この弁護が適用されるためには，精神が異常な状態にあったと示すだけでは十分でない．まず，その異常性の原因が発達の過程，外傷，または病でなければならない．そして，異常性によって行為への責任能力が「本質的に」損なわれているという判断が，それぞれの医療専門家や陪審員から下されねばならない．たとえば統合失調症の場合，患者たちの症状が寛解し薬を服用している場合でさえ，集団レベルで認知的・神経心理学的な機能障害が見られることがわかっている．しかしこのような機能障害が当人に害を及ぼすかどうか，及ぼすとしても当人の局所的で，個別的で，文脈依存的な決断を「本質的に」妨げるものかどうかは，すぐに確証を得られるとはかぎらず，よりくわしく調べる必要が生じる場合もある(Bortolotti et al. 2013)．

　コープランドの公判にかかわった精神医学の専門家の一人ジョン・ガンによれば(Gunn 2002)，彼が重度の統合失調症であることに疑問の余地はなかったという(コープランドが以前治療を受けていた病院の担当チームも同じ診断を下している)．それでも裁判所が，コープランドに犯行の責任があるという見解を支持したのは，外部からのプレッシャーがあったためだとガンは主張する．このことを考えると，ブレイビクの精神鑑定の結果が変化した理由もちがった角度から見えてくるかもしれない．コープランドの場合にガンが見いだしたものと同じようなプレッシャーが，ブレイビクの事例でも存在したのだろうか？他方，1度目の精神鑑定を担当した精神科医らは，ブレイビクの発言に右翼的な思想の背景があったことを無視したせいで鑑定を誤ったのだと考える者もいる(Måseide 2012)．結果として医師らは，ブレイビクの信念のありえなさや特異さを過大評価してしまったのだと．

2.4.2　妄想と行為の責任
　ひとつの解釈によると(Melle 2013)，ブレイビクは一貫して統合失調症をわ

ずらっていたが，犯行から数ヶ月後に行われた 2 度目の面談時にはその症状が比較的落ち着いていたのだという．2 度目の精神鑑定を担当した医師たちはあることに気づいた．自分の主張のなかでとくに異常なものの多くに対して，ブレイビク自身が距離をとっていたのだ．たとえば「自分がテンプル騎士団の指導者だと信じたかっただけだ」と彼自身が述べたのである．この解釈を支持するべく，さらに次の論点をつけくわえることもできるだろう．2 度目の鑑定ではブレイビクに妄想も 1 級症状も見られないことを根拠に，統合失調症からパーソナリティ障害へと診断が変化したが，ここには問題がある．なぜなら，こうした症状は統合失調症の診断のために必ずしも要求されないし，他に何らかの問題が併発しないかぎりパーソナリティ障害でサイコーシス症状を呈することはないからだ．さらに DSM-IV では(DSM-5 はブレイビクの精神鑑定および公判のときにはまだ出版されていなかった)，1 つでも妄想があるならば，統合失調症の診断には不足としてもサイコーシスの診断には十分とされていた(たとえば妄想性障害や感情性サイコーシスのような，他のサイコーシス障害の可能性がある)．すなわち，もしブレイビクが何か 1 つでも妄想をもっていたならば，彼をサイコーシスと診断するのは正当だったということになる．1 度目と 2 度目で精神鑑定の結果が変化したことをどう解釈するかは諸説あるが，ブレイビクが投獄されず強制的な精神科治療を受けるという可能性への世論の激しい反発が，事態の趨勢に影響した可能性はあるだろう．こうした世論からのプレッシャーにくわえ，2 度目の精神鑑定が必要とされた背景には他の要因もあったかもしれない．1 つあげると，ブレイビク自身は行為の責任を問われることを望んでいて，統合失調症との診断にも強制的な治療を受ける見通しにも不満を抱いていたのである．

　ある特定の諸症状(例：サイコーシス症状)を呈しているなら，またはある特定の診断(例：パーソナリティ障害ではなく統合失調症との診断)が下っているなら，それだけで(犯罪)行為に対する道徳的・法的責任の有無は決定できる──こういった考えは，見直されるべきだ(Broome et al. 2010)．責任とは何か，犯罪行為に対して適切な刑罰とは何か．こうした問題に関しては，大まかな一般則を当てはめるのではなく，もっと細やかな見解を作り上げる必要がある．それをブレイビク事例は浮き彫りにしたのだ．より具体的にいえば，統合失調

症とパーソナリティ障害を区別するための基準(たとえば妄想)によって，ある人が刑法上の心神喪失かどうかも適切に判定できるとは簡単に主張できない．そう主張したければ何らかの論証が必要である．

　サイコーシス症状を呈する人や統合失調症の診断を受けた人には行為に対する責任を問えない，ないし部分的にしか問えないと前提することにはとりわけ問題がある．こうした人物が2人いたなら，その2人のふるまい方はほぼ全面的にちがってくる場合もあるからだ．統合失調症患者のなかには認知的にも社会的にも問題なく活動でき，自分の妄想をある程度コントロールできる人もいるのである．こうした臨床的な多様性をもとに，統合失調症の診断を受けた人々が一様なグループをなすわけではないので診断は研究の手がかりとして望ましくない，と論じてきた者たちもいる(e.g., Honey et al. 2002; Bentall 2006)．だとしたら，行為への責任の有無を決める手がかりとしても同じではないだろうか？　精神疾患の症状や，統合失調症の診断が法廷で考慮に入れられるべきなのは確かだ．しかし，それだけで責任能力の有無が決定できるとみなすべきではない．

　ブレイビク事例で精神鑑定にたずさわった精神科医たちにとっては，彼の信念体系が妄想に支えられていたのかどうかが最大の問題の1つだった．最初にブレイビクの鑑定を担当した精神科医たちは，自分がテンプル騎士団の思想的な指導者だといった彼の主張に目を見張った．ブレイビクはテンプル騎士団が実在すると信じこんでおり，2002年ロンドンでその創立記念式典に出席したとも主張したのだ．その他「自分はまもなくノルウェーの新しい摂政となる」，「この国に生きる者の生殺与奪権は自分が握っている」といった奇異な信念を彼はもっていた．こうした信念の内容から，当初ブレイビクは誇大妄想の持ち主と判断されていた．彼がかかわっていたいくつかの過激派グループのメンバーも，反イスラム主義をふくむ人種差別的な見解を共有してはいたのだが，ブレイビクは現在および未来の「民族浄化計画」で自分が果たす具体的な役割についての信念をもっており，それはきわだって妄想的かつ特異なものに映ったのである．

　診断対象の信念がどのような社会的な文脈におかれているのか調べることは，診断において重要である．妄想の定義には「本人の属する共同体(より小さな

地域社会もふくめて)で共有されていない」ことがふくまれるからだ．しかし，社会的な文脈の調査は行為の責任の帰属にとっても重要だといえるだろうか？ブレイビクの信念には周囲に共有されていないものもあった．その事実が重大だとしたら，その理由はこう説明できるだろうか．「彼の政治的・思想的な見解を共有したいと思っていた，グループのメンバーらにとってさえ受け入れがたい信念をブレイビクが抱いていたのは，現実検討能力の低下(あるいは妄想の形成にかかわる，他の何らかの認知的な欠陥)が原因かもしれない．とすれば，その現実検討能力の低下(あるいは他の認知的な欠陥)は彼の意思決定プロセスにも——したがって犯行時の意思決定プロセスにも——影響していたかもしれないではないか」．だがこれはあくまで仮説であり，検証を必要とする．

　私たちにわかるのは，過激派グループの人種差別的な信念も，自分にはノルウェーを「望ましくない人々から浄化する」役目があるというブレイビクの信念も，同じように認識論的に劣っているということだ．どちらもまともな証拠に支えられておらず，不利な証拠を無視しているのだから．また内容に鑑みれば，どちらの信念も他者に害をなす決断や行為を導く可能性をもっており，それゆえ潜在的に危険なものでもある．ブレイビクはそう珍しくない人種差別的な信念をもっていたことにくわえて，自分が関与する「浄化計画」で指導者的な役割を担っているという特異な信念も有していた．おそらく，彼の行為に何らかの正当化を与えたという観点からすれば，どちらの信念も彼の犯行にかかわりがあったのだろう．つまり，その行為は無作為な暴力としてでなく，当人の信念体系に整合する何かとして理解できるのだ．たんなる誤った／根拠を欠いた／危険な信念ではなく，妄想的な信念を有していることが何か特別な重みをもつとしたら，それが同時に意思決定における特定の欠陥を示している場合だけだと思われる．

　さらに1点付けくわえると，そう珍しくない人種差別的な信念と特異な誇大妄想的信念の2つを合わせたとしてもなお，ブレイビクの行為を動機づけるのに十分ではない．ノルウェーの社会にとって多文化主義が最大の脅威の1つだと(多くの過激派グループメンバーと同じように)信じこみ，かつ自分が多文化主義と戦う組織の長だと信じていても，彼が77名の人命を奪う行動に出ないことはありえた．こうした思想に導かれた結果，同じような見解をもつ政党に

参加したり，イスラム教徒や多文化主義への反対運動を行ったりする可能性も
あっただろう．殺人を動機づけるにあたっては，他にも何らかの信念がかかわ
っていたにちがいない．それが妄想的であったにせよ，なかったにせよ，そう
した信念に注意を払うべきだ．

　コープランドやブレイビクの事例が語られるとき，そこで前提されていたこ
とがもう1つある．それは，診断結果がパーソナリティ障害であれば行為に対
して責任を問われうるということだ．これもまた見直してみるべき前提である．
ピッカードによると，パーソナリティ障害の人物が他者に害を及ぼすであろう
ふるまいをした場合，その行為について責任が問えるとしても，そこから当人
が非難に値すると結論すべきではない(Pickard 2011)．というのも，パーソナ
リティ障害と診断される人々はたいへん特殊な窮状におかれているものだから
だ．パーソナリティ障害が典型的に生じるのは，崩壊した家庭や施設で育った
人物，トラウマや強烈な社会的ストレスを経験した人物なのである．

　　ある種の生い立ちによって，その人の能力の発達が妨げられることがある．
　　たとえば感情のコントロールや，それに応じたふるまいのコントロールの
　　能力だ．こうした事実が認められるかぎりにおいて，過去の経緯に目を向
　　けることは［…］当人の責任を減少させうる．これと同様に，極度の貧困
　　で選択肢がかぎられていた場合，不道徳な決断をなし結果として他者に
　　損害をもたらしても，ときとして仕方のないこととみなされる．ただし，
　　こうしたことはつねに認められるものではなく，問題になっている生い立
　　ちや能力，選択肢，そして損害の詳細によって変わってくる．(Pickard
　　2011: 220)

2.5　非合理性，心の健康，そして行為者性

　統合失調症やパーソナリティ障害の主な特徴づけは，認知的ないし情動的な
非合理性をふくみ行為の責任に大なり小なり影響する心的現象，というものだ．
こうした精神疾患をよりよく理解するためには心理検査や神経生物学の技法も
役立つが，診断のカギとなるのはやはりふるまいに関するデータである．そし

て診断の規準は心的な語彙で記述され，そこでは認識的・社会的・道徳的な規範からの逸脱が明示的に言及される．しかし，ある種の心の病の特徴であるこうした規範からの逸脱は，必ずしも人の行為者性を損なうものといえるのだろうか？

2.5.1　認識的な非合理性

　心の病と精神医学の種について分野横断的で多元的な理解を打ち立てるためにも，今なお心の病につきまとう偏見に対処するためにも，精神異常と非合理性を同一視できるかという論争を呼ぶ問題をあらためて検討してみる必要がある．非合理性は心の病の存在を示す証拠として十分だろうか？　そうは思えない．広い範囲における非合理性は通常の認知にもみられる特徴であり，心の病と診断される人々だけのものではないのだ．

　たとえば信念の合理性について考えれば，このことは明らかである．ある信念が手持ちの証拠にしっかりと支えられており，そうした証拠に反応できている場合，その信念は合理的とされる．病的でない（あるいは，少なくとも精神疾患と診断されることにつながらない）にもかかわらずこうした認識的な合理性の基準を満たさない信念の例は枚挙にいとまがない．ある特定の民族が暴力的だとか怠惰だといった，人種差別的な信念もそうだろう．隣の家の住人は私の動きを探るために政府が雇ったスパイだ，という妄想的な信念とくらべて，人種差別的な信念のほうが明らかにもっともらしいとはいえまい．さらに，エイリアンが人々を拉致しているとか満月が事故を引き起こしているといった信念は，妄想や作話と多くの認識的な特徴を共有している．すなわち誤っており，手持ちの証拠にまともに支えられておらず，不利な証拠や論証から頻繁に目を背ける．たしかに人種差別や迷信にかかわる信念は妄想にくらべてそこまで不可解でない印象を与えるが，それはこうした信念が私たちの社会や文化でありふれたもので，本人をそこまで苦しめないだろうからである．

　患者以外の人々にも非合理性は広くみられるので，非合理であることは心の病にとって十分でないと私は議論してきた．だが次のような反論がありえよう．ここまで述べてきたようななじみ深い非合理性と，心の病を特徴づける非合理性が種類のちがうものだとしたら？　ひとつの影響力ある考え方（グレッグ・

キュリー，ショーン・ギャラガー，そしてルイス・サースの著作に見いだされる）によれば，心の病を特徴づける種類の非合理性は現実検討能力の欠如，ないし現実との接触の欠如に関係しているという．この考えにしたがうと，妄想を抱いている人物は自分の想像していることと信じていることを区別できていない（Currie 2000）とか，もう１つの現実——本人も，それが真の現実でないことをときおり自覚している——のなかで生きている（Sass 2001; Gallagher 2009）ということになろう．これらはサイコーシス的なふるまいのいくつかの特徴の説明としてはおおいに納得いくものだ．しかし，妄想を抱く人々はしばしばその内容に強くコミットしており，現実の「新しい」とらえ方に合わせて生き方全体を変えていく．そうした点をこの説はうまくとらえられていない．

　この説に対してはさらに重要な疑問もある．おなじみの日常的な非合理性のほうは現実からの乖離をふくまない，と前提されていたが，それは正しいのだろうか．私たちはこの前提を疑い，患者の非合理性とそれ以外の非合理性にアナロジーが成り立たないという主張を退けるべきだ．どういう形の認識的な非合理性であれ，現実からの乖離をふくまないことはない．人種差別的な信念をもった人がいて，黒人のウェイターも白人のウェイターも同じくらいすぐれたサービスを提供しているという証拠を頑として認めないとしよう．ならばこの人物は，合理的であるかぎり信念をもつ者が必ずプレイしているはずのゲーム，すなわち証拠による支持というゲームから自分をはじき出してしまったのだ．迷信につき動かされている人がいて，満月の夜は事故を恐れて運転しないのだとしよう．ならばこの人物には，自分がよりどころとする「法則性」への反例が見えていないのだ．こういう場合の現実との接触の欠如は，幻覚や妄想的な経験・信念によって引き起こされる現実との接触の欠如と，連続性をもったものである．

　非合理性は心の病の必要条件ですらない．うつ状態にある人々は，そうでない人々よりもかえって正確な予測を下せるようになる．なぜかというと，統計的な意味で標準的な人々が何かを予測するときにはどうやら過度の楽観主義が付きものなのである．この点で示唆的なのは抑うつリアリズムに関する研究だ（そのレビューとしては Abramson et al. 2002 を見よ）．抑うつリアリズムのいうような現象が実際には患者に当てはまらないという批判もあるものの（こうし

た現象に否定的なデータを提示する近年の研究としては Baker et al. 2011 を見よ)，病的な信念の形成に寄与したり病的なふるまいを裏で支えたりしている推論傾向が，病気でない人々にみられる推論傾向にくらべて，認識的に優位となりうる状況は問題なく想像可能だろう(Craigie and Bortolotti 2014)．

たとえば心理学者たちの発見によると，長いあいだ証拠によって支持されてきた信念に対し人々は非常に保守的になり，その信念をアップデートしなくなる傾向がある．のちに第4章でも見ることになるが，人々はある仮説をいったん正しいものとして受け入れると，たとえ後になって強力な否定的証拠が浮上しても，めったに最初の仮説を捨てようとしない(信念の固着という)．その原因の一端は確証バイアスにある．すなわち人々は，最初に採用した仮説を支持しそうな情報ばかりに注意を向け，その仮説と矛盾しそうな情報は探そうともしなかったり，軽視したりする傾向があるのだ．一方，たとえ既存の信念と矛盾するとしてもかぎられた証拠にもとづいて新たな信念を形成していく傾向——たとえば結論への飛躍バイアス——も存在する．こうしたバイアスが確証バイアスの背後ではたらくと，過剰な保守傾向を相殺することが可能となる．そして結論への飛躍バイアスは妄想の形成と結びつけられてきたのである．サイコーシスのリスクがあると判断された人々のうちでも実際にサイコーシス症状を発症する人々は，結論への飛躍バイアスの影響を受けやすい性質をもっているという(Broome et al. 2007)．

上記のような事例から，認識的な非合理性が精神疾患と診断される人々に特有の性質だと考えてはならないことが示唆される．第1章でも見たように，すべての人は認識的に非合理なのである．精神疾患と診断された人々はそうでない人々と異なったバイアスを示すかもしれないし，同じバイアスを異なった程度で示すかもしれない．だが認識的な非合理性に関する差異は種類のちがいというより，程度のちがいなのだ．

2.5.2 自律性の欠如

精神疾患と診断された人々が，それ以外の人々にくらべ特別な形で非合理だと考えるのは間違いだろう．だがこれと同様，精神疾患と診断された人々はまさにその事実により，自律性をもたず行為に責任を負わないのだ，と無批判に

前提するのも間違いだろう (Bortolotti et al. 2012). 人が自律的であるためには，未来の決断やふるまいを形作るものとしての自己の認識が重要となる. それゆえ，自律性の基礎にあるのは自己物語を構成する能力だと考えられる. そして精神疾患の診断を受けた人々は必ずしもこの自己物語の能力を失うわけではない (Roe and Davidson 2005: 89).

　ただし，人の行為者性の基礎にある能力にどのくらい影響するかは，それぞれの疾患によって異なる. ケネットとマシューズは，特定の種類の精神病理が自律性と道徳的な責任にどのような影響を与えるかを考察している (Kennett and Matthews 2009). 彼らによると，人が自律的であるための必要条件の1つは，未来の自分を何らかの一連の行為にコミットさせる選択と決断をなす能力である. そして未来の計画を立てるためには，エピソード記憶が正常にはたらいている必要があるのだ.

　　M・Lは脳に深刻な損傷を負った. その直後の期間は意味記憶に障害が生じ，また出来事と人の双方に対する健忘がみられた. その後，M・Lの意味記憶は順調に回復し，自分の過去にまつわる重要なことがらも再学習した. だが依然として，彼は過去に体験したはずの出来事を断片的にしか思い出すことができなかった. さらに――これが重大なのだが――M・Lは通常の主体にくらべ，負傷後に体験した出来事をエピソード的に再体験することに困難を抱えていたのである. 彼にできたのは，自分が体験した出来事とそうでない出来事を，熟知性といった非エピソード的な手続きで区別することだった. 回復後に体験した出来事を思い返そうとすると，そこに主観的な距離を感じるのだと彼は訴え続けた. 彼の判断には誤りが見られ，また自分に課せられる親としての責任を彼は理解することができなかった. こうした責任は自分のふるまいを監督することや，秩序だったルーティーンワークを必要とするのである. 彼は職を得ることもできなかった. ［…］M・Lのような事例が示しているのは，過去のエピソードに対して私たちが有しているこの種のアクセスが，計画を立てて熟慮するために重要だということだ. うまく行為するためには，本当の意味で自分の計画の立案者になる必要がある. 計画の達成に精力を注ぐ者に，そして何より計

画をよく知る者にならねばいけないのだ．こうした知識は，私たちの自己
知の核心をなすものといえよう．(Kennett and Matthews 2009: 340)

　M・Lの事例では記憶障害のために過去の思考，コミットメント，そして体
験へのアクセスが失われていた．こうした状況下で行為者が何かを考えたり行
動したりする場合，その理由が本人にもアクセス不能なものとなってしまうこ
とが考えられる．なぜなら当該の自伝的なデータが本人に利用できない以上，
そうしたデータが自己物語に内実を与えることも，制限をくわえることもない
からだ．M・Lは事故後に起きた出来事のエピソード記憶を保持できなかった
ために，彼の熟慮する能力と行為に道徳的な責任を負う能力は損なわれる結果
になった．このような形で自伝的情報へのアクセスに深刻な障害が生じ，物語
的な統合性が失われたならば，正当な根拠をもって，その人にはもはや自律的
な意思決定の能力と行為への責任能力がないとみなせるだろう．
　だがそうではない場合──これほど劇的な記憶障害がなく，自伝的な情報が
行為者に利用可能な場合──なら，合理性と自己知に局所的な問題があるから
といって必ずしも行為者を道徳的に咎められないとか，道徳的な責任を問えな
いということにはならない．認知的・情動的な合理性や自己知の欠損が自己物
語を構築する能力を損なうとはかぎらない．それゆえ，自律的な意思決定の能
力も損なわれないかもしれない．もっとも，こうした欠損のせいで行為者が幸
福につながらない決断や行為をしてしまう可能性はあるだろう．行為者が自分
自身の支配者であるとして，それは必ずしも優秀な支配者という意味ではない
（当然である）．だが，合理性と自己知に関する欠損は自律的な意思決定能力が
はたらく際の障害となりうるのだ．これまでの研究結果によれば，心理的な幸
福は自伝的な出来事を整合的かつ十分正確に表象する自己物語から生まれると
いう（Wilson 2002）．ある種の精神疾患（統合失調症や認知症など）から現実ばな
れした妄想や作話が生じると，こうした妄想・作話は自己物語にも組みこまれ
ていく．そうなると，行為者の物語と現実のあいだには大きな溝が生まれかね
ない．こうして緊張関係が生まれてしまえば，当人はうまく社会で機能するこ
とが難しくなる．なぜなら本人の目から見たその人と他者の目から見たその人
に深刻な隔たりがあるのだし，その人の一生における重要な出来事の理解も本

人と他者で異なってくる可能性があるのだから.

　まとめよう. 精神疾患と診断されることは，自律のための能力が欠如していることを必ずしも示さない. だが知覚と認知(とりわけ記憶)にかかわる深刻な欠陥は，行為者が未来の決断と行為を形作るための能力を損なうことがあるので，場合によっては十全に責任を問えなくなることもありうる.

結論と含意

　精神異常は非合理性と必然的に結びついているのか？　精神異常が行為者性を損なうことは当然なのか？　精神疾患の診断で注目されるふるまいは，合理性と自律に局所的な問題が生じていることを示す場合がある. だがそうだとしても，精神疾患が環境的・社会的な要因にならんで神経生物学的な基盤，場合によっては遺伝的な基盤をも有していることは否定されない. たしかに精神疾患の病理学的な本性を説明するなかで，非合理なふるまいの表れが明示的に言及されることは多い. それは妄想やパーソナリティ障害の事例で見てきた通りである. しかし，これは精神疾患を文字通りの(単なる比喩ではない)意味で疾病とみなすことと完璧に両立可能だと思われる. 対象が非合理かどうかを判断することは精神医学における分類や診断で重要な役割を果たしているが，そこから非合理性が心の病の十分条件だと結論するのは間違いだろうし，それどころか必要条件だとも結論できないだろう. ある種の非合理性や自己知の欠如，そして道徳的な欠陥は ICD や DSM で言及されており，医療現場や神経心理学の研究でも精神疾患の境界を画定するために用いられるが，これらは心を病んだ人間だけにみられるものではない. 逆に，認識的／社会的／道徳的な規範からの深刻な逸脱をまったくふくまない精神疾患も数多く存在するのだ.

　精神異常と非合理性に必然的なつながりは存在しないと認識すれば，いくつかのポジティブな帰結が生じる. 第1に，狂気と正気は連続的なものであり，合理性の規範にしたがっているかという点で両者に絶対的な差異はないという考え方が矛盾なく受け入れられる. そのようなものとして考えているかぎり，心の病を偏見の目で見ることも，逆に理想化することも避けられる. 心の病を合理性や道徳的な責任に生じる欠損としてとらえてしまうと，心を病んだ人々

が人の親として，友人として，市民として，あるいは他の何かとして必然的に劣った存在だという不当な見方につながりかねない．他方，心の病とは結局ほかの人々と異なった形で現実をとらえる人々に生じるもので，その現実のとらえ方が異常だというのは社会の恣意的な解釈にすぎない，と考えてしまえば逆のことが起きる．すなわち，心の病には何か型破りでロマンティックなものがある（例：そこには勇気の発露や自由を求める叫びが存在し，それは称賛に値する……）という見方が助長され，心を病んだ当人たちが感じている苦悩は無視されてしまうのだ．精神疾患と診断された人々のふるまいを他の人々のふるまいと連続的なものとみなすなら，こうした偏見や理想化は抑止される．心を病んだ人々であれそれ以外の人々であれ，非合理なふるまいはするものであり，しばしば現実から遊離するものだ．たとえば手持ちの証拠にしっかりと支持されていない信念を形成・維持しているとき，あるいは人生の出来事と過去の体験を整合的かつ正確に統合する自己物語を作れていないとき，行為者の心理的な幸福と社会機能は損なわれる．心を病んだ人々を他の人々から区別するのは量的なちがい——つまり現実からの遊離の程度と，それがもたらす心理的な幸福や社会機能へのダメージの深刻さなのである．

　第2に，非合理性は心の病を定義づける特徴だという考えが，心を病んだ人々が行為者として不完全であるとか劣っているという見方の呼び水になることを私たちは見てきた．つまり，こうした人々は自律的な決断をなすことができず，自分の行為に対して責任を負わないのだと．このように考えが進むのは，合理性が自律と責任の前提条件とみなされているからである．しかし，心の病と自律の欠如を直接的に結びつける考え方には異論を唱えるべきだ．たしかに，自律的な意思決定と行為への責任に不可欠な能力（たとえば自伝的な記憶）がひどく損なわれる精神疾患の場合，患者の自律性に疑問をもつことは正当といえる．他者の感情を読みとる能力や苦しみに共感する能力が機能していない場合も，他者にとって邪魔なふるまいや有害なふるまいをしてしまうことに擁護の余地が生まれ，道徳的な非難を弱めるべきといえるように思える．だが，こうした話は精神疾患について一般に成り立つわけではなく，心の病を定義づける特徴としては通用しない．精神異常を自律性の欠如や道徳的責任の欠如と安直に同一視する考え方は，すべて疑ってかかるべきだろう．

文献案内

反精神医学の運動の根底にある議論がどういうものか感じ取りたいなら，サズの著作が絶好の取っ掛かりになるだろう．ここであげる著書(Szasz 1997)は，「精神異常」が何を意味するのか，そして心の病と診断されることがどのような意味をもつのかを知りたい人にお薦めの1冊である．また精神医学の本性については，現代に書かれたバランスのよい著作も読んでおくことを薦める．内容豊かで洗練された入門書としてレイチェル・クーパーの本(Cooper 2008)を，精神医学を科学とみなす1つの見方を提示する論考としてドミニク・マーフィーの本(Murphy 2006)を，それぞれあげておこう．

マシュー・ブルームと私が編纂した論文集(Broome and Bortolotti 2009b)も紹介しておく．この本は精神医学の研究と臨床で使われる，さまざまな理論的枠組みと方法論を通覧するもので，役に立つこともあるだろう．各章では，幅広い疾患(パーソナリティ障害，依存症，健忘症，統合失調症，うつ病)とアプローチ(認知心理学，精神分析，神経科学，現象学)がカバーされている．そして最後に，オックスフォードのハンドブック(Fulford et al. 2013)．たいへん広範囲にわたる情報が網羅されており，心の健康について理論的・臨床的に関心をもつすべての人に有用だろう．

3

非合理性と選択

　ジェーン・オースティン (1775-1817) の『分別と多感』には，感情を統制できない人物の格好の例が出てくる．作中では2人の姉妹が父親を亡くし，家までも失い，親類から冷たくあしらわれたうえに恋愛でも悲運に見舞われる．悲嘆にくれる2人だったが，ほとんど同様の経験をしているにもかかわらず，姉妹のふるまいは極端なほどにちがっていた．長女のエリナーは自分のなかの失望をひた隠しにして，母親や妹の前ではほとんどそれを表に出すことがない．彼女は自分自身の内面的な強さによって新しい環境に適応しようと努力していく．これに対し，次女のマリアンヌは激情家だ．ほとばしる感情に導かれ，彼女は衝動的に──そして，しばしば自己破壊的に──ふるまう．逆境に立ち向かい，敗北を受け入れることを拒否する．

　エリナーにとって，理性はつねに感情の上に立つものだ．行動する前には注意深く熟慮し，理由なしに決断は下さない．どんなときも凛とした態度で，折り目正しくふるまっている．一方，マリアンヌはたびたび激しい感情に飲み込まれてしまう．その感情がポジティブだろうとネガティブだろうと，感情に支配されて抵抗も制御もできなくなるのだ．結果として，まわりから見れば彼女のふるまいはタガが外れた，限度を知らないものに映る．若く自分に正直なマリアンヌのふるまいは，ある種の非合理性を体現している．この章で論じたいのはまさにこうしたタイプの非合理性である．

　もう1つ例を出そう．ヘンリー・ジェイムズ (1843-1916) の『ある婦人の肖像』に登場するイザベル・アーチャーは，うら若きアメリカ人女性である．イザベルは両親を亡くし，叔母とともにヨーロッパへ渡る．イギリスではその美貌と人間性で称賛を浴び，良識と思いやりをそなえた男性2人から恵まれた結婚の申し出を受ける．だが，結婚を人生の落とし穴とみなすイザベルはどちらの申し出も断ってしまう．彼女は人生の冒険者となり，運命を自分自身で切り

89

開くことを望んでいたのだ．しかし叔父から多額の遺産を相続してイタリアへ渡ると，イザベルは遺産に目をつけたギルバート・オズモンドとマダム・マールの策略にはまってしまう．彼らが信用ならない人間だと見抜けなかったイザベルは，マダム・マールを友人として受け入れ，皆の助言を無視してオズモンドの求婚を受け入れる．友人や家族の警告には頑として耳を傾けず，しかも時間をかけて相手のことを知ろうともせずに，急いで結婚を決めてしまったのだ．若いうちは結婚しないと決めていたはずなのに，それをあからさまに覆す形でオズモンドの妻になる決断をしてしまう．つまり彼女は，自分があらかじめ下していた判断に逆らって行動したことになる．その選択の先に待っていたのは破滅だった．オズモンドの正体は，むやみに高級品を好むセンスのない芸術マニアであり，夫としても高圧的で不誠実な人物だった．オズモンドがイザベルに惹かれているというのは見せかけにすぎず，彼は妻の自由を尊重することもなかったのだ．

　経験を活かして人の性格を判断するということを，イザベルはしなかった．人生で最も重要な決断のひとつを下そうというのに，注意深く熟慮して決めようとしなかった．さまざまな状況で知性と自立した思考力，そして人間的な強さを見せてきたイザベルだったが，夫の選択については後悔するはめになったのである．

3.1　感情と意思決定

　ある人が衝動，自己知の欠如，理解力不足，傲慢さといった原因から愚かな選択をしたとき，その人は非合理的といわれる．とりわけこの章でとりあげたいのは，意思決定に感情と直観が影響したことをもって非合理的とみなされるふるまいである．人が賢明であるためには必ず合理的な反省をしなければいけないのか？　感情や直観は，態度の形成と意思決定のなかでポジティブな役割をもてるのだろうか？　マリアンヌには心の平静さが欠けていた．自分をつき動かす熱情のせいで，自分やまわりの人間が必要とするさまざまなものが彼女には見えなくなっていた．マリアンヌが人生に対する失望の根本にあるものを乗り越えるためには，むしろ姉のエリナーのようになる必要があった．イザベ

ルの場合，自分よりも豊かな人生経験と知識をもち，彼女の幸福を心から願う人々が助言や警告をくれていた．それにもかかわらず，彼女はそうした声を無視して直観にしたがい，傲慢な行動をとった．2人の行いは，どちらも賢明とはいえないものだった．

ここで少なくとも2つ，区別されるべき重要な論点がある．1つ目は，行為者の選択を評価するための基準についてだ．ある選択がよいとか，賢明だとか，あるいは正しい選択だとどうやって決めるのか？　もう1つは，行為者がどうやってよい選択にたどりつくのかという問題にかかわる．正しい選択をするためには，反省的な熟慮がつねにベストの方法なのか？　本章で私は前者でなく，後者の問いに焦点を合わせたい．よい人生に貢献するかという基準をふくめ，選択の評価にかかわる考慮事項はいくつもある．そして，こうした評価のための相異なった基準のあいだでは衝突が生じる可能性がある．たとえば，イザベルやマリアンヌの物語が示しているように，人の欲するものが本人にとって最もよいものとはかぎらないのである．〔だが，本章ではこうした論争には深入りしない．〕

3.1.1　感情のネガティブな役割

行為者がよい選択にたどりつくプロセスについて考えよう．賢く合理的に選択し，行為する者に帰属される性格特性や認識的な性質はどのようなものだろうか．さまざまな思想家から，さまざまな文化と時代を通じて，重要視されてきたと思われる特性がいくつか存在する．そのうちの1つは間違いなく，強い感情的な反応に惑わされずに推論する能力だ．

この節では，行為者のよい選択を妨げる，非合理性のある側面について考える．それは感情が理性の上に立つこと．そして，そこから生まれる心理的な調和のなさ，あるいは統制のなさである．プラトン(429-347 BC)の『国家』によれば，知恵のある人は真理を熟考し，先入観にとらわれず，知識にもとづいて行為する．プラトンにとって(そして西洋思想一般において)，合理的な反省は知恵を手にするカギなのだ．対話篇のいくつか，とりわけ『プロタゴラス』と『国家』で，プラトンは合理性と徳の両方にとって核心となるものを述べている．それがすなわち，心理的な調和である．魂は3つの異なった部分をもって

いて，それぞれが各自の仕事を正しく果たすことで心理的な調和が実現される．とりわけ重要なのは，位の高い部分が位の低い部分を管理せねばならないという点だ．最高位の部分（「理性」）は知恵と知識を，中位の部分（「気概」）は名誉を，そして最低位の部分（「欲望」）は個人的な利益を，それぞれ求める．理性が主導権をにぎっても，気概と欲望が完全に黙殺されてしまうわけではない．むしろ，この2つは理性によって統制されるのだ．調和は「最大限よい生き方を実現するために，欲求や目的を調整すること」(Taylor 2003: 39)からなる．こうした描像では，合理的でないことも有徳でないことも魂の不調和のせいだとされ，道徳的にどう評価されるかと，心理的にどれくらい健康であるかはかなりオーバーラップする(Annas 1981; Weiner 1993; Klosko 2006 を見よ)．非合理な人物は概して単純で利己的な欲求に動かされて行為するもので，秩序とバランスのある人生計画を立てて実行することはできないのだ．ただし『ピレボス』で「快楽も苦痛もいっさい感じなかったなら，知恵と知識で満ち足りる者がいるか？」という問いを立てた際には，プラトンは「否」と答えている(Dodds 1951)．人が生きるにあたって感覚と感情が不可欠だということは，彼もわかっていたのである．

　ヘレニズム哲学の影響力ある学派のひとつであるストア派は，よく「感情を断ち切り理性にしたがえ」といったスローガンと結びつけられる．しかしこれは単純化しすぎだ．プラトンが作りあげた心理的な調和の概念はストア哲学でも中心的な役割を果たしていたが，理性と感情の関係について，プラトンの考えがそのまま踏襲されたわけではなかった．合理的な人物は感情をコントロールする．だが，それは必ずしも感情を抑圧することによってではない．心のなかに，あるいは外的な環境に変化をもたらすことで，そうした感情の「無統制さ」を弱めることができるのだ(Still and Dryden 1999: 149)．プラトンにとって理性と感情は別々の能力であり，互いにぶつかり合うこともありうる．だがストア哲学者のなかには，理性と感情を別々の能力ではなく，同じ1つのシステム（「合理的な魂の活動」）の構成要素とみなす者がいた．たとえばクリュシッポス(280-207 BC)がそうである．このように理解されるなら，理性と感情は根本からぶつかり合うようなものではないことになる．クリュシッポスにとって，感情をもつことは何かを考えることとまったく同様に，認知的な状態である．

感情は判断を表出するのだ．非合理性が生じるのは，感情の表出する判断が誤っていて，その場の状況に照らして適切でない行為を引き起こしたときだ．たとえば無害なネズミを見たとき，人はしばしば道理に合わない恐怖を感じ，叫んだり逃げ出したりする．これはネズミが現実にもたらす危険につり合った反応とはいえまい（Joyce 1995: 318）．現代心理学の知見では，従来の見方が抜本的に見直され，認知的なものと情動的なものをはっきり区別することに限界が認められつつある．理性と感情の関係についてストア派が残した多くの洞察は，こうした動きを先取りしていたといえるだろう．

　プラトンの対話篇では，感情は避けようのない厄介者として扱われる．感情は黙殺することができない魂の構成要素なので，避けようがない．また感情は理性によって統制されないかぎり，好ましくない私的な目標へと行為者を駆り立てるから，厄介者である．彼の後にも歴史上たくさんの哲学者が理性と感情の関係について論じてきたが，そのなかでもルネ・デカルト（1596-1650）の影響力はきわだっている．デカルトは『省察』で，私たちにとって身体的な知覚は必要だと述べる．知覚は機械的な因果関係によって，私たちがこの世界を生きていく助けになるからである．しかし，そうした知覚は誤ることがあり，すぐに私たちを惑わせてしまう．『情念論』では，理性によって本能と衝動をコントロールする能力こそが私たちを人間たらしめるものだ，と論じられている．

　　デカルトは完全な知恵を追い求めていた．彼にとって完全な知恵は，哲学を実践に適用することで実を結ぶはずのものだった．その成果とは（機械学によって）周囲の環境を操る力であり，（医学によって）身体を健康にし，ことによると寿命をも延ばす力であり，最後に，（この探求全体の到達点たるべき倫理学体系によって）真の幸せを手に入れる力である．そして真の幸せを手にするには，感情を支配し，精神と肉体の関係を正しく理解することが必要となる．（Cottingham 1998: 140）

こうして見ると，感情は意思決定にまったくポ・ジ・テ・ィ・ブ・な貢献をしないように思えてくるだろう．ところが近年の研究結果は逆の結論を示唆している．人の行為者性にとって感情がどのような役割を果たすのか，その最近の調査結果に

よれば，理性を感情の上におく合理主義哲学は根本的な思いちがいをしている．むしろ感情なしの意思決定などありえないのだ．そして本章で見ていく通り，伝統的に理性の産物とされてきた1つの能力，すなわち道徳的に行為する能力でさえ，どうやら共感という基本的な感情なくしては生まれないのである．

3.1.2　感情のポジティブな役割

　意思決定での感情の役割について，アントニオ・ダマシオは著書『デカルトの誤り』で新しい理論を提示している．感情にかかわる神経学的な疾患をもち意思決定の能力も損なわれている患者の研究にもとづいて，彼はこの理論を作りあげた．ダマシオの研究の背後にあったのは，感情は必ずしも意思決定の邪魔になるものではなく，ポジティブな貢献をなすという考えだ．著書の第1部で，ダマシオはエリオットという若い男性の身に起きた出来事を語る．エリオットにはすぐれた知性があり，職業的にも成功をおさめていたが，あるとき脳腫瘍をわずらい手術を受けた．手術は成功し腫瘍は取りのぞかれたものの，そこからエリオットの人格に変化が現れる．彼の記憶や背景的な知識は見たところ無傷であったし，知能テストでは並外れてすぐれた結果を出した．にもかかわらず，もはやエリオットにはよい決断を下すことができず，仕事に優先順位をつけることができなかった．およそ自分の人生に形と方向性を与えることが，彼にはできなかったのである．エリオットは失業した．個人的な人間関係も崩れはじめ，自分の力で独立して生きていくことができなくなっていった．彼がいかに決断能力を欠いていたかを物語る1つのエピソードは外食時のものだ．夕食に出かけると，エリオットはどのレストランに入るか，そしてどのテーブルにつくかを考えるのに何時間も費やした．そのあいだ彼はずっと，メニューや店の雰囲気や席順について取り憑かれたように考え続けたのである．

　エリオットのふるまいを詳細に研究し続けた結果，彼の感情的な反応に異常があることをダマシオは発見した．たとえば，エリオットは自分のトラウマ的な出来事を思い出しても，まったく動揺することがなかったのだ．ダマシオによれば——

　　何らかの興味深い作用が，はからずも，彼を守るものとしてはたらいてい

た．自分の身に起きた悲劇に思いを馳せても彼が苦しみを感じることはな
かった．エリオットの話に耳を傾けるときは，おそらく彼自身より聞き手
の私のほうが辛い思いをしていただろう．

　彼はいつも同じ，他人事のような態度で人生を生きているように見えた．
彼とは何時間もの会話をしたが，そのなかではわずかな感情の気配さえ感
じとることはできなかった．（Damasio 1994: 45）

エリオットの態度がこれほど穏やかで落ち着いていたのは，彼が自制心をはた
らかせていたからではなく，関係する感情を欠いていたからだった．感情のフ
ィードバックがなかったせいで，選択を下す機会がくるたび彼は情報の前で途
方に暮れていたのだ．ある決断がもたらしうる帰結は，身体に根ざした感情に
よって内的に表象され，よいもの／よくないものとして提示される．だがエリ
オットにはこうした感情の助けを借りることができなかった．その感情がなけ
れば，帰結の望ましさにもとづいて一連の行為を選び出すことは不可能となる．
そうしてエリオットは，終わりのない費用対効果分析に囚われてしまった．

　感情が減退すると，決断を下す能力は根本から損なわれるのではないか．ダ
マシオはこうした仮説を立て，それを支える証拠を集めるべく動き出した．エ
リオットと同じように前頭葉にダメージを受けた他の患者たちについても調査
を始めたのである．すると，彼らにも感情の平坦化と決断能力の低下が見られ
ることがわかった．こうした研究を通して，ダマシオはいくつかの一般的な結
論を導き出した．それらの結論は「合理的であるために何が必要か？」という
問いに現代の私たちがどう答えるかともかかわってくる．彼の主要なテーゼに
よれば，真実は合理主義の哲学者たちが論じてきたこととは逆であり，感情は
意思決定に対しポジティブに貢献する．脳に損傷を受けた患者たちも，原初的
な感情（差し迫った危険を知覚することで生まれる恐怖など）には変化がない．
だが，心的なイメージから感情が生じるということはなくなってしまう．その
ため記憶や想像のなかの出来事にはまったく感情的な反応を返さないのだ．そ
の結果起こるのが意思決定能力の障害である．とりわけ，その決断が行為者の
おかれた社会的な文脈や自分自身の生活にかかわってくる場合，これは顕著と
なる．

自分の未来の幸せに影響する複雑な選択をするよう求められたとき，行為者はまず，自分にどういった対応ができるか，それぞれの対応がどういった帰結をもつかを思い浮かべていく．ここで合理的意思決定についての伝統的な見解にしたがうなら，行為者は感情を排除し，理性の導きによって最もよい対応を選べということになる．つまり，可能な対応ひとつひとつについて費用対効果分析を行うのである．こうした熟慮には相応の時間と労力が必要だ（注意を集中し，ワーキングメモリーを使い，計算を行う）が，そのかわり合理的な方法で最もよい選択肢を選ぶことができる．（1章で論じた見解と比較してほしい．その見解によれば，問題解決において合理的に前進するためにはヒューリスティックではなく，正しい規範的な原則を適用せねばならないのだった．たとえそれが，より長い時間とより大きな計算資源を要求するとしても．）もしこうした見解が正しいのなら，エリオットのような患者は非常にすぐれた意思決定者だったはずだとダマシオはいう．こうした患者は推論能力には問題がなく，しかも他の人より感情に呑まれにくいのだから．

　ダマシオが提唱する「ソマティック・マーカー仮説」は伝統的見解とはちがう．思い浮かべた対応に費用対効果分析を行う前に，行為者には感情が生じるのだ．ある対応によくない帰結が思い浮かぶと，それと一緒に不快な感情が生じる．こうした感情は，それに応じたイメージにマーカーとして結びついていて，ある種の合図としてはたらく．選択肢が望ましくないものである可能性を行為者に警告することで，選択肢の数を減らしていくのである．ダマシオも述べるように「ソマティック・マーカーが私たちのためにものを考えてくれるわけではない」ので，どちらにしても推論はしなければならない．だが，マーカーがあるおかげで意思決定はより簡単に，かつ素早く進行するようになる．ダマシオの説が正しければ，感情が減退した人々に，自分の生活や社会的な文脈についての決断能力の低下がみられたのは，ソマティック・マーカーの助けを失ったせいだったのだ．

　ダマシオは，合理的な費用対効果分析だけでは決断を下すことはできないと主張した．行為者が目標を設定し，その達成にむけて効果的に行動することを可能にするのが感情だとしたら，そこで感情が果たす核心的な役割はどのようなものか．行為論および意思決定理論で，それを割り出すべく試みられてきた

考察がある．感情は意思決定に貢献することにくわえ，選択された目標の達成
にむけて行為する能力にとっても重要なのだ(Pfister and Böhm 2008)．感情は
まず，(1)：その選択にかかわる情報を提供する(「情報」)．さらに(2)：かぎられ
た時間のなかで選択することを可能にする(「スピード」)．そして(3)：意思決定
に関連性のある要素を識別する助けとなる(「関連性」)．最後に(4)：目標達成に
むけて行為する動機を持続させる(「コミットメント」)．

　感情に平坦化や障害が生じると，意図を形成することも，形成された意図を
実行に移すこともできなくなる．ふだん感情がさまざまな役割を果たしている
からだ．感情は，行為者が何らかの目標を望ましいものとして認識することを
可能にし，そうした目標に向かっていくときの導き手になる．そして，目標を
達成する動機が生まれ，維持されるのも感情の助けによる．行為の動機に影響
する要素を並べてみよう．まず，目標の望ましさ．次に，その目標がどれくら
い達成できそうに思えるか．最後に，行為者をとりまく環境および社会的な文
脈からの支持だ(e.g., Allport 1937; Austin and Vancouver 1996; Armitage and
Christian 2004; Kuhl and Beckman 1985)．このうち，目標の望ましさは行為者
の信念・欲求・願望とかたく結びついているが，社会的なプレッシャーにも影
響されることがある(たとえば行為者は，周囲の人間から評価されない目標を
追求する意欲はもたないかもしれない)．行為者が目標をどれくらい達成でき
そうとみなすかは，2つの要素に影響される．まず「行動統制感」——つまり
行為者が，目標を，その内在的な性質に照らして達成可能なものと表象してい
るか．次に「自己効力感」——つまり行為者が，自分自身を，目標の達成につ
ながる行為をうまく遂行できる者として表象しているか．さらに，行為者のお
かれた状況もたいへん重要な役割を果たす．行為者をとりまく物理的ないし社
会的な環境が，当人の意図に応えてくれる場合とそうでない場合があるからだ．

　行為者が目標の達成を思い浮かべると，研究者がしばしば「予期感情」と呼
ぶもの(成功への期待と失敗への恐れ)が呼び起こされる．こうした感情は，行
為者がどの目標を選ぶか，そして目標を設定する際にリスクを引き受けるかど
うかを左右しうる．他方いったん目標が定まると，その目標を追求する能力は，
行為の理由に依存するようになる．一般的にいって，行為の理由は予期感情よ
りも安定したものだ(Bagozzi et al. 2003)．行為者が自分の信念にそった行為を

しなかった，あるいは本人によればもっているはずの態度と整合しないように思える行為をした場合，いくつもの説明が考えられるが，そのなかには動機の欠如をもちだす説明もふくまれる．たとえば行為者は，自分のふるまいを本当の意味ではコントロールできないと信じているせいで，必要な動機を形成できず，そのため意図を行為に移せないのかもしれない．2番目の可能性として，目標が望ましいという判断と衝突する態度をもっているために動機を維持できないのかもしれない．第3に，社会的・文脈的な要素に影響されて，自分にはその行為を遂行する力がないとみなしているのかもしれない(Ryan and Deci 2000)．これは，行為者が「自律の感覚」(行為がたしかに自分によって引き起こされているという信念を指す)と「つながりの感覚」(親しい人間関係に支えられていることを指す)をもてていないときに起こる．そして第4の仮説として，通常なら目標の追求や達成に結びつく快い感情を，享受できていないのかもしれない(Foussias and Remington 2008; Kring and Germans 2004)．

　快い経験を享受することには，いくつかの感情的な要素がふくまれる．報われる経験を想像したり，期待したりすることから得られる快楽は予期的な要素である．これについては上でも論じた．さらに，望む活動を実際に追求し，それに従事することから得られる快楽があり，これは達成的な要素だ．最後に，快い経験は後になってから快いものとして表象し，回想することもできる．

> 不安や緊張，後悔に恐怖といった心理的な関心事が，意思決定では計り知れない役割を果たす．こうした関心事が意思決定の経済学で論じられることはないが，それらは当人にとってはリアルであり，分析に組みこまなければならないものだ．(Sarin 1992: 145)

予期することや達成することからあまり快楽を得られず，過去の経験を快いものとして表象できない行為者(統合失調症で感情が平坦化した人や，社会に適応できていないため快い感情を経験することが少ない人など)は，信念にもとづいて目標達成のために行為することも少なくなる．感情の障害は動機の欠落をもたらす場合があり，動機が欠落すれば行為者は目標を追求しなくなるのだ．さまざまな精神疾患(例：うつ病，不安障害，統合失調症，サイコパシー)でよ

3　非合理性と選択

く見られる症状として，感情が過剰だったり不足していたり，統制できていなかったりすることがあげられる．このような感情の障害からは怒りや不安，激しい苦悩が生じる．そして，こうした患者たちはやはり行為の動機に問題を抱えており，この事実は感情が動機づけの核にあることを示唆している（Bortolotti 2010; Bortolotti and Broome 2012）．

3.2　感情と道徳的な行為者性

西洋哲学の伝統では感情はおおむね邪魔者扱いされ，理性に統制されているときだけ許容されるものとされてきた．長きにわたって，感情をコントロールする能力は人間固有の特性であり，よい選択をするための必要条件だと考えられていた．人間の認知と他の動物の認知を峻別する伝統的な見解によると，外からの刺激にどう反応するかという点で，人間とそれ以外の本質的な差があらわになる．恐怖のような原始的な感情に促された本能的な反応は，人間と動物に共通かもしれない．だが反省し，意思決定を下し，そして未来の計画を立てられるのは人間だけというわけである．人間が動物と一線を画す存在なのは，人間だけが理性を操り感情をコントロールできるからだ．その能力のおかげで，人間は一般的な原理にもとづいて行為することができ，道徳的に行為することができるのだ……．

しかし，本当にそうだろうか？　人間と他の動物の認知にまつわる近年の経験的なデータからは，伝統的な二項対立の不適切さと，より緻密な描像のあり方が見えてくる．動物の行為者が本能だけに動かされて行為しているというのは，どの程度まで真実なのか？　人間の判断や決断が合理的な熟慮にもとづいているというのは，どの程度まで真実なのか？

3.2.1　共感に動かされたふるまい

アリストテレス（384-322 BC）は，いくつかの著作（『魂について』，『ニコマコス倫理学』，『政治学』など）でプラトンを踏襲した議論をしている．魂の合理的な部分とそうでない部分を分け，理性を前者，感情を後者においたのである．だが，彼の描像ではより細かい区分が設けられている．まず彼は魂の合理的な

部分をさらに 2 つに分け，現代でいう理論的理性と実践的理性を区別した．そして合理的でない部分も，理性に応答しない部分（植物や動物とも共通）と，理性に応答しうる部分（人間に固有）に区別した．アリストテレスによると，この最後にあげた部分は理性そのものを宿してはいないが，理性の支配を受け入れるのだ．そして欲求や感情が見いだされるのはこの部分である．人の行いは自制（欲求と感情がどこまで理性のいうことを聞いているか）に左右される．子供や自分の欲求を制御できない人は，その欲求の強さにしたがうまま行為し，感情を統制できず非合理なふるまいをする．よい決断をしよう，そして知恵を身につけようと努力している人は，理性が欲求を支配するようにせねばならない．だが，すでに徳と道徳的な卓越性を身につけた人には，自制はもはや不要となる．その人の欲求は理性の要求と完璧に一致するように形作られているからだ（Kristjánsson 2007: 21）．

　動物は感情と本能をコントロールできないので道徳的な行為ができない，という考え方には異論が提起されてきた．道徳的とおぼしきふるまいは人間以外の霊長類（とりわけ，チンパンジーとボノボ）にも見られるのだ．こうした動物の社会では利他的で公正なふるまいに報酬が与えられる（de Waal 1996）．この事実からは「人間以外も道徳的に行為できるとしたら，反省と合理的な意思決定の能力は道徳的なふるまいが生じるための前提条件ではない」と主張することができるし，事実そう主張されてきた．フランス・ドゥ・ヴァールの著書『利己的なサル，他人を思いやるサル』(1996) と『あなたのなかのサル』(2005a) では，動物の社会で力がなく脆弱な個体が支援される様子が記されている．たとえばアザレアという名前の運動能力と社会能力に異常をきたしたアカゲザルの事例がある．アザレアは通常ならまわりから罰を受けるふるまい——たとえば，群れのボスを威嚇する——をしても，罰や社会的ペナルティの対象にならなかったのだ．

　　人間以外の霊長類が，戦っている仲間を助けに来ることもあれば，襲撃で傷ついた個体の体を抱きしめることも，その他の形で仲間の苦しみに感情的な反応を返すこともある．これらは十分な証拠によって示されていることだ．［…］実のところ，霊長類が行うコミュニケーションのほとんどす

べてに感情が介在していると考えられる．(de Waal 2006: 26)

類人猿はお互いのふるまいを道徳的な観点で判断することはないし，人間と同じ種類の抽象的な道徳的思考を行うこともない．だが，お互いに共感して優しさや慈悲深さ，あるいは利他精神から行為することはできるし，事実そうしている．こうした道徳的な態度はおそらく，お互いの結びつきが強い社会で生きていくなかで生まれたものだろう．つまり，群れのメンバーが生き抜くために食べ物を分け合い，肉食獣やその他の危険からお互いを守り合う必要があったため，こうした態度が生じたのだ．ドゥ・ヴァールは，人間の道徳もこのように生まれたのではないかと論じている．道徳を生んだのは，進化によるプロセスという人間と動物に共通のものであって，理性のはたらきという人間固有のものではないのだと．

　　イギリスの動物園で飼われていた雌のボノボがいました．あるとき，1羽のムクドリが飼育エリアの窓にぶつかり気絶してしまいます．ボノボはムクドリを見つけると手で拾い上げ，一番高い木の上に登りました．そこは飼育エリア全体でも最も高い場所だったのです．そして彼女は手を自由に使えるように両足で体を固定し，ムクドリの体を小さなおもちゃの飛行機のように広げ，空へ送り出しました．これは驚嘆すべきことだと思います．だって，彼女もボノボ相手に同じことはしないでしょうから．もしやったらそれは馬鹿げた行動です．しかし小鳥が相手なら，それは適切な手助けに思えたのです．結局ムクドリは助からなかったと思いますが，彼女の意図は非常によいものでした．このボノボはまったく異なった生物の立場に自分をおいて考えたのです．これは通常，人間だけがもっているとみなされている能力です．(スー・ウェスタンのインタビューに応えるフランス・ドゥ・ヴァール．de Waal 2005b)

ドゥ・ヴァールは道徳が進化論的に生まれたと論じたが，道徳的な態度に関する心理学者の研究からも，彼の議論と同じ方向性が示唆されている．それによると，私たちの道徳的な態度を正当化することには，一般的な道徳原理を行

為の理由として支持することがふくまれている．だが，道徳的な態度を実際に
形成するとき作用するのはむしろ，社会的な条件づけや，その態度を引き出し
たシナリオの特徴への非理性的な反応である可能性が高いのだ．そして心理学
の研究によれば，人が態度や選択を正当化する試みは，しばしばある種の作話
になってしまうという．以下ではそうした研究を見ていこう．

3.2.2 社会的直観説

ジョナサン・ハイトは，以下のような状況があると指摘した（Haidt 2001）．
人々があるシナリオ（例：近親相姦）を非難するものの，自分のその態度を生み
だしているのが何かわかっておらず，その態度の原因ではないものを理由とし
てもちだしてしまうのだ．しかも，そこでもちだされる理由はシナリオの特徴
とも嚙みあっていないのである．

> 「ジュリーとマークは男女のきょうだいです．2人は大学の夏休みを使っ
> て一緒にフランス旅行に行き，ある晩，海辺のキャビンに2人きりで泊ま
> ることになりました．そこで，2人でセックスしてみるのも面白いし楽し
> いだろうと考えたのです．少なくとも，それは彼らにとって今までにない
> 体験になるでしょう．ジュリーはもともと避妊薬を飲んでいましたが，念
> のためマークもコンドームを使うことにしました．2人はセックスを楽し
> みましたが，これを最初で最後にしようと決めました．その夜のことは2
> 人だけの秘密となり，そのおかげでジュリーとマークはますます親密にな
> ったのです．さて，2人がセックスしたことに問題はないでしょうか．あ
> なたはどう考えますか？」
>
> 　上の物語を聞くと，大抵の人はすぐさま「きょうだいでセックスするの
> はよくない」と答える．そして，答えてから理由を探しはじめるのだ．近
> 親交配は危険だと指摘した後で，ジュリーとマークが二重に避妊していた
> ことを思い出す．あるいは，2人に何の害も生じていないことは物語を読
> めば明らかなのに，2人が（おそらく心情的に）傷つくはずだと主張する．
> （Haidt 2001: 814）

102

3 非合理性と選択

ハイトによれば，ある種の状況で人々の道徳的な態度を生みだしているのは，当人が内観によるアクセスをもたない基本的な感情的反応である．つまり，社会によって条件づけされた嫌悪という反応だ．それが生じた後で，より明瞭だが作話的で，判断の原因も，状況の具体的な特徴も反映しているようには思えない説明がもちだされる(Bortolotti 2011a; Bortolotti and Cox 2009)．この「社会的直観説」と呼ばれるモデルにしたがうと，行為者は近親相姦について考えたとき，即座に嫌悪が湧き上がるのを感じ，何かよくないことが起きていると直観的に知る．そして，それを言葉で正当化するよう社会的に要求されると，「真実を追求する判事というよりは陳述を展開する弁護士となって」(Haidt 2001: 814)最初の直観的な判断を支持する理由を集めていくのだ.

　場合によっては，アクセス不能な道徳の直観が人々の判断を左右する．これが上のような実験から引き出される結論だ．この場合，生じた道徳的な信念は修正を受けつけにくいものとなる(Haidt 2001; Haidt and Bjorklund 2008)．こうしたハイトの理論の基礎にあるのは，心の二重システム理論または二重プロセス理論といわれるものだ．それによると，人が態度を形成し問題を解決するにあたっては2つの方式がある．1つは進化論的に古く，内観に対して開かれておらず，自動的で速い(「システム1」)．もう1つは進化論的にはずっと新しく，内観に開かれていて，意識的で遅い(「システム2」)．道徳的な直観をもたらすのはシステム1で，後から行われる道徳的推論にたずさわるのはシステム2だ．ハイトにとって，道徳的な直観とは「いきなり生じた道徳判断——対象にどのような感情(よい・悪い，好ましい・好ましくない)を結びつけるかもふくむ——で，証拠を探して重みづけたり，結論を導き出したりする手順を踏んだ意識をまったくともなわない」(Haidt 2001: 818)．道徳判断とはシステム1の産物，つまり，特定の状況への情緒的・感情的な反応にもとづいたものなのである．こうした反応は勘にも似たもので，進化のなかで形作られてきた．対して道徳的推論はシステム2の産物であり，直観を後から合理化するはたらきを担う．

　多くの場合，合理化は誰かに正当化を求められた際の反応として生じるため，ここには社会的な側面がある．行為者が何かを悪いと信じているとしよう．すると，なぜそう思うのかと聞かれ，理由を答えないといけなくなることがあるだろう．あるいは，自分の道徳判断が正しいと他者を説得するためにどうすれ

103

ばよいかを気にして，理由について考える場合もあるだろう．理由を述べると
き，行為者は自分の直観を守ろうとし，自分の最初の反応をもっともらしく説
明できる一般原理に訴える．もともと自分の反応が，こうした原理を適用して
生じたわけでもないのに．行為者が自分の道徳的な見解を正当化しろといわれ
たとき，その状況の詳細と噛みあわない原理に訴えることがあるのはこのため
だ．上で紹介した近親相姦のシナリオはその一例である．ジュリーとマークが
二重に避妊していることがシナリオの描写上はっきりしていても，「近親交配
の子供が生まれるかもしれないので近親相姦は悪い」という人が出てくる．そ
うした人は，つじつまが合わない点を指摘されてもなお，正当化なしで同じ態
度をとり続けることがある（「わからない」，「説明できない」，「とにかく悪いと
わかるのだ」などといって）．この現象にハイトは「道徳的絶句」という名前
をつけ，研究対象にした．

　ハイトが集めたデータは魅力的なものだし，道徳的な意思決定についての彼
の理論は，道徳哲学で伝統をもつ理想化されたモデルよりも，心理学的にもっ
ともらしい．とはいえ，道徳的な正当化の重要性も過小評価してはいけない
（Fine 2006; Levy 2007; Mackenzie 2012 を見よ）．態度の理由について考えるこ
とは，行為者が自分の道徳的な見解を体系化し，一定の内的な整合性を実現す
る助けになるし，評価対象であるもともとのシナリオをよりよく理解すること
にもつながる．つけくわえれば，道徳的な推論がいつも因果的な力をもたず事
後的な合理化にだけ使われているわけではない．これはハイト本人も認めてい
る点だ．最初に下した判断を，熟慮を通じて後からテストし修正することも可
能なのである．ハイトは実験の結果を一般化し，道徳的な意思決定に関する1
つの理論を示そうとしてきたが，それに対し批判的な哲学者たちもいる．ハイ
トの理論は日常生活で行われる道徳評価ではなく，実験室で行われる非現実的
で曖昧なシナリオの評価にもとづいており，この点が批判の対象になってきた
のだ（Fine 2006; Clarke 2008; Kennett and Fine 2009）．批判者たちの言い分はこ
うである．実験室の外では，行為者は非常に複雑な状況を前に決断を下さねば
ならない．評価対象の状況に何らかの個人的なコミットメントがあるために，
義務や期待が衝突して板ばさみになることもありうる．このような場合，直観
の役割はそこまで支配的ではなくなると見てよいだろう．そして直観が，推論

を経由した判断とぶつかったとき，その決着をつけるのが直観だとはかぎらない．それはハイトの「弁護士と判事」のメタファーでも示唆されている通りだ……．

　潜在的なバイアスという題材を使って，ハイトとその批判者たち，それぞれの立場を比較してみよう．私たちが意識的な判断に反映されない潜在的なバイアスをもっていることは心理学の実験で示されている．そこで使われるのが潜在連合テスト(IAT)である．このテストでは被験者に，2つのカテゴリーの対象(たとえば黒人の顔と白人の顔，高齢者の顔と若者の顔)を快いまたは不快な刺激と組み合わせてもらい，相対的な回答速度を測定する．すると，黒人や高齢者の顔と快い刺激，あるいは白人や若者の顔と不快な刺激といった組み合わせで行われる「不一致な」テストの場合に，被験者の反応は遅くなる (Greenwald and Krieger 2006)．なぜか？　仮説はこうである．被験者が黒人や高齢者の顔を前にすると一定の連想が自動的に活性化されるのだが，それは白人や若者の顔の場合に活性化される連想よりもネガティブなのだ．これは被験者が白人よりも黒人に対して，若者よりも高齢者に対して，ネガティブな潜在的バイアスをもっていることを示している．

　こうした潜在的な態度は「私は人種差別主義者／年齢差別主義者ではない」「黒人にも白人にもちがいはない」といった，自己申告される意識的な態度とは不整合をきたす．しかし(ここが厄介なのだが)潜在的な態度は，無意識に生じるふるまいとはしっかりと整合するのである．たとえば無意識のうちに黒人と目を合わせることを避けたり，バスで高齢者よりも若者の隣によく座ったり．だとすると，こうしたさまざまなふるまいに対する因果的な影響力では，自己申告される態度のほうが潜在的な態度よりも弱いということになりそうだ．ハイトは道徳判断を形成するにも，ふるまいを促すにも直観が重要だと論じたが，それは潜在的バイアスの研究に照らしても正しかったことになる．すべての道徳判断が注意深い熟慮の結果だというのも，行為を促すのは熟慮を介した道徳判断だけだというのも間違いだろう．しかしながら，ハイトを批判するケネットとファインの主張にも傾聴すべき点がある．彼らによると，道徳的な直観はバラバラで不整合な可能性があり，熟慮にはそれらを体系化・正当化するという重要な役割があるのだ．そのおかげで行為者は，内観によってアクセスでき

ないにもかかわらず，ある種の道徳的な態度をコントロールできる．

> 自分は，特定の種類の判断においてバイアスに影響されがちだ(例：ある人種に対するネガティブなステレオタイプに影響されてしまう)と気づいたとする．そうすると人々は，偏見から自由でいたいという動機をもっており，しかも必要な認知的リソースを有しているかぎり，努力して直観にもとづいた判断を上書きする．これは調査によって示されていることだ．(Kennett and Fine 2009: 89)

反省は必ずしも悪者ではない．むしろ，行為者が自分の道徳的な直観に待ったをかけたり，却下したりできるのは反省があるからだ．あるシナリオにふれて行為者が抱く直観的な反応が，道徳判断そのものだと考えるのは誤りだろう．道徳判断とは行為者が反省的に承認するものなのである．そして，熟慮は直観を後から正当化するだけでなく，感情的な反応を上書きしたり相殺したりする因果的な影響力をもちうるのだ．

3.3 直観と意思決定

意思決定すること，そして道徳的に行為することにおける感情の役割を検討してきた．ここからは，直観が反省とくらべてどのような役割をもっているか，という論争をより一般的な見地から見てみよう．私たちはつねに合理的な反省を頼りにしていれば，その分だけよい選択ができるのだろうか？　それとも，よい選択が直観——たぶん，過去の経験から形成された直観——から生まれることもあるのだろうか？　認知心理学と社会心理学でそれぞれ独立に行われてきた研究によると，多くの場合，直観のほうが反省よりもよい選択を生みだしやすいという．さらに，こうした研究は私たちの自己知についてよく前提されるいくつかのことがらにも，再考を促している．

3.3.1 直観 vs. 反省
合理的な意思決定についての論争で，「直観」「反省」といったら何を意味す

るのか？　直観は態度や決断を生みだすことのできるプロセスだ．ここまでは
反省と同じである．だが反省とはちがって，直観は理由の比較衡量をふくまな
い．つまり，ある態度をとったり決断を下したりすることに関して，そうすべ
き理由とそうすべきでない理由を秤にかけるという意識的な過程をふくまない
(e.g., Gigerenzer 2007; Kahneman 2003)．

> 推論は意識的に，努力して行われる．だが直観的な思考は，意識的に何か
> を探したり計算したりすることなく，努力することもなく，自然と心に浮
> かぶものだと考えられる．簡単に観察してみてもわかることだが，体系的
> な調査によっても，私たちの思考と行為の大半は通常この意味で直観的だ
> と示唆されている．(Kahneman 2003: 1450)

いま述べた基本的な特徴(自然に浮かぶ，意識的にアクセスできない，努力を
要さない)を別にすれば，直観はさまざまなリサーチ・プログラムでそれぞれ
異なった描かれ方をしてきた．たとえば1章でも見た通り，現代の社会科学者
が研究対象とする直観は，しばしばヒューリスティックによって説明されるの
だった．つまりそこでいう直観とは「手早く大雑把」(Kahneman et al. 1982;
Gilovich et al. 2002)あるいは「高速で倹約的」(Gigerenzer et al. 1999; Goldstein
and Gigerenzer 2002)なヒューリスティックが，無意識下ではたらくことを表
す．こうしたヒューリスティックは，少ない計算量で複雑な理論的・実践的問
題に答えを出すことを可能にする．また別の文脈だと，直観はある種の非推
論的な洞察力として描かれる．それは豊富な経験を積むことではじめて可能と
なり，その経験の上に築かれる洞察力である(e.g., Dreyfus 1997; Osbeck and
Robinson 2005)．これは「熟練」という概念とかかわっている．何かに熟練し
ているとは，心理的に説明すればどういうことか．それは意思決定する者が意
識的な思考も推論も必要とせず，直観によって判断することだ，といわれる．
熟練者には培ってきた習慣がある．何を行うか／言うか選ぶときには，その習
慣が熟練者を導いてくれるのだ．

　熟練したドライバーが高速道路から降りるときのことを考えてみよう．こ

うしたドライバーはふつう，意識せずとも感覚と慣れで，いつ減速すれば
よいかわかるものだ．それだけではない．本人が選択肢を計算して比較す
るまでもなく，足が適切な動きをしてくれるのである．［…］素質にくわ
え，複雑な経験を多く積むことによって，初心者は熟練者になっていく．
すると規則を適用しなくとも，直観的にやるべきことがわかるようになる．
(Dreyfus 1997: 23)

直観を定義づける特徴は，まず素早い（あっという間の）反応．そして，ど
ういうステップで結論にいたったのか，本人も言葉で説明できないという
ことである．そうしたステップを本人が意識していないことすらある．
［…］観察者にとっては印象深いことに，こうした直観的な反応——とり
わけ熟練者のそれ——は，見たところ処理にほとんど時間も労力も使わな
いにもかかわらず，大抵は正解を出している．（March and Simon 1993:
11）

研究によって説明が異なってくることもあるが，心理学の研究で反省が議論の
対象になる場合，反省はおもに直観との対比で定義される．熟慮や正当化でも
ちだされる理由を探し求めるのが反省であり，これは意識的で明示的な形で行
われる．直観的な判断を導くメカニズムはふつう，内観に開かれていないもの
として描かれるが，反省的な判断は内観に開かれたものとみなされている．そ
れゆえ，熟慮や正当化を行っている人は自分が何をしているか述べられると考
えてよい．
　こうした反省の価値については否定的な見解もある．わかりやすい例を示し
てみよう．

意識的な思考には欠点がある．そうした欠点は適切な意思決定を妨げかね
ないものだ．何よりまず，異なった選択肢の特徴の重要性に重みづけをす
る際，意識的な思考を用いると正確な結論が出ない可能性がある．さらに，
私たちが意識のなかに留めておけることがらの量は多くない．そのため，
意識的な思考はしばしば一部のかぎられた情報だけを考慮することにつな

がる．すなわち，決断を下すときに考慮されるべき他の情報が切り捨てられてしまうのである．（Dijksterhuis and van Olden 2006: 628）

自分はなぜこのように感じるのか，と分析するのは人にとってありふれたことだ．［…］こうした反省は有益で，自分の感じ方をよりよく理解することにつながる，と通常は思われている．だがわれわれはその反対のことを主張する．この種の自己分析のせいで自分の態度に誤った認識をもち，態度とふるまいが一致しなくなってしまう場合があるのだ．（Wilson et al. 1984: 5）

反省に対するこうした否定的な意見を理解するには，反省のどういう面に欠点があるといわれているのか，そしてそれはなぜなのかを考えねばならない．そのためには反省という大きなラベルのもとで研究されてきたプロセスが何であるのか，そして反省はどのような環境で用いられるのかを注意深く調べる必要がある．理由にもとづいた熟慮と正当化は，意思決定の質や自己知にネガティブな影響をもたらすといわれ，具体的には次のような現象が観察されている．

1. 態度や選択の不安定さと，そこから生まれる不整合．ある態度や選択の理由が内観ではアクセスできないのに，その理由を分析しようとすると，結果として本人の「気が変わって」しまう．（e.g., Wilson and Hodges 1993）
2. 非合理で，ベストとはいえない態度や選択．理由を分析した後で自己申告される態度や，理由にもとづいてなされた選択は，それ以前の態度や選択と不整合をきたす恐れがあるだけでなく，それ自体としてもベストではない．こうしたプロセスを経ない場合とくらべて専門家の判断と一致しなくなったり，証拠の操作に影響されやすくなったりするからだ．（e.g., Wilson and Schooler 1991）
3. 不正確な自己予測．および，自己申告された態度や選択と，未来のふるまいの不整合．理由を分析した後で，態度を自己申告した場合や選択をした場合，それによって自分のふるまいを不正確に予測してしま

う．（e.g., Wilson and Kraft 1993）

4. 態度形成や選択を支えるメカニズムへの無知．人は自分の態度や選択の理由をあげるとき，それらの事後的な正当化を図り，態度形成や意思決定を支える実際の因果的メカニズムには目を向けない．（e.g., Haidt 2001）

3.3.2　反省なのか作話なのか？

　心理学の研究によれば，理由について考えることで幅広いネガティブな影響がもたらされる．だとすれば，反省など忘れてしまったほうがよいのだろうか．こうした研究が一般向けに紹介される場合(e.g., Gladwell 2005; Gigerenzer 2007)はよく，時間をかけて熟慮的に思考するより直観にしたがうべきだと結論されている．しかし，このような十把一絡げのいいかたは正当ではない．上のようにいわれるときは，よい熟慮・正当化プロセスと悪い熟慮・正当化プロセスも，異なった文脈における反省の用いられ方も区別されていないのだ．決断の質と反省の関係についてはもっと慎重に考えたほうがよい．たとえば，よい決断にいたるために必要な情報のなかに内観でアクセスしづらいものがあることは，たしかに研究で示されている．そのため意識的な反省で理由を吟味するのがいつもベストの方法とはかぎらない．そのやり方だと，態度や決断に影響する何らかの重要な要素がよく見過ごされてしまうからだ．では結論はどうなるか？　それでもなお，反省することは役に立つのだ．ただし，いつでも推奨されるわけではない．反省が有益(場合によっては，必須)である状況と，そうでない状況を私たちはしっかり見分けねばならない．

　　私たちの生き方がよいものになるのは，魂の合理的な部分(御者)が欲望と感情(馬車)を制御しているときだとプラトンは言った．合理的な自己に手綱を握らせるのが最もよいやり方なのだ，と．[…]だが結局のところ，合理的または反省的な自己は，それほど優秀な御者ではないことがわかった．近年の経験心理学の知見によれば，自己意識的で合理的な処理機構は私たちの想像以上に間違いやすいのである．（Tiberius 2008: 4）

3 非合理性と選択

　ヴァレリー・ティベリウスは，心理学のデータが浮き彫りにした内観による
反省の欠陥を理解したうえで，それでもなお反省には，人が知恵を身につける
なかで果たすべき役割があると考える．視点の切り替えが必要になったとき，
知恵ある人はそれに気づけなくてはならない．反省によって新しい視点が確立
されることもあれば，明示的な熟慮を使わず，直感と習慣によって視点の切り
替えに導かれる場合もある．

　　知恵がなければできないこととは何か．それは正しいタイミングに，正し
　　い方法で，そして正しい理由で視点を切り替えることだ．この種の柔軟な
　　注意力は反省的徳である．そのときそうすることが適切ならば，知恵ある
　　人は視点の切り替えを受け入れる．（Tiberius 2008: 79）

　ティベリウスは，心理学のデータが意味するものを検討していくなかで，反
省の利点に注意深く目を配っている．彼女も把握している通り，反省すること
で自分がある態度や選択にいたった経緯をよりよく理解できるとはかぎらない．
しかし彼女は，反省がこのような態度や選択を解釈するための重要な手段であ
るとも考える．そうした態度や選択は何らかのコミットメントに由来するもの
として解釈され，コミットメント自体も，おおよそ整合的な自己物語のなかへ
統合されるのだ．自己知とは自分自身についての正確な事実を発見し，集めて
いくことで成り立つものではないとティベリウスは強調している．1つの物語
が構築され，そのなかで一見バラバラの事実に注釈がくわえられ，全体として
意味をもつようになる．こうした過程で手に入るのが自己知なのである．

　　自己知を獲得するプロセスは［…］2つの事実のために複雑なものとなる．
　　第1に，自分の心理について反省した結果，反省の対象たる心理状態その
　　ものが変化する場合がある．第2に，私たちの心理の特定の部分は私たち
　　自身に対して不透明である．これら2つの特徴のため，自己知の獲得プロ
　　セスを単純な内観と発見のプロセスとみなすことはできない．（Tiberius
　　2008: 121）

111

> 私たちのコミットメントは秩序がなく，解釈されておらず，変わりやすい．
> そのため［…］自己知を獲得するプロセスには，必ず創造的な要素が入っ
> てくる．（Tiberius 2008: 117）

　では，こうした自己創造が作話になるのはどんなときだろうか？　左側にお
かれた（まったく同じ）靴下よりも右側におかれた靴下を選んだ人々が，その理
由を聞かれたとしよう．この人々は，選択に影響した「位置効果」（Nisbett and
Wilson 1977）に気づくことはない．人々は，その靴下が柔らかくて綺麗だから，
という間違った主張で自分の選択を正当化しようとするのだ．

> ショッピングモールにいた被験者たちは，1列に並べられた4つの商品
> （靴下やストッキングなどが使われた）を見せられ，どれか1つを無料サン
> プルとして進呈するので選んでくれといわれた（実は，4つの商品はどれ
> もまったく同じものであった）．すると，右端に陳列された商品を選ぶと
> いうきわだった傾向が見られた．だがなぜそれを選んだのかという質問に
> 対して，右端にあったという事実に言及する者は誰一人いなかった．むし
> ろ，被験者たちは明らかに作話的な説明を創り出したのである．その商品
> のほうが柔らかかった，仕立てがよさそうだった，色が魅力的だった，と
> いったように．（Carruthers 2005: 142-3）

リチャード・ニスベットとティモシー・ウィルソンによれば（Nisbett and Wil-
son 1977），言葉による内観の報告が，何かを選好して選び取るときのメカニ
ズムに関する直接的な知識に起因することはあまりない．むしろ，こうした報
告はしばしば，何がもっともらしいかに関する判断に起因するものだ．たとえ
ば私たちがネグリジェを選ぶなら，棚のどこにおかれているかで選ぶより，品
質や柔らかさや色で選ぶと考えたほうがもっともらしい．ピーター・カールー
ザーズはこうした現象の説明を試みている．それによると被験者はまず，ある
特定の商品に自分が関心をむけていることに気づく．それから，自分の選好が
位置効果でなく商品の質によるものだという信念を形成するのだ．カールーザ
ーズは選択を決定づける事実（1階の事実）と，被験者が自分の選択について形

112

成する信念(2階の信念)を区別している.「被験者は自分の高階の信念を生み
だした解釈的な思考プロセスにアクセスできない」,そして「[高階の]信念そ
のものは1階の事実にまったく根拠づけられていない」というのが彼の結論だ
(Carruthers 2005: 143).つまりこういうことになる.ある行為者が,陳列され
ているネグリジェから1つ選ぶようにいわれ,なぜそのネグリジェを選んだの
か聞かれたとする.その人の選択(「このネグリジェが一番好みだ」)は1階の事
実(たとえば,ネグリジェの位置)に依存しているが,その人自身による説明
(「手触りがよかったから選んだ」)は1階の事実に依存しない.それゆえ,こう
した事実に根拠づけられてもいない.説明がしっかりと根拠づけられたもので
あるためには,実際に本人の選択を決定づけたものにもとづいていなければな
らないのだ.一般に,何らかの態度(判断,選好,あるいは選択)の理由に関す
る信念は,その態度を実際に決定づけた事実に根拠づけられるべきなのである.

　理由をあげたり,理由を分析したりすることが意思決定にどのような結果を
もたらすかは,より近年の研究で引き続き調査されてきた.ラーズ・ホールと
ペター・ヨハンソンおよびその同僚たちの発見によると,自分の決断内容を改
ざんされても,しばしば人々はそれに気づけない.そして促されればすぐにで
も,自分が実際には下さなかった決断を正当化しはじめるのだ.彼らはこの現
象を「選択盲」と呼んだ.その実験の1つはこのようなものである.被験者に
人の顔が印刷された2枚のカードを見せ,顔が魅力的だと思う方を選ばせる.
そして,選んだカードを選ばなかったカードとすり替える.すると,被験者は
それが自分の選んだカードではないということに気づかず,さらには「なぜそ
ちらを好むのか」という質問にスラスラと答え出したのだ(Johansson et al.
2005).私がAとBのカードから1つを選ぶよういわれ,Aを選んだとしよう.
その後で,なぜBを選んだのか,と質問される.すると私は,自分が選んだ
のはBではないということに気づくそぶりを見せない.それだけでなく,作
話によってBを選んだ理由を作りだし,その質問に迷わず回答するのである.

　これを受けて行われた一連の実験では,より現実的な状況で仮説が検証され
た.その一例は,味のちがうジャムや紅茶を2つずつ用意してスーパーの客に
選ばせるというものだ(顧客の選択).

結果として，すり替えが行われたことに被験者が気づいたケースは全体の1/3以下であった．大半の場合，被験者たちは選択するときに意図した結果と実際の結果の食いちがいに気づかず，最後に差し出されたサンプルの味や匂いを，自分がもともと選んだサンプルの味や匂いだと信じたのである．さらに，われわれが「すり替えに気づいた」とみなしたケースのうちでも，被験者がすり替えられたサンプルを差し出されてすぐに自覚的な反応を返さなかったケースが2/3を占めた．これらは被験者が，実験の最後になって何かおかしい気がすると述べたケース，あるいはその商品が自分の選んだものではないとは気づかず，味や匂いが変わった気がするとだけ述べたケースである．（Hall et al. 2010: 58）

　この選択盲という現象は政治的な態度についても生じる（Hall et al. 2013）．ある実験では，総選挙をひかえたスウェーデンで被験者に政策を選ばせた．すると大多数の被験者は，自分が最初に選んだものと整合しない回答表を渡されてもそれを受け入れ，理由をつけて擁護もしたのだ．それが1つの陣営から正反対の陣営への（たとえば左派から右派への）転向を意味する場合でさえ，こうしたことは起きた．
　ニスベットとウィルソンの古典的な研究において，被験者は自分の選好がどのように形成されているか，という情報に内観でアクセスできなかったため，選好の理由を尋ねられると作話することになった．ここには，近親相姦に対する道徳的な態度を調べたハイトの研究とまったく同様の構造がある．私たちは理由を考えることで，ある態度を実際にもった経緯とは合致しない，事後的な正当化にいたる場合があるのだ．こうした場合，私たちの自己知が損なわれているように思われる．自分の態度や選択の内容は知っていても，どうしてそれにたどり着いたのかはわからないというわけだ．ハイトの場合，近親相姦を非難する被験者は「関係者が不幸になるから」といって自分の態度を正当化した．だが実際には，そうした考えから道徳的な非難にたどり着いたわけではなかった．同様に，右側にある靴下を選んだ被験者は，その靴下のいい点をあげて選択を正当化した．だがその被験者は，実際に自分の選択を決定づけたのが靴下の位置だとは思いもしなかったのだ．

114

こうした現象はしばしば脳のモデルによって説明される．ここで用いられるモデルによると，自分の態度や行為について後から何かを述べるのは大脳の左半球の役目だという．マイケル・ガザニガはこれを「インタープリター・モジュール」と呼んだ(Gazzaniga 1985)．彼の言葉でいえば，このモジュールは脳の報道官であり，バラバラに生じた出来事にもっともらしい説明を与える役割をもつ．無意識的に形成された態度や選択に理由を与えるとき，反省はインタープリター・モジュールに依存する可能性がある．無意識的に生じた心的なプロセスには内観でアクセスできないので，こうした事後的な再構成としての反省を行っても，態度形成や意思決定を担当する心理的メカニズムについてはわからない．しかし，態度や選択の理由を述べられるようになることで，私たちはそうした態度や選択を1つの物語に統合できるようになる．すると，この物語が自分に当てはまるものとなっていくことも考えられる．ハイトの被験者は，「自分は誰かを不幸にする行いを非難する人間だ」という自己理解をもっていた．ニスベットとウィルソンの被験者は，「自分は白さや手触りで靴下を選ぶ人間だ」と自己理解していた．これらの自己理解は，ティベリウスもとりあげていた変化と創造をもたらすプロセスの一部である．したがって，当人のこれから先の態度や選択が，こうした自己理解に影響されることは十分にありうるだろう．

3.4　知恵と熟練

教育，マネージメント，スポーツ，チェスといったさまざまな分野で熟練というものが研究されている．そしてよい意思決定における直観と反省の関係は，こうした熟練の研究のなかでも考察されてきた．そこでは，熟練者の作業にも，またよい意思決定にも，反省はまったくかかわらないとの意見がある(Dreyfus and Dreyfus 1986)．こうした意見は現象学の伝統——つまり，行為を導くのは経験および周囲の環境との相互作用である，との考え——から発したものだ．それによると，何らかの特定の分野で最初に経験を積むためには反省が役に立つこともあるものの，熟練者になってしまえば意思決定に反省はいらない．その人の膨大な経験は習慣として結実しており，もはや熟慮する必要がないのだ．

「知恵ある人」は，典型的には「さまざまな技術をまとめ上げてよい意思決定を下せる人」として描かれるから，熟練についての研究と知恵の説明には一見して関連性が見てとれる．とりわけ，どのような心理的プロセスがよい選択につながるかという問題を解く手がかりが，そこから得られるかもしれない．

3.4.1　熟練者の意思決定

熟練者の意思決定を理解する際，概念能力とのかかわりを強調しすぎることに反発する論者の例をいくつかあげてみよう．

　　[熟練者の意思決定は]知識の蓄積というよりも世界の見方にかかわるものだ．なぜなら，知識は行為につながらないかぎり役に立たないのだから．実践的な視点から見たときに意思決定と問題解決を支えているのは，状況を認知すること，状況が典型的なものか例外的なものか見分けること，そして，その判別結果に応じて行為することである．（Hutton and Klein 1999: 32-3）

　　さまざまな状況で十分な経験を積んだ熟練者を考えよう．それらはすべて同じ視点から把握されるが，それぞれ異なった方針による決断が必要な状況である．この過程において熟練者の脳は，ある作業を少しずつ遂行している．同じ行為を共有するという基準にもとづき，これらの状況をより細かい区分に分けているのだ．こうして可能になる，状況への素早く直観的な反応こそが熟練の特徴である．（Dreyfus 2002: 372）

　　熟練者の意思決定は，どうやら明示的な熟慮のなかにはない．これは素人が明示的な指示を頼りに新しい作業を学ぶ場合とのちがいである．このちがいと関係するのがスピードだ．素人の作業は遅く，じっくり考えて行われるものだが，熟練するにつれて作業のスピードは大幅に向上していく．また，素人はなかなか慣れない作業に集中を持続できないが，熟練者は同時にいくつもの作業ができ，熟練したことがらに意思決定をするのと並行して他の活動も行える．くりかえし経験を積んで熟練者になると，視覚刺

激を認知して分類する速度のギアは1段上がり，下位レベルの刺激もほぼ即座に反応・分類することが可能になる．（Nee and Meenaghan 2006: 938）

現象学の考え方において，状況に対処する技能は表象的なものではない．なぜなら，周囲の環境におかれた有意味な手がかりによって，直接引き出されるものだから．そのとき，行為者の反応は表象的な思考から生まれてはいない．何らかの明示的に表象された目標があり，それに向かう意識的な欲求に動機づけられて活動する，という形になってはいないのだ．行為者と世界のかかわりによって世界自体が意味を帯びており，行為者はその世界に（技能を使って）ただ反応しているのである．（Ennen 2003: 317）

　では，何をもって熟練者の意思決定というのだろうか？　主要な特徴づけを並べてみよう．(1)：熟練はそれぞれの分野に特化したものである．(2)：素人とくらべたとき，熟練者がより幅広い知識の基盤をもっているとはかぎらない．だがパターンを見抜く力において熟練者は素人の上をいく．(3)：熟練者の作業は素人よりも速く，めったに失敗しない．(4)：熟練者はその分野に関してたくさんのことを記憶しているが，必ずしも全部が「頭のなかに」あるわけではなく，外界の手がかりに応じて必要なときに記憶を取り出す．(5)：素人は解決すべき問題の表面的な特徴に気を取られがちなのに対し，熟練者は問題を深いレベルで理解している（たとえば，その因果的なメカニズムを把握している）．(6)：熟練者は自分の限界を理解しており，失敗しても立て直すことができる．(7)：長年の経験により，熟練者は状況の特徴を見抜く力を身につけている．同様に，典型的な特徴と例外的な特徴を見分けることや，細かいちがいに気づくことができる（Hutton and Klein 1999）．

　熟練の一部としてあげられる要素は，一般に理解された知恵のあり方とも重なる部分が多い．状況を深く理解していること，自分の限界を知っていること，問題の表面的な特徴にとらわれず大事な要素に注目すること．これらはすべて，知恵ある人物の典型的な特徴でもある．これは，熟練者の意思決定についての研究をもう少しくわしく見ていくのに十分な理由だろう．ただし，熟練と知恵にはいくつか重大なちがいもある．その1つは，熟練がある分野に特化してい

る点だ．知恵ある人は複数の分野でよい意思決定ができるものだ，と考えてよ
いならば，ここには不一致が生じる．この点に関してはいくつかのアプローチ
が考えられるだろう．知恵ある人とは複数の分野における熟練者なのだ，と考
えることもできる．または，人生の重要な選択のすべてにかかわる1つの分野
なるものを想定し，知恵ある人はこの分野の熟練者だ，と考えることもできる．
後者の場合，知恵ある人は「根底的な生の実践（人生設計，人生のマネージメ
ント，人生の考察など）」という分野の熟練者だといった議論がある（Baltes
and Smith 1990: 95）．知恵ある人がどんなときでも熟練者のように決断を下せ
るとは考えづらいものの，知恵ある人をよい人生についての決断の熟練者とみ
なす余地はある．もっとも，それはどのような知恵の理論を採用するかにかか
ってくるだろうが．いずれにせよ，このことは確かだ．熟練者が知恵ある人だ
とはかぎらないけれども，熟練のモデルは知恵ある意思決定のモデルとして使
えるし，事実そう使われてきたのである．

3.4.2　熟練を身につける

　熟練をとりまくトピックのなかでも興味を引くのは，私たちはどうすれば熟
練者になって，ハットンやクラインがいうような（素人よりも）すぐれた性質を
手にできるのかだ（Hutton and Klein 1999）．1つのモデルによると，熟練者の
問題解決や決断は素早いものであり，そこでカギを握るのはパターンを見分け
ることだった．ハットンとクラインがいう熟練の体得における4大要素は，こ
のモデルにそったものになっている．

　　⑴：不安定で洗練されていなかった作業が，安定していて正確で，抜かり
　　がなく，より速いものになる．⑵：ひとつひとつの行動と判断が包括的な
　　方針のもとにまとめられる．⑶：知覚学習によって，変化しやすいバラバ
　　ラな要素に注意をとられるのでなく，複雑なパターンを認識できるように
　　なる．⑷：外からの手助けが必要なくなり，必要に応じて新しい方針を立
　　てられるようになる．（Hutton and Klein 1999: 35）

　ヒューバート・ドレイファスとスチュアート・ドレイファスは，またちがっ

118

3 非合理性と選択

た5段階の熟練の体得モデルを考案している(Dreyfus and Dreyfus 1986). (1)：素人. 状況の表面的な特徴と, 文脈から切りはなされた規則に依存する. (2)：初心者. パターンを認識するようになったが, まだ大事な特徴と無視していい特徴を区別できない. (3)：中級者. 熟慮して計画を立て, さまざまな状況に対処できる. (4)：上級者. 状況を全体として把握でき, 知覚能力によって判断ができる. (5)：熟練者. 状況を直観的に理解でき, 問題が起きるか慣れない状況に出くわさないかぎり分析は行わない.

似たような考え方で, オンラインの知性とオフラインの知性という区別を立てる者もいる. オンラインの知性はおもに行為を制御するもので(例：物にぶつからないように道を歩く), 「与えられた感覚刺激に応じて, 適切で流動的かつ柔軟な反応をリアルタイムに生みだす」とされる(Wheeler 2005: 12). 一方, オフラインの知性は反省して思案する際に使われる(例：パリの天気はどうなるだろうと考える). マイケル・ウィーラーによれば, 伝統的な認知心理学はオンラインよりもオフラインの知性を上におくデカルト的なモデルを採用してきた. しかし, オフラインの知性こそが主役だという前提はもう捨てて, 私たち行為者がやることの大部分はオンラインの知性に導かれていると認めるべきなのだ. ウィーラーも, 私たちの決断が明示的な反省に導かれる場合があることは否定しない. だがドレイファス兄弟の場合と同じく(Dreyfus and Dreyfus 1986), ウィーラーにとっても反省を使うことはあくまで規則の例外であり, 当然そうすべきといった類のものではない.

意思決定についての古典的なアプローチ(知性主義的な合理主義に代表される)では, 分析と反省こそがよい決断のための最良の規範であって, ヒューリスティックやバイアスは手っ取り早い安易な解法だとされていた. こうした想定に難点があるのは明らかだ. 直観をとるか反省をとるかは, 手早く答えを出せるほうをとるか正確で信頼性のあるほうをとるかのトレードオフだと考えられていたわけだが, 近年の心理学のデータをもとに熟練者の選択を説明する理論は, この前提を覆している. こうした理論で注目されているのは, 意思決定において知覚することや見分けることが果たす役割だ. 熟練者は豊富な経験にもとづいて方針を立てており, その方針によって状況の最も重要な特徴をとらえることができる. とすれば, ここにはトレードオフなどない. 分析や反省に

119

頼るよりも直観を使ったほうが速く，しかも正確に，よい決断にたどり着けるのだから(Ennen 2003: 322).

　明示的な思考によらない決断や行為に目を向けることはたしかに重要である．熟練者のやることが，鍛えられた知覚技能や見分けの技能，直観，あるいはオンラインの知性(どの熟練の理論とその用語を採用するかで，このあたりは変わってくる)に支えられている場合があることも承知しておくべきだろう．だがしかし，反省のこき下ろされ方には少々度が過ぎたところがあるように思われる．まず，いくつかの熟練の体得モデルでもすでにいわれていたように，ある意思決定者が熟練者になるためには分析を行うことが必要なのである．分析の基礎をなすのは決断をとりまく状況を正確に表象することだが，この意味での分析は私たちが正しい「習慣」を身につけるプロセスの一部なのだ．意思決定する者がすでに熟練しているなら明示的な熟慮は必要ないかもしれないが，その段階に到達するためにはまず訓練を積まねばならない．そして訓練は，少しずつ修正しながら分析と熟慮を行うことで積み上げられていく(Dreyfus and Dreyfus 1986; Hutton and Klein 1999).

　さらにいえば，すでに熟練した人々の決断で分析が果たす役割も，ウィーラーがいうほど小さいものではないだろう．見分ける技能を重視した，いわゆる意思決定の RPD モデルの提唱者ゲイリー・クラインでさえ，熟練者が分析と推論を行うこともあると認めている(Klein 1997). とりわけ，熟練者が状況を評価するためにその状況を心的に表象しているとみなす点は，RPD モデルの中心的な特徴の１つでさえある．この心的な表象は当該分野に関する知識から影響を受け，決断のよしあしを左右する要因となるものだ．また，ジョン・サットンらは，反省と直観がそれほどはっきり区別できるものではない可能性を指摘している(Sutton et al. 2011). 体が覚えている通りに作業できているかぎりは思考の出番はなく，それがうまくいかなくなったときだけ例外的に思考が用いられる，といった描像を彼らは否定する．熟練者が完成されたルーティーンにしたがって作業しているときでさえ，熟練した選択・行為に寄与する情動や気分や動作のパターンをチェックするために，思考は使われるのだ．意思決定のなかで思考，言語的な手がかり，記憶の３つが織りなす相互作用は「反省と意識的な集中」対「直観と習慣的なふるまい」という二項対立が通用するほ

120

ど単純ではない，とサットンたちはいう．

　（明示的な分析という意味での）反省よりも，（経験で得られる知覚と見分けの技能，という意味での）直観に目を向けようという考えからは大いに学ぶべき点がある．よい意思決定の原理を自分のなかに取りこみ，決断の際にいちいち明示的に思い出さなくてもよくなったとき，私たちは知恵ある人になるのかもしれない．しかし，知恵ある人が「よい生き方」という分野（あるいは同じように広範囲にわたる何らかの分野）に熟練していると考えるのなら，知恵の要件を解明するためにまず，現行の熟練モデルを調整せねばならなくなる可能性はある．1つの例をあげよう．サットンたちは，「完成されたルーティーン」も決断の文脈に合わせて変化させる必要があるという点を強調している（Sutton et al. 2011）．この点は，通常の熟練者の場合よりも知恵ある人の場合にいっそうきわだってくるかもしれない．通常の熟練者がもっと細かく具体的な問題を扱うのに対して，知恵ある人が扱うのはよく生きるための決断であり，それぞれ質のちがうさまざまな問題を相手にしなければいけないこともあるのだから．

　熟練者の決断で反省はたいした役割をもたないと示す，心理学的なデータが一定数存在するのだった．熟練の研究によって，意思決定を支配するのは分析だという前提はもはや自明のものではなくなったといえるだろう．だがこうした研究は，熟練を身につけてしまえば分析は無用の長物になると示したわけではない．本節では熟練者の選択の異なったモデルを比較することを通して，分析は依然として必要でありうると論じてきた．意思決定プロセスのなかでも，熟練を身につけるなかでも，分析が必要になる可能性があるのだ．とりわけ予測困難で複雑な問題に対処せねばならない場合は，あらかじめ完成されたルーティーンにしたがうだけでは厳しいからこそ，分析の必要性がきわだつだろう．また，さらに一歩進んで，直観と反省の二項対立は現実の意思決定プロセスに当てはまらないと唱え，熟練者の選択ではつねに分析と習慣が複雑にからみあって共存しているのだ，と論じることもできるだろう．

結論と含意

　この章では意思決定で感情と直観がどれくらいの役割を果たすのか，査定する作業を行ってきた．まず，感情はよい選択を下す邪魔になるものだ，と考えてはならない．人間がどうやって決断するかを説明する多くの理論は，選択のプロセスのなかで感情には重要な役割があると述べているのだ．そして，こうした理論は経験的な裏づけをもっている．

　さらに，反省してもよい決断や自己知につながるとはかぎらないことが心理学のデータで示されている．なぜなら，反省は外部からの操作にすぐ影響されてしまうからだ．推論でたどり着いた決断がベストな決断ではなかったり，自分のその他のふるまいと整合しなかったりすることは珍しくない．道徳についての社会的直観説や選択盲パラダイムの説明によれば，行為者が理由をあげて自分の態度を正当化したとき，その正当化は実際に態度が形成されたプロセスと食いちがう場合がある．こうした心理学的な研究から，特定のタイプの反省がもつ弱点について重要な洞察が手に入るのはたしかだが，態度や選択の理由について反省的に考えることは大いに有益でもある．また，道徳に関係したさまざまなことがらについて自分がとるスタンスを決め，整合的で体系的なスタンスを構築していく過程で，反省が因果的に役割を果たすことも考えられる．

　反省的な熟慮はバイアスのかかった証拠によって操作されてしまうことがあり，自分の選択にかかわっているが内観ではアクセスできない要素を見過ごしてしまうこともある．これと同じようなことは反省的な正当化にもいえる．正当化をすることで，その人の態度や決断を生みだしている心理的メカニズムが明らかになるとはかぎらないのだ．そうした因果関係のなかに，内観的な分析ではわからない無意識のプロセスがふくまれている場合があるのだから．にもかかわらず，自己というものを作りあげるプロセスにおいて，反省はさまざまな形（熟慮，正当化，分析）で重要な役割を果たしている．これは私たちの行為者性を裏づけるプロセスであり，また自己物語を生みだして，自分自身を意味と方向性をもった1つの物語の主人公として理解できるようにするプロセスである．

理性と感情／直観の関係について考えるなら，3つの立場がありうるだろう．

1. 反省を上におく．スローガンは「立ち止まって考えろ！」．反省のプロ
   セスは直観のプロセスにくらべて遅いが，正確である．だから，理性
   のかわりに直観を使うのは一種のトレードオフになる．速く，計算量
   が少なくてすむかわりに，決断の正確さが犠牲になるのだ．感情をコ
   ントロールし，冷静沈着な費用対効果分析で，それぞれの選択肢のメ
   リット・デメリットを比較衡量せよ．そうすることで初めて，知恵の
   ある決断が下せるのだ．
2. 直観／感情を上におく．スローガンは「流れにまかせろ！」．反省より
   も直観を使ったほうが，より正確によい決断ができるし，証拠の操作
   でだまされたり作話に陥ったりしにくい．また感情は，私たちを知恵
   のある決断や適切な道徳判断へ導いてくれる．というのも，感情はこ
   の世界で私たちが生きていく道標となるよう，進化によって形作られ，
   社会的に条件づけされたものなのだから．
3. 理性と直観／感情の二項対立を拒否する．スローガンは「決断には理
   性も感情も必要だ！」．反省と直観を対立構造でとらえてはいけない．
   よい決断を下す過程には，意識的なプロセスと無意識のプロセス，速
   いプロセスと遅いプロセス，知覚的なプロセスと分析的な推論プロセ
   ス，これらが相互にかかわりあいながら存在しているのだ．認知的な
   状態と情動的な状態の両方がなければ，決断をうまく下すことはでき
   ない．感情をもつ能力が損なわれた場合や，感情に障害が生じた場合，
   自分の立てた目標にしたがって人生の計画を立てる能力もまた危うい
   ものとなるのだ．

この3つの立場のどれに立つかで，非合理性のとらえ方も明らかに変わってく
る．私たちにとっておなじみの考え方はこうだった——「感情に飲みこまれて
しまい，選択する前に行為の帰結を冷静に考えようとしない者は非合理な意思
決定者である」．もう一度イザベルについて考えてみよう．これからの人生を
自分が幸福に生きられるかどうか，それを左右するだろう重要な決断を下すと

123

きに，どうしてイザベルは親しい友人たちのアドバイスを無視したのか．ふる
まいが熟慮でなく感情と直観に動かされていたという事実を根拠に，私たちは
彼女を非合理的とみなす．だが，このように判断すること自体，私たちが意思
決定を単純化しすぎている証拠なのである．近年の心理学には恋愛についての
意思決定の研究もあるが，こうした研究は，自分の幸福に長期的な影響を与え
る選択のときは立ち止まって考えるべきだという考えに疑問を投げかけている
(Bortolotti 2009a)．私たちの将来にわたる幸福にとって最も重要な要素は，内
観でアクセスできないことがある．それゆえ，熟慮を使うとしばしばこうした
要素を見過ごしてしまうのだ．

　これから紹介する一連の実験について考えてみよう．被験者は数ヶ月前から
つきあっているカップルたちである．まずはつきあっている相手について，ど
うしてその人に惹かれたのか理由を述べてもらう．そして，その人との関係に
どれくらいの情熱を傾けているか，および将来その人と一緒に生きる／結婚す
る可能性がどれくらいあるかを，数字で表してもらう (Seligman, Fazio and
Zanna 1980)．被験者たちの反応は実験者側が質問をすることで引き出される．
この質問の作り方によって，あるカップルたちはつきあうことの内的な理由を
述べるように誘導され（「私が X とつきあっているのは〜だからです」），別の
カップルたちは外的で手段的な理由を述べるよう誘導される（「私が X とつき
あっているのは〜のためです」）．その結果，外的な理由に誘導された被験者た
ちのほうが，相手に対する自分の気持ちを否定的に見積もったのである．さら
にこのグループは，将来相手と一緒に生きる／結婚する可能性も否定する傾向
があった．だが，質問のしかたで自分の回答にバイアスをかけられたという事
実に被験者たちが気づいた様子はなかった．被験者たちが自分の気持ちの理由
を述べているからといって，そこで自己申告された気持ちが，恋人との関係に
ついての本人の感じ方・考え方を正確に表したものとはかぎらないのだ．

　これに似た研究は他にもある．以下の実験も，恋人への気持ちに理由を述べ
るとどんな影響があるかを調べるものだが，こちらでは証拠の操作は使われな
い(Wilson and Kraft 1993)．被験者たちは恋人との現在の関係についてどうい
う気持ちでいるか質問され，さらに一部の被験者たちは，関係がうまくいく
（あるいは，うまくいかない）と考える理由もあげるようにいわれる．その後再

び質問をしてみると，理由を述べた被験者たちは，最初に質問されたときにくらべて気持ちが変化していたのだ．さらに，ティモシー・ウィルソンと同僚たちはこんな発見もしている(Wilson et al. 1984)．今度は，恋人との関係がこの先どうなるかを被験者たちに予測してもらうが，そのとき一部の被験者にはあわせて理由を述べさせ，残りには理由を求めない．しばらく時間がたってから被験者たちの状況を調べると，理由を述べなかったグループの予測のほうが，理由を述べたグループよりも正確だったとわかったのだ．こうした実験から私たちが学ぶべきことは，おそらくこうだ．理由について考えると，私たちは恋人関係がうまくいっているかどうかについて意見を変えてしまう．そして，理由を考えた後の気持ちのほうがより正確な情報にもとづいているとは必ずしもいえない．なぜなら結局，その気持ちにもとづいた未来の予測は当てにならないのだから．

　感情に任せれば道を踏みはずし，だからといって内観による反省も信用できない．もしそうなら，恋愛について意思決定するときはどうすればよいのだろうか？　ウィルソンの著作から1つの提案が浮上してくる．人生のずっと先にまで影響する決断を下すときにやるべきなのは，感情を無視することでも，感情に盲目的にしたがうことでもなく，他の人々の言い分に耳を傾けることなのだ．たしかに，自己知は重要な決断を下すカギになるように思える．この人は私に合った恋人だろうか．この仕事を始めて，私は幸せになれるだろうか．私はこの家に住んで幸せになれるだろうか．これらはすべて，私自身がどんな種類の人間かによって決まる問題だ．そして，行為者は自分自身のふるまいに関して他の誰よりもたくさんのデータをもっているし，口に出さないかぎりは他の人々が知りえない思考でも，本人ならば直接アクセスすることができる．にもかかわらず，重要な選択をするとき最も正確に選択肢を査定できるのが本人だとはかぎらない．自分の能力についての楽観的すぎる信念（自尊感情が欠けている場合は，悲観的すぎる信念）が自己知にバイアスをもたらすのは一般的なことだし，加齢や病気でそれまでと異なった状況におかれたとき，古いセルフイメージを引きずってしまう場合もある．事情をよく知る他者の意見を考慮に入れることで，私たちはこうしたバイアスを相殺し，よりよい決断をすることができるかもしれないのだ．

一般的にいって，心理学の研究成果は，反省に対する極端な否定的見解を正当化するものではない．反省そのものに非はないのだ．内観ばかりに依存し，世界を見ることでも「心のなかを見る」のと同じくらい自分自身について知れるという事実に目を向けないことが問題なのである．哲学に通じた心理学者と，経験科学の見識を備えた哲学者による近年の研究を参照することで，今の私たちにはうまくバランスのとれた考え方が見えてきた．非合理な意思決定者とは感情にしたがって理性の声を却下する者のことでも，理性より直観を優先する者のことでもなく，決断の文脈を見誤ってしまう者のことだ．どんなときに直観や感情を信じるべきであり，どんなときに合理的な反省能力のような他のものに頼るべきであるのか，それがわかっていない者を非合理というのである．反省の価値をめぐる肯定派・否定派の論争が二極化するのは望ましいことではない．行為者のなすこと全部が明示的な熟慮に導かれているわけではないし，態度の形成や選択や問題解決の方針のなかには，内観ではアクセス不能だが信頼性があって正確，かつ計算量が少なくてすむものがたくさんある．たとえば感情的な反応は，意思決定のなかで過去と未来の出来事を評価する指針となり，また私たちの動機を支えてくれる．経験で磨かれた見分けと知覚の技能は，新たな問題を解決するためにも応用可能だ．だが一方で，反省にも重要な仕事が残されている．立ち止まって考えるべきタイミングさえ見きわめられるなら費用対効果分析は有用だし，これまで出会ったことのない非常に複雑な問題を前にすると，反省なしではどうしようもない場合もある．

　教訓をまとめよう．よい意思決定のためには，反省と感情，熟慮的プロセスと直観的プロセスがどちらも必要だ．そして決断や態度形成のための異なったやり方を区別しておくことには，少なくともある種の文脈において，意味がある．ときとして直観と反省は行為者をそれぞれ別の方向へ導こうとするからだ．一定の態度を形成し，何らかの目的をめざして選択し，またこうした態度や選択を正当化する．こうしたはたらきにおいて，直観と反省にはそれぞれの強みと弱みがある．大事なのはその強みと弱みをはっきりさせ，一方の短所をもう一方の長所でカバーする方法を見つけることだ．私たちはこの章でたくさんの例を見てきた．第1に，自分の無意識的な心理の傾向と推論のバイアスを知ることで，内観による反省で得られた態度・選択を修正すべき状況がある．たと

126

えば，消費者が位置効果のことを知っていれば，ふだんの買い物でよりよい品物を選べるようになるかもしれない．第2に，体系的な道徳的推論を用いて，潜在的なバイアスにうながされた態度・選択を修正すべき状況もある．女性や人種的マイノリティに対し，無意識のうちに先入観をもってしまう危険性を知っていれば，人材を雇用するときに差別的な選び方をしにくくなるだろう．第3に，自分の幸福に長期的な影響を与える大事な選択をするときは，他の人々の言い分にも耳を傾けて自分とはちがった見方で考えてみるのがよい．そうすれば選択のさまざまな帰結を，より中立的でバイアスのかかっていない観点から査定できるようになるかもしれない．

文献案内

　第3章では，選択を行うときや自己知を構築するとき，合理的な反省と直観がどのように関係するかを概観してきた．こうした論争にすばらしく貢献した1冊を書いたのがティモシー・ウィルソンだ(Wilson 2002)．彼はこの著書で，内観が何をもたらすかという心理学の研究を手際よくまとめている．それから，反省がよい決断をするためにベストな手段ではない，という考えをポピュラーにした著作として，マルコム・グラッドウェル(Gladwell 2005)とゲルト・ギーゲレンツァー(Gigerenzer 2007)の本がある．ただし，この2冊で論じられる見解はウィルソンの前掲書にくらべると洗練されていないところがある．経験科学の成果に突っ込んだ検討をくわえ，よい生き方についての独創的で説得力ある見解を提示する研究書としては，哲学者ヴァレリー・ティベリウスの著書(Tiberius 2008)をお薦めする．

　意思決定するときや道徳的に行為するときに感情の果たす役割をもっと知りたいなら，アントニオ・ダマシオ(Damasio 1994)は読むべきだろう．それから，フランス・ドゥ・ヴァールと哲学者らの意見交換がおさめられた興味深い本(de Waal 2006)も紹介しよう．同書ではまずドゥ・ヴァールが人間以外の霊長類と人間の道徳について自分の考えをまとめ，哲学者たち(そのなかにはフィリップ・キッチャーとクリスティーン・コースガードもいる)がそれに意見を述べる，という形式がとられている．ドゥ・ヴァールと哲学者たちのやりとり

では，道徳的な行為者性が発達するなかで共感がどのような影響力をもつかが論じられ，進化が私たちの道徳的な思考を作りあげてきたという考えを支持する議論と批判する議論がそれぞれ提示されている．

4

非合理性と世界

　ミゲル・デ・セルバンテス(1547-1616)の『ドン・キホーテ』は，高貴な騎士の冒険が出てくる本(騎士道物語)を読みすぎてひどく影響された1人の郷士の物語だ．ドン・キホーテは遍歴の騎士の真似をして，古びた鎧を身につけ馬に乗って旅立つ．その日以来，悪党を退治するため，そして愛しのドゥルシネーア姫の名誉を守るため，彼はラ・マンチャの地を放浪する．だが，そのドゥルシネーア姫は実際には農家の娘にすぎず，彼が貴婦人と思いこんでいるだけなのである．ドン・キホーテの目は現実をそのまま映すことができないのだ．本当はただの宿屋でも，彼はそれを城だと思いこんでしまう．本当はただの風車でも，それを巨人と思いこみ，その「巨人」に戦いを挑んでしまう．彼自身にとって冒険は誇りであり生きる目的だったが，まわりの人々にとってのドン・キホーテは，たまに変なことをして面白いから放っておいてやろう，という程度の存在でしかなかった．

　現実のあり方から切りはなされた信念をもつことは，ある種の非合理性の実例だ．ドン・キホーテの心の状態は，この非合理性を鮮やかに描きだすものにほかならない．

4.1　認識的な合理性と科学

　認識的な合理性は，どのように信念を形成し，維持し，改訂するべきかという規範を与えるものだ．すなわち，信念は証拠によってしっかりと支えられていなければならず，また証拠に対して敏感でなければならない．ここでいう敏感さとは，それを支持する証拠があるなら新しい信念を形成するし，それに不利な証拠が出てくれば今もっている信念を改訂したり放棄したりする，ということである．

129

認識的に非合理な信念のなかで，十分な証拠なしに形成された信念は根拠を欠いた信念といわれる．また，ある信念にとって不利にはたらく強力な証拠に直面しているのに，なおもその信念をもち続けている場合，この非合理な信念は固定された信念といわれる．認識的に非合理な信念の実例はこれまでにもいくつか出てきており，1章でいえば迷信や差別にもとづく信念，2章だと妄想，3章では道徳判断に関する作話的な説明がそれにあたる．そして本章で考えていきたいのは，認識的に合理的な信念をもつことと，うまく行為できる者であることがどう関係するかだ．証拠から切りはなされた信念をもつことで，私たちはどんなコストを支払うことになるのか？　私はこれからいくつかの例を紹介していくが，それらは1つの答えを示唆している．現実から乖離した信念をもつことはしばしば深刻な認識的コストを要求するが，他方，実践的あるいは認識的に有益なものともなりうるのだ．

　人間の認知と証拠の関係は，非合理性にまつわる研究の中心的なテーマといえる．そして事実に反した信念が人々にはびこったとき，よく解毒剤とみなされてきたのは科学である．したがって本章は科学の話から始めよう．ここからは，科学の発展において証拠というものが果たしてきた役割を検討し，また1つの論争を概観していく．人間が合理性によって成しとげた最大の成果は科学だといってよいだろうが，そこから科学を現代社会における権威の源とみなす考え方も生まれる．この後で概観する論争とは，こうした考え方に関するものである．

4.1.1 科学を記述する

　認識的に合理的な信念の典型例を見たければ，科学を見ればよい．「科学」とか「科学的」という言葉は，ある決まった特徴をもった人間の活動や団体を指す言葉として記述的に使うこともできれば，何らかの人間の活動を合理的・進歩的だと称賛する言葉として規範的に使うこともできる．だがこうした言葉を記述的に使った場合，1つの問題がある．科学的な取り組みには必ずあり，非科学的な取り組みにはない特徴とはいったい何なのか．この点でまったく共通見解が存在しないのである．それゆえ，何かが科学であるための必要条件や十分条件を述べることは難しく，科学的な手法というものが何なのか詳細に説

明することも難しい．科学の一般的な目標に着目し，「人間が周囲の環境を理解しコントロールするための試み」といった形で科学を記述することもできなくはないが，この場合科学は人間と同時に誕生したことになる．この極めて大ざっぱな記述にしたがうかぎり，科学と非科学のあいだに境界線を引くことは絶望的といわざるをえない．

　より狭い定義を採用するなら，何らかの知識体系や活動を一定の規準にしたがって選び出し，科学的な知識や研究の例として示すことも可能になる．それゆえ有用なのだが，こうした狭い定義は必ず論争を呼ぶし，反例がすぐに見つかってしまうこともある．たとえば，近代科学の核をなすのは経験的な探求であるから，現在だと科学の実践はおしなべて2つのプロセスからなると理解されている．すなわち，まず仮説を立てること．そして自然へのはたらきかけ，ないし介入によって仮説を積極的にテストすることである．ところがこれは近代以前の科学理解には当てはまらない．概していえば，その頃の科学実践は観察と一般的な形而上学の原理にもとづき，演繹によって行われるものだった．経験的なテストが果たす役割は非常にかぎられていたのだ．

　では，科学はいつ誕生したのだろうか？　近代科学のさきがけといえるものは古代世界のさまざまな地域で確認されている．たとえば，シュメール人（紀元前3300-2540年）やバビロニア人（紀元前18-6世紀）は天文学と数学にかけては膨大な知識をもっており，正確な星図と暦を生みだした．さらには人間と動物の生体構造についても一定の見識があり，それを医学に活かしていた（Von Soden 1985; Ascalone 2007）．このようにめざましい成果を生んだ一方で，こうした人々の生き方には，現代の私たちからすれば明らかに「非科学的」な部分がある．バビロニア人は神々からよい／悪い予言がもたらされたと信じており，それらを条件文の形で成文化していた（「目の見えない者が街に大勢いたならば，その街に災いが起こるであろう」といった具合だ）．こういった条件文は迷信扱いされることはなく，むしろ，歴史の説明や医学の実践に影響していた．予言や夢にもとづいて病の診断が下ることもあり，悪霊払いもよく行われていた．自然に関しては驚嘆すべき知識をもっていたものの，その知識は体系性のないものか，さもなくば宗教や迷信にもとづいた世界観に組みこまれたものだったのである．同じ構図は中国文明やインダス文明といった他の古い文明にも見い

だせる.

西洋で初めて，本当の意味で科学的な考え方をとったのは古代ギリシャ人とされるが，これには 3 つの理由がある．第 1 に，自然の領域を超自然の領域から切りはなしたこと．第 2 に，自然についての知識を深めるために論理学と数学の道具立てを作りだしたこと．第 3 に，仮説をテストするために経験的な観察を用いたこと(Lloyd 1979 を見よ)．しかしながら，古代ギリシャ人による近代科学への貢献をこのように大きく見積もることには異論もある．まず，古代における自然の研究が一貫してこれら 3 つの条件を満たしていたとはいえない．自然主義的な説明がしばしば試みられたことは確かだが，知識を得るための科学的な手法といいうるものはまだ存在していなかった．そして科学の理論や実践にも，神秘的あるいは形而上学的な意味合いがゼロではなかった．たとえばピタゴラス(c. 570-495 BC)の数学と科学においても，プトレマイオス(c. AD85-AD165)の天文学においても，魔術と科学は共存し重なり合っていたのだ(Tambiah 1990)．さらに，古代ギリシャ人による自然の探求が上の 3 つの規準を満たしていた——少なくとも，満たす場合があった——と仮に認めても，これらの規準が本当の意味での科学的な態度にとって必要十分条件だとはおそらくいえないだろう．何かが科学であるために，論理学と数学の道具立てを作ることが必要なのか？　科学を行うためには経験的な観察をすれば十分なのか？　それとも実験によって自然を操作し，さまざまな変数をコントロールしなければならないのか？

古代ギリシャ人の科学が近代科学と異なっていたことは確かだ．近代科学は 17 世紀に起こった数々の方法論上の革新によって形成されたものだからである．それまで哲学や神学と切っても切れない関係であった科学は，この時期から 1 つの独立した分野として歩みだしたのだ．科学の手法は明確に経験的なものとして前面に出されるようになった．また科学者どうしが集団を作り，そのなかでコミュニケーションをとる機会が増えたことで，自然の研究はより集団的で組織化されたものになっていった．こうした変化が積み重なって生じたのがいわゆる「科学革命」である．それは科学の理論と実践を，人間の合理性の真髄とみなす体系的な考え方が生じはじめた転換点であった，ともいえるだろう．

132

科学的な手法について考えると，そこに緊張関係が存在することがわかる．一方で，科学は細かく区分されており，科学の手続きといってもさまざまなものがある．そのため，ある特定の活動が正しい方法論にそったものと認められるための条件はしばしば抽象的で，その条件が満たされているかの判定は専門的な科学者の集団にしかできない．だが他方で，市民の理解のためや政策決定のために，何らかの区別の規準が必要なことも確かだ．科学的といえるすべての分野に共通した，究極の方法論なるものを記述するのは現実的ではないが，科学研究とそれ以外の活動の区別に使える本質的な要素を2つあげることはできそうだ．第1に，科学研究で結論が導かれ正当化されるときは，何らかの形で仮説のテストを経由していなければならず，証拠に対する敏感さが備わっていなければならない．第2に，結論そのものも，結論を出すための推論も，透明で批判に開かれたものでなければいけない．私たちが科学だと考えているものは，どれもこのような条件を満たすだろう．ただし，科学研究とその他の活動のあいだに境界線を引くなら，この条件ではおそらく緩すぎる (Bortolotti and Heinrichs 2007)．

4.1.2 科学を評価する

「科学」や「科学的」という言葉は何かを称賛するためにも使われるのだった．この意味で何かを科学的と呼ぶことは，それが知的な誠実性，信憑性，証拠による正当化といった規準を満たしていることを意味する．こうした言葉づかいは現代社会だと一般的なものだ．現代社会では科学者はその道の専門家とみなされ，（すべてではないとしても）さまざまな問題についての政策決定で助言を求められる．科学主義と科学に対する冷笑主義の争いに関する著書のなかで，スーザン・ハークは「科学」やそれに関連する言葉が，よく敬称のように使われていることを指摘した(Haack 2003: 18)．「科学的」という形容詞がよく「強固，信頼性がある，よい」といった意味で使われることを思い出せ，と彼女はいう．広告やその他の宣伝で「科学的」という言葉が使われるのはそのためだ．これと同じように，何かを「科学的」と呼ぶのはそれに高い認識的な地位を与えることであり，何かを「非科学的」と呼ぶのは低い地位を与えることである．この観点からすれば，「科学的／非科学的」という言葉は「合理的／

非合理的」という言葉とあまり変わらない. 今や「科学的なもの」は認識的に称賛されるもの,「非科学的なもの」は認識的に糾弾されるものの総称となったのだ. だが, こうしたよくある言葉づかいの裏にある科学のとらえ方は, 決して異論の余地がないものではない. 科学に対して否定的な立場をとる者もいる. そして, 社会において科学と科学者が支配的な役割をもつことには批判がくわえられてきた.

ここで, 科学合理主義の論証をいくらか抜き出してまとめてみよう (Kincaid 1996: 27-8; Newton-Smith 1981 を見よ). その論証はおもに 2 つの部分からなる. 一方は科学理論に対する信念の合理性, もう一方は科学における変化の合理性を論証するものだ. 科学合理主義によれば, 科学者は何らかの理由にもとづいて理論を信じるもので, その理由の大部分は合理的である. また科学理論は十分な証拠で支えられているときに支持される (これが信念の認識的な合理性一般にかかわる要求であって, 科学理論に対する信念にだけ適用されるものでない点に注意してほしい. ここでいわれているのは, 科学理論に対する信念が認識的な合理性の典型例だということである). 科学理論に対する信念が合理的だと論じる哲学者は, 科学理論が受け入れられていくプロセスを見てみよという. 理論は当該分野での厳密なテストを介して受け入れられ, やがて支配的になっていくのだ. また科学合理主義は, 科学が変化するとしたらそれは合理的な理由があって生じた変化であり, つまりは進歩であるという. ある理論が別の理論に取ってかわられるのは, 新しい理論のほうが手持ちのデータをうまく説明でき, 総合的に見てより強く証拠に支えられていたからだ. ここでは説明力や経験的な十全性といった, すべての科学理論にとっての合理性の基準が, 科学の変化の規準でもあると前提されている. 科学における変化が合理的だと論じる哲学者は, 科学の歴史そのものに訴える. こうした哲学者にいわせれば, 歴史を見れば科学が進歩してきたことは一目瞭然である. 現在の理論は過去の理論よりも経験的に十全で, 説明力にもすぐれているとこの哲学者たちは考える.

では次に, 科学についての反合理主義を見てみよう. 反合理主義者は上の 2 つの論証のどちらにも異論を唱える. 科学理論が信じられたり取ってかわられたりするとき, その理由がいつも合理的なわけではないし, 合理的である必然

134

性もない．その点は日常生活の場合と変わらないのである．科学者がある理論を信じているなら，それは単に手持ちのデータに適合しているからではない．その理論が単純さやエレガントさといった他の要件を満たし，その時代における形而上学的・宗教的な見解と整合するから信じているのだ．さらにいえば，個人的な野心，成功と権力への欲求，社会的な圧力，あるいは政治的な理由によって，科学者の合理的な意思決定が妨げられることはありうるし，実際しばしば起きている．科学者は，自分が支持している理論／手法／実践の体裁が整うように証拠を解釈できるし，それどころか捏造さえできる．それを考えれば，科学理論に対する信念が合理的というのは見せかけにすぎない．そして最後に，科学において1つの理論がすたれ別の理論が主流となるときも，この移行が合理的な原理にしたがって行われるとはいえない．これには2つの理由がある．第1に，主流の理論が別の理論に取ってかわられるときには，理論を評価する枠組みそのものも変化する．そのため，古い理論と新しい理論を比較することは困難，ことによっては不可能になる．第2に，手持ちの証拠をもとにしてどの理論を選ぶか考えると，しばしば「決定不全」が生じる．2つの両立しない理論があったとき，まったく同じ証拠がどちらの理論と整合するようにも――それどころか，おそらくはどちらを支持するようにも――解釈できてしまうのである (Kuhn 1970)．

　反合理主義は現代社会における科学の覇権に疑問を投げかけるものだ，と主張した論者たちのなかでも，最も影響力ある人物の1人はポール・ファイヤアーベントだ．近年出版された講義録『科学の専制』のなかで，彼は人間のさまざまな活動と関心(宗教，芸術，哲学，そして科学)を促進することが重要だと説いている (Feyerabend 2011)．しかも，そのときに完全な調和をめざそうとしてはいけない．むしろ，これらのあいだに生じる衝突を尊重することが重要なのだ．ファイヤアーベントの考えによれば，こうした衝突は科学が進歩するカギになるのである．1970年代に出版された彼の古典的な著作『方法への挑戦』では，異なった方法論を増殖させていくべきだと論じられている．スローガンは「何でもあり」だ．偉大な発見は何らかの方法論を厳密になぞることで生みだされるのではなく，予測不能な出来事によって突然もたらされる，と彼はいう．

ある固定された手法，ある固定された合理性の理論．こうした発想が出て
くるのは，人間や社会的な環境というものをあまりにも素朴にとらえてし
まっているからだ．歴史の豊かな遺産に目を向けてみよう．低次の直感を
満足させるために，あるいは明晰さや精確さ，「客観性」，「真理」とい
った意味での知的な安全にしがみつくために，歴史の遺産を台無しにす
るようなやり方は忘れてしまおう．そうすればどんな状況でも通用し，
人間文明が発展するときにいつも通用する原理など，1つしかないこと
がはっきりとわかるはずだ．それは「何でもあり」という原理である．
(Feyerabend 1975: 18-9)

　さまざまな異なった思考様式が存在することを理解していくなかで，ファイ
ヤアーベントは新しい発想を受け入れるために必要な，開かれた心のあり方を
尊重するようになった．科学理論は事実そのものではなく事実の解釈に立脚し
て成功をおさめるものだ．意見の相違は科学者集団のなかで消えずに残り，さ
らなる研究の刺激となる．その結果，それまでにない仮説が生みだされ，長ら
く未解決だった問題に説明が与えられるのだ．科学を扱う哲学者や社会学者の
なかで，科学が客観的であるとか，科学的な思考の様式が他よりすぐれている
という見解に異議を唱えた者は他にもいる．だがそのなかでも，合理性の意味
と射程に関する議論においてファイヤアーベントはとりわけ注目に値する．そ
れは彼が非合理的なものと非科学的なものを同一視する見解への反抗を強く意
識していたからだ．

　　合理性の幻想がとりわけ強いものになるのは，科学者の団体が政治的な要
　　求にしたがおうとしない場合である．このとき，ある種の基準に対抗する
　　ものとして別の種類の基準がもちだされていることになる．そしてそれ自
　　体はいたって真っ当なことである．いかなる組織も，政党も，宗教団体も，
　　それぞれの生活様式とそこにふくまれる基準のすべてを擁護する権利をも
　　つ．しかし，科学者はさらにその先へ踏みこむ．「唯一の真なる信仰」の
　　擁護者のやり方を再現するかのように，科学者は自分たちの基準が「真

理」にいたり「結果」を出すために不可欠だとほのめかす。そして、政治家の要求にはそのような権威を認めない。(Feyerabend 1975: 160)

ファイヤアーベントのいうことは正しいのだろうか？　ここで、フィリップ・キッチャーによる2つの立場の区別を見てみよう (Kitcher 2001: 3-4)。一方の「科学信奉者」は、科学を人類の生みだした最大の成果とみなす。他方の「自称暴露家」は、科学が権力者の道具にすぎないと考えており、「客観性」「真理」「証拠」といった概念に魅力を認めない。科学信奉者は、科学的な活動を行う能力こそが私たちを人間たらしめるものだと信じている。それゆえ科学は人類最大の成果として評価され、擁護されるべきなのだと。この考えによれば、科学の薦めにしたがって何かを信じるのは合理的なことで、科学的な手法にそった研究の成果は信頼すべきだ。科学と明らかに衝突するものを信じるのは非合理と断じられる。迷信や宗教からくる信念は非合理性の典型例とされ、無知あるいは集団的な妄想の産物として扱われる。

　私たちの社会で近代科学は合理性の模範とみなされるようになり、因果的な説明はただ1つの正当な、そして合理的な説明の形式となったが、こうした事態の推移に批判的な現代の研究者もいる (e.g., Trigg 1993: 13)。科学者の共同体から支持されない実践や、確かな証拠なしに出来事に相関関係を見いだそうとする試みを形容して「非合理的」という言葉が使われることは多い。たとえば、人生の重要な決断を手相や星座占いで決めようとする者は非合理といわれる。それは、ここで使われている仮説（「人が幸せになる確率を最大化するためにどうすればいいかは、掌のシワや生まれた日の惑星の位置で決まる」）にまともな経験的な根拠がないからだ。

　これに対し、概して自称暴露家は科学に批判的な態度をとり、ふつうなら科学に向けられる敬意を否定する。その根拠の一部はすでに紹介した、科学理論を受け入れたり覆したりすることに合理性がないと指摘する議論である。自称暴露家にいわせるなら、科学者は腐敗することがあるし、科学理論は間違っていることがあるのだから、科学があらゆる真理と合理性の宝庫であるかのような扱いは眉唾ものだ。しばしば人間例外主義とよばれる見解によると、人間のふるまいの特徴には科学で十全に説明できないものがある（創造性、道徳的な

思考，熟慮においての自由意志，意識の質的な性質など）．ここで背景にある前提は，科学的に正しい説明には何か冷たくて非人間的な要素があり，それは結局，人の経験の例外的な本性を否定しているというものだ．

　基本的にはハークもキッチャーも，科学を否定派から擁護する立場をとる．だが，彼女らは科学主義の行きすぎや危険性も認識している．ハークの言葉でいえば，科学主義とは「科学に対する行きすぎた敬意の表れ」である．科学主義者は「科学のいうことなら何にでも権威を認め，あまりに簡単に受け入れてしまう．逆に，科学と科学者に対する批判はすべて反科学的な偏見とみなして相手にしない」(Haack 2003: 98)．現代にみられる科学への不信感は，科学主義への——とりわけ科学が社会に重大な利益をもたらすという主張への——反動として生まれたものだとキッチャーは述べる．科学に対する懐疑主義は，科学者の信念が他の人々の信念よりすぐれているわけではなく，すべての人が自分の信念に対する権利をもっていると考える（認識的平等のテーゼ）．対して科学主義は，専門家の信念は非専門家の信念よりもすぐれていて優先されるべきだと考える（認識的エリート主義のテーゼ）．キッチャーはどちらの考え方にも反対し，ある種の分業を推奨している．社会において，科学の知識を使った政策決定やパブリック・エンゲージメントには専門家が深くかかわるのが望ましいが，その一方で非専門家も意思決定プロセスに参加できるよう，新しい方策を考えるべきなのだ．

　ハークは科学に対する中立的でバランスのとれた態度を擁護している．たしかに科学者も人間であり，純粋な真理への愛だけで動いているわけではない．かといって，科学者は野心で動く日和見主義者にすぎないという科学観も受け入れられない．そう考える彼女自身の立場は，科学と日常的な推論の連続性を強調するものだ．科学は常識の延長線上に存在するのである．

　　しっかりとした証拠に，行き届いた探求．そうした基準を軸にすえるのは，
　　科学にかぎられたことではない．どんな種類の経験的な探求にも同じこと
　　はいえる．(Haack 2003: 175)

　科学的な探求はごくふつうの日常における経験的な探求と連続性をもった

ものだ．科学だけに可能で，つねに正しい（あるいは正しい確率が高い／
より正解に近い／より経験的に十全な）結論を導く推論の様式——そうい
う意味での「科学的手法」など，どこにもありはしない．（Haack 2003:
195）

では，ここからは日常における経験的な探求を見ていくことにしよう．本章の
残りでは証拠を無視した信念や記憶や物語について考え，人にとってありふれ
た現象であるこうした非合理性が，どのようなデメリットとメリットをもたら
すか見きわめていく．

4.2 現実から乖離した信念

この節では手持ちの証拠に支えられていない，あるいは新しい証拠に合わせ
てアップデートされていないという意味で非合理な信念について考える．さま
ざまな種類の信念（世界についての信念や，自分についての信念）が，こうした
形で証拠への敏感さを欠くことがある．それは本人の推論にバイアスがかかっ
ているためであったり，動機が信念の形成に影響しているためであったりする．
では，認識的に合理的な信念をもつことで行為者は何を得られるのだろうか？
認識的な非合理性は失敗をまねくのだろうか？

4.2.1 不利な証拠を軽視する

現代の心理学では，日常における信念の非合理性を示すデータが大量に蓄積
されている．そのなかから自然現象の説明にまつわる信念の例を見よう．クラ
ーク・チンとウィリアム・ブリューワーは，何らかのデータを与えられたとき，
人がどのように科学の仮説を受け入れたり否定したりするのかを調査した
（Chinn and Brewer 2001）．その実験は大学の学部生に，次の2つに関するデ
ータを与えるというものだ．（1）：恐竜の絶滅は火山の噴火によるものだったか．
（2）：恐竜は変温動物だったか，それとも恒温動物だったか．

具体的な手順は次のようなものだった．まず，この2点のどちらかに関して
被験者は最初に何らかの理論を提示され，資料を読む．その理論は説得力をも

って論じられており，関連した証拠がいくつも示されている．それが終わった
ら，被験者はその理論を信じる度合いを数字で表す．この時点でほとんどの者
は，提示された理論が正しいと強く信じるようになっていた．次に，被験者は
2つのグループに分けられる．グループ1の被験者は最初に提示された理論と
矛盾するデータを追加で与えられ（例：「恐竜の絶滅は火山の噴火のためではな
い．なぜなら噴火は頻繁に起こっていたが，穏やかなものだったから」），その
データを信じる度合いを数字で表し，さらにその理由を述べる．グループ2の
被験者は最初の理論を支持するデータを追加で与えられ（例：「恐竜の絶滅は火
山の噴火によるものだ．なぜなら噴火は頻繁に起こっており，激しいものだっ
たから」），同じことをする．

　すると被験者によるデータの評価は，最初に提示されて受け入れた理論によ
って強く影響されていた．追加のデータが最初の理論と整合的だった場合，被
験者はそのデータが説得力のあるものだとみなし，矛盾した場合は説得力がな
いとみなしたのである．だが，こうした影響に被験者たち自身は気づいていな
かった．「他の多くの研究者と同様の結果をわれわれも観察した．学生たちは
自分の信念を支持するデータよりも，自分の信念と矛盾するデータを軽視する
傾向があったのだ」(Chinn and Brewer 2001: 375)．

　この一連の実験を概観すると，被験者たちが認識における欠陥をいくつも示
していることがわかる(Bortolotti 2009a)．第1に，データにもとづいた理論的
な主張に対して反例を提示することがほぼなく，それよりも代替となる因果的
な説明をあげようとした．たとえ，その説明が明らかにちゃんと練られていな
い不十分なものだったとしても．第2に，データと理論の関連性を否定するた
めに具体性のない根拠をもちだした（例：「実験でこの結果が出たのには他の理
由があるかもしれない」）．第3に，被験者の考え方は中立的でない場合があり，
ある証拠が自分の支持する理論と衝突した場合，たとえ根拠をろくにあげられ
なくともその証拠を否定する傾向があった（確証バイアス）．

　チンとブリューワーの実験は，少なくとも2つのことを示唆する．まず，
人々が日常的に下すある種の判断（「理論Tはデータから支持されており，考
えられるかぎり現象Pの最もよい説明である」）は，しっかりした証拠にもと
づいているとはいえない．そして，人々はいったん何らかの理論を受け入れる

4 非合理性と世界

と，たとえ不利な証拠が出てきてもその意見を変えない傾向があるらしい．この実験のとりわけ興味深いところは，不利な証拠を出されても熱心に守り通していた仮説が，被験者らにとってまったく個人的な思い入れのないものだった点である．被験者がその仮説を支持することに決めたのはたった数分前の出来事だったのだ．にもかかわらず，仮説を支持したことが，その後に与えられたデータや代替仮説の評価に影響したのである．

人々は新しいデータを与えられたとき，それがある科学の仮説を支持するかどうか判断するのがあまり上手ではない．だがこれだけでは，大部分の人が認識的に非合理だとまでいいきれるかはまだわからない．こういった反論もありうるだろう――「クリティカルシンキングの専門的な訓練を積んでいなければ，証拠を1つずつ見きわめ，事実との一致にもとづいて理論を評価することなど，できなくて当然だ」．さらには「信憑性のある説明モデルとそうでない説明モデルを区別するためには，一定の背景知識が必要なのだ」ともいえるかもしれない．しかし，人々が証拠にしっかり支えられていない／証拠に敏感でない結論を導いてしまうことを示すデータは，科学の仮説にかかわるもの以外にも存在する．ここからは自分自身についての信念など，何らかの個人的な重要性をもった信念について考えていくことにしよう．

4.2.2 そうであって欲しいことを事実と信じる

動機的な要素が信念の形成に干渉することは可能だし，そういったことは実際に起こってもいる．一例として，自分についてポジティブな信念をもつという傾向があげられる．

ジョージ・クアットローンとエイモス・トヴェルスキーはこんな実験を行った(Quattrone and Tversky 1984)．とても冷たい水を用意し，そのなかに手を入れてできるだけ長く我慢するよう，学生たちに指示する．その際，学生の半分には「心臓が健康な人ほど長く冷たさを我慢できる」と教え，残り半分には反対に「心臓が健康なほど冷たさに耐えられなくなる」と教える．すると，前者のグループのほうが後者のグループよりも長いあいだ我慢したのだ．だが本人たちはみな，教えられた情報に影響は受けていないと主張していた．こうした現象はシグナリングと呼ばれる．本来なら診断上の価値がある検査を行った

141

とき，被験者が無意識のうちに，ある特定の診断結果に当てはまりたいという欲求に動かされて行為したせいで，検査が無効になってしまうのだ．この実験の場合，被験者は自分自身と他人にむけて，自分は健康な心臓をもっているという「シグナルを出して」いた．

　動機が信念に影響する例としてもう１つあげられるのは，ポジティブ幻想だ．これはとりわけ興味深い現象といえる．なぜなら，自分や世界について不正確な信念をもつことは幸福につながらないという見解に待ったをかけるものだからである．幻想とは現実から乖離した信念のことで，ある幻想が当人の能力や将来の見込み，あるいは外的環境に対するコントロールを非現実的なほど楽観視しているとき，それをポジティブ幻想という．

　　誤った判断は機能不全をもたらすと広く信じられている．たしかに，まったくの計算ミスからは問題が起きることもあるだろう．しかし，完全にありえない内容でないかぎり，自分の能力を楽観的に評価することがよい結果につながる場合はある．逆に，正確な自己評価がかえって自分を縛るものになってしまうこともあるのだ．人が自分の評価を誤るときは，得てして能力の過大評価へ向かうものだが，これは根絶すべき認知的な欠陥などではない．むしろ私たちに与えられた恩恵なのである．もし自分があたりまえに実行できることばかりを指針にして自己効力感の信念を形成する人がいたら，その人はめったに失敗することがないだろう．だがそのかわり，普段以上の成果を出すためにもっと努力することもなくなってしまうだろう．（Bandura 1989: 1177）

ポジティブ幻想には大別して３つの種類がある（Taylor and Brown 1994）．（1）：過剰にポジティブな自己評価をすること．（2）：実際にはコントロールできない出来事をコントロールできると信じること．（3）：統計的な証拠から示される以上に明るい未来を思い描くこと．

　過剰にポジティブな自己評価の古典的な一例は，平均以上効果といわれるものだ．人は，自分が平均的な人間よりも友好的である／親切である／誠実である等々と信じる傾向がある．そして，このような「自分を美化する」考えをも

っているほど，より大きな成功をおさめやすいという相関関係が存在する．同じような結果は幼い子供が言葉や，問題解決や運動の技能を習得するときにも観察され，自分の能力を過大評価する子供はよりすぐれた技能を身につけることがわかっている．さらに，平均以上効果は自分自身だけでなく自分の恋人や子供に対しても生じる．恋人が平均よりも魅力的で知的だと信じていると，その相手との関係にはよい影響がある (Gagné and Lydon 2004)．それぞれが相手について非常に楽観的な考えをもっていた場合，そのカップルは長続きするのだ．また，両親が子供の知性や魅力を過大に評価することで子供への愛情は深まり，親としての役割により多くの時間とリソースを割くようになる (Wenger and Fowers 2008)．

　コントロール幻想もまたポジティブ幻想の古典的な例である．くじを買う人は，当たる確率がまったく同じだとしても，くじを無作為に割り当てられるより自分で選ぶほうを好むものだ (Langer 1975)．コントロール幻想にも有益な面があり，外的な環境が少なくともある程度は変化しうる場合，それをよりよい方向に変えていけると信じることで私たちはトラウマや持病とよりうまくつきあえるようになる．

　　ポジティブ幻想があることで，私たちは自分の欠陥を軽く見て自尊感情を守るようになり（例：「確定申告のズルなんて誰でもやっている」），よい特徴を大げさに特別視するようになる（例：「その他大勢とはちがって，自分は本当にクリエイティブな人間だ」）．こうしたポジティブ幻想で身を固めていると，実際にはほとんど／まったくコントロールできない状況もコントロールできるかのように感じられるのだ．（Hood 2012: 174）

　最後に「統計的な根拠からは合理的に正当化できないほど明るい未来を予期する」こと，すなわち非現実的楽観主義について考えよう (Taylor and Brown 1994: 24)．深刻な病気をわずらう人々は，同じ病気にかかった他の患者よりも自分のほうがうまくやっていけていると信じこむことがある．そして，こうした信念は患者のストレスを軽減することがわかっている．たとえば，HIV 検査で陽性の男性たちと陰性の男性たちをくらべたとき，陽性のグループのほう

がAIDSを発症する可能性について楽観的だったという調査がある．こうした（幻想にもとづく）楽観主義をもつ人は，健康を増進させるふるまいをしやすく，ストレスに対する積極的な対処行動の技術をよく利用するという相関関係があった(Taylor et al. 1992)．一般的にいっても，将来の見込みを非現実的なほどポジティブにとらえることや，病気の状態をコントロールできるものと感じることで，健康状態や寿命は向上するのだ(Taylor et al. 2003)．

> 出来事を可能なかぎりポジティブに解釈することで——たとえば悪い成績をとったとき，「もう諦めろ」ではなく「もっと頑張れ」と言われたと受けとる——私たちはうまく生きていける．不幸なことに，私たちはいつもそんなに楽天的な考え方ができるわけではないのだが．(Wilson 2013: 120)

> どうやら精神的に健康な人々は，現実をよい方向に歪めるという，うらやましい能力をもっているようだ．その能力によって自尊感情を高め，自己効力感を維持し，未来を楽観的に見ているのである．(Taylor and Brown 1988: 34)

　ポジティブ幻想の有用性を示すこうした経験的なデータをもとに，ライアン・マカーイとダニエル・デネットはポジティブ幻想が心理的・生物学的に適応性をもつと論じている(McKay and Dennett 2009)．ポジティブ幻想は行為者が自信をもてるようにするだけでなく，健康を増進させるなどの進化論的なメリットももたらす．それによって行為者が生き残り子孫を残す確率は高まるのだ．健康状態の見込みについてポジティブ幻想をもつことが（創造性と生産性という意味での）心理的な健康や，（寿命の長さという意味での）身体的な健康と強く結びついていることは，シェリー・テイラーとジョナサン・ブラウンによって示されている(Taylor and Brown 1988)．また人間関係や子育ての場面でも，行為者が自分や愛する者の美点を過大に評価していると家族や社会との結びつきが深まり，より強くお互いを支え合えるようになる．
　こうしたデータは，認識的に合理的であることと成功することの関係にどう影響するだろうか？　ポジティブ幻想が適応的だとしても，認識的に非合理で

あることに変わりはないだろう．現実から乖離していることはポジティブ幻想の定義にふくまれるのだから．自己高揚的な信念や楽観的な信念をもつことには，実践的には多くのメリットがあるかもしれないが，そうして形成された自分や未来についての考えは，根拠にとぼしく不利な証拠を無視しがちなものになる．ここからはよい帰結だけでなく，まずい帰結も生じる可能性がある．たとえば，偏ったデータにもとづいて予想を立てるとリスクを正確に見積もれなくなるかもしれないし，自己奉仕バイアスのかかった信念は裏目に出るかもしれない．さらに社会的な文脈でいえば，自分を過大に評価している人物があまりにも楽観的な自己評価を述べると聞き手の反論をまねき，発言者の権威やポジティブなセルフイメージが危うくなることも考えられる．

　しかし，明らかな事実を否定するのではなく，現実を軽く歪曲する程度のポジティブ幻想ならリスクは小さくなる．ポジティブ幻想を扱う研究者のほとんどは，自己欺瞞や心理的な防衛機制とポジティブ幻想をはっきり区別している．これらの場合，現実からの乖離はもっと極端な形をとるのだ．そしてマカーイとデネットも述べているように，ポジティブ幻想の楽観主義は「結局のところそう非現実的でもない」(McKay and Dennett 2009: 507)．自分は健康になるとか長生きするという信念を行為者が形成した時点では，その信念は根拠を欠いているかもしれない．だが，その信念がやがて正しい信念になるとしたら，これは自己実現的な予言というものである．こうした場合，ポジティブ幻想は現在の状況については現実から乖離していても，未来の状況については正確な予測になっているのだ．

4.3　記憶の歪曲と自己物語

　現在や未来についての信念はたとえ根拠を欠いていても，現実を書き換えることで行為者にメリットをもたらす場合があった．それでは，過去についての認識的に非合理な信念はどうだろうか？　こうした信念にも何らかのメリットがあるのだろうか？

4.3.1 過去を再構成する

現実から乖離したり，自己高揚的に歪曲されたりするのは現在や未来についての信念だけではない．記憶についても同じことは起きる．過去について考えるとき，私たちの証拠を見る目は自己奉仕バイアスに影響されがちである（Miller and Ross 1975）．すなわち，うまくいかなかったことの証拠は無視し，うまくいったことの証拠にばかりスポットライトを当て，成功に対する自分の手柄が強調されるように過去を書き換えてしまうのだ．

> 過去の行為や功績を想起するとき，人々がよく自己奉仕的になることは多くのデータによって示されている．人は自分の失敗よりも成功を覚えている（意識のなかで気づいている）傾向があり，また自分がよい結果には寄与したが，悪い結果には寄与していないかのように自分の行為をとらえ直す傾向がある．そして，なんとかして悪い結果の責任を他者に押しつけ，自分は無実ということにしようとする．（Tirole 2002: 639）

人間の記憶のネガティブな面とポジティブな面を論じた影響力ある著作で，ダニエル・シャクターは記憶にみられる 7 つの代表的な欠陥（彼の言葉では「7 つの大罪」）をあげている（Schacter 1999）．これらは日常生活でも観察されるし，実験室のテストでも確認されてきたものだ．またシャクターによると，こうした欠陥は私たちの自伝的な記憶を支える適応的なメカニズムや，全体としての正常な機能から生じる副産物として理解可能だという．では，記憶が現実からそれていく 7 つのパターンを並べてみよう．(1)：時間とともに記憶が薄れ，過去の出来事に「だんだん手が届かなくなっていき」，細かい点を忘れてしまう（「物忘れ」）．(2)：注意が欠けていたため，記憶が不正確で大雑把なものになる（「不注意」）．(3)：とりわけ高齢のために認知機能が低下した場合，正しく符号化〔情報を取りこんで憶えること〕されているにもかかわらず，一時的に記憶がアクセスできなくなる（「妨害」）．(4)：ある出来事がいつ起こったか，どうやってその出来事について知ったか，といった重要な点を誤って記憶する（「混乱」）．(5)：2 つの似た出来事の混同や，別のところからきた情報の混入で，過去の出来事を改ざんする（「暗示」）．(6)：現在もっている信念や，新しく抱いた感じ

方・考え方によって，過去の出来事の記憶が影響される（「書き換え」）．(7)：と
りわけストレスやネガティブな感情を引き起こすトラウマ的な出来事を経験し
たとき，その記憶が望んでいないのに再生されてしまう（「つきまとい」）．

　こうした「記憶の7つの大罪」自体は有益とはいえないが，それを生みだし
ているメカニズムは適応的だとシャクターは主張している．

　　記憶は罪を犯す．だが，それを母なる自然が進化の過程で生みだしたシス
　　テムの欠陥とか，不運なエラーとみなすべきではない．もっと有益な理解
　　はこうである．7つの大罪は何らかの記憶の特徴から副産物として生じて
　　おり，そうした記憶の特徴は，それ自体としては望ましいものなのだ．
　　(Schacter 1999: 193)

記憶の罪が潜在的にもっている利点とは何だろうか．いくつかは簡単にわかる．
たとえば物忘れ（経験した出来事は忘れられていく）と妨害（関係のある情報を
すべて思い出せるわけではない）が役に立つのは驚くことではない．人は情報
を無限に保持できるわけではないので，忘れてもいい出来事と覚えておかなけ
ればいけない出来事を区別する方法が必要になる．その結果，思い起こされた
り復唱されたりしないものは忘れられていくのだ．同じように不注意や混乱も，
元をたどれば役に立つ能力から生じている．それはときとして「自動操縦で」
行動し，枝葉末節を切り捨てて本質的な情報だけを処理できるという能力だ．
さらに，つきまといも状況しだいで有益なことがある．トラウマ的な経験を覚
えておくことは，未来の危険を避けて生き残るために必要なのだから．

　7つの欠陥のなかで認識的な非合理性にもっとも大きく寄与するのは，混乱
と書き換えである．こうした現象が起こる原因の一部は，人が記憶において一
般的なスキーマ〔認知のための枠組み，図式〕を用いるところにある．スキーマ
は一見バラバラな事実をまとめあげ互いに関連づけるために役立つものだが，
一方で記憶のなかの出来事に影響を与え，誤った認知や連想を引き起こすこと
もある．過去を再構成すること，という観点から記憶を考察した古典的な著作
で，フレデリック・バートレットはこう述べている――私たちは受けとった情
報を，すでに経験したことに照らして解釈する．記憶の歪曲はそのプロセスに

おいて生じるのだ(Bartlett 1932). スキーマが記憶に与える影響については，現在では豊富な実験結果が存在する(Schacter et al. 2011). いつも同じ状況でまとめて出くわす物や出来事を記憶するためには文脈的な情報(例：寝室にはワードローブと鏡があるものだ)が助けになるが，それが誤った認知につながってしまうこともあるのだ. 部屋にワードローブがあるのを見ただけで「部屋にはワードローブと鏡があった」と記憶してしまうように. このように対象を知覚したまま符号化するのでなく，その意味に着目して符号化を行うと，誤った連想が引き起こされて記憶の歪曲が生じることがある. だが一方で，こうした符号化は有用な情報を保持するために役立ち，創造性の高さとも相関していることがわかっている.

> このような反応——出会ったことがないものを覚えていると主張する——を記憶の歪曲に分類するのは正しいことだ. だがそうした間違いをするのは，被験者が実際に出会った一般的なテーマ，外観，あるいは意味について有益な情報を保持しているからでもある. このような情報を保持することは一般化と抽象化の能力を高め，その意味で適応的ということができる. (Schacter 2012: 10)

　過去についての信念に影響するバイアスにはどんなものがあるだろうか？自己高揚バイアスが影響すると，人は自分を過大評価しようとして，その助けになる出来事を優先して記憶する. また一貫性バイアスは，現在と一貫性をもたせるように過去を記憶し，「整合的で安定した自己」という幻想を作りだす(Schacter 1999; Schechtman 1994). 記憶が単に保持された情報を取りだしたものではなく，過去を再構成したものだと考えるなら，記憶には衝突しかねない2つの認識的な要求が課されていることがわかる. まず，行為者は新しい情報と古い情報に整合性をもたせねばならない. 他方では可能なかぎり，現在または経験した時点での現実と一致するように現実を表象せねばならない(Conway 2005). 自伝的な記憶は整合性の原理と一致の原理の両方によって縛られているのだ. ときとして，整合的なセルフイメージを守るために行為者の記憶は改ざんされ，現在の関心や目標とつじつまが合うように過去が書き換えられる.

4 非合理性と世界

また同じように，行為者が何かを思い出すとき，それを経験した時点では知り
えなかったはずの情報が記憶を「彩る」こともある．

4.3.2 よりよい自分を創りだす

過去の自分と現在の自分の連続性を誇張する記憶の歪みは，認識的な非合理
性の１つにちがいない．しかし，自己評価を高めて本人をより幸福にするとい
う点では，心理的に適応的なものとも考えられる．現在に引きつけて過去を解
釈するのは一貫性バイアスの一例だが，それについてグレッグ・マーカスが行
った実験にこんなものがある（Marcus 1986）．ドラッグを合法化すべきか，女
性は男性と平等に扱われるべきか，人種的マイノリティへの支援を行うべきか
といった大きな社会問題について人々に質問し，自分の態度を数字で表しても
らう．それから９年後，被験者たちにまた同じことをしてもらい，さらに９年
前の自分の態度はどうだったと思うかも述べてもらう．すると過去の態度につ
いての被験者たちの記憶は，現時点での態度に強く引きずられていたのだ．

政治的な見解のほか，恋愛関係についても一貫性バイアスは観察された
（Scharfe and Bartholomew 1998）．今度は，恋人との関係の質と安定性につい
てどう思うかを被験者たちに数字で表してもらい，数ヶ月後にもう一度同じこ
とを聞く．そして，やはり以前の自己評価についても質問する．おそらくは２
度の質問の間隔がはるかに短かったためだろうが，このときの被験者の記憶は
先ほどの実験にくらべると正確だった．だがそれでも，一貫性バイアスの影響
による不正確さは見られた．たとえばこのあいだに恋人との関係が悪化してい
た場合，被験者は最初の時点での自己評価も，実際より低いものとして記憶し
ていたのである．

一貫性バイアスが反対の方向にはたらく場合もあり，その現象はアップデー
・・・・・・
トの失敗という呼び名でも知られている．私たちは実際よりもずっと過去の自
分に近づけて現在の自分を描く場合があるのだ．たとえば慢性の，あるいは
徐々に悪化し続ける病気をわずらった人は，自分の身体面・心理面の変化を受
け入れきれず，自分は発病前のまま変わっていないと考えることがある．具体
例として，認知症になると性格に変化が現れ，より内向的で，自信なさげで，
おとなしく，人を避けるようになることがわかっている（Rankin et al. 2005）．

149

しかし患者自身はそうした変化に気づかないことがあり，自分はそんなに自信を失ったりおとなしくなったりはしていない，と考える傾向がある．

　自分の性格のある特定の側面に対し，著しい自己認識の障害をもつ前頭側頭型認知症およびアルツハイマー病の患者に対し調査したところ，患者らはそうした性格が発病前から変わっていないかのように考えていた．（Rankin et al. 2005: 636）

　前頭側頭型認知症の患者は，発病後に得られた情報を使って自分の性格評価をアップデートすることができない．自己認識のための認知メカニズムがまだ機能していたころ作られたセルフイメージが患者のなかに固着しており，それが疾病の経過のなかで維持されているものと思われる．［…］アルツハイマー病の患者による自己評価は，情報提供者が語る発病前の性格と高い精度で一致している．ここから示唆されるのは，患者が正確に自己認識できない原因が，前頭側頭型認知症の場合と同じくセルフイメージをアップデートできていない点にあるということだ．（Rankin et al. 2005: 637）

　いっそう広く見られる記憶のバイアスとして，自己高揚と自己向上の一般的な傾向がある．これはどうやら，患者たちにもそれ以外の人々にも同じように生じるものだ．一例をあげよう．アカデミック・スキルの授業を受けた学生たちに，自分の能力についてどう思うか質問してみる．すると学生たちは，授業前の自分の能力は実際より低く，授業後の能力は実際より高く見積もっていた．そうすることで，授業がスキル向上に役立ったと信じようとしたのである（Conway and Ross 1984）．また別の例としては，コレステロール値のスクリーニング検査をふくむ健康診断を受けた人々に6ヶ月たってから記憶調査を行ったものがある．ほとんどの被験者は自分のリスクがどのカテゴリーに入るかは正確に思い出せたが，コレステロール値については実際より低く記憶していた（Croyle et al. 2006）．

150

4 非合理性と世界

このようなプロセスにおいて，人は真実の全体像を知らなくてすむように，不都合な真実の記憶を削除することができる．たとえ，最初はそれを正確に符号化していたとしても．（von Hippel and Trivers 2011: 10）

　脳に損傷を受けた人は，かつての自分が美化されるように歪曲した形で過去を想起することがある．これについてエカテリーニ・フォトプルは，自己高揚的な記憶をもつことで患者の気分の制御によい影響がある，との仮説を立てている．経験したことをポジティブに解釈すると自分に自信がもてるようになり，臨床的・実践的なメリットがあるのだ．例として，自動車事故で脳に損傷を負ってから自己高揚的な作話をするようになった，ある人物（「RM」）について見てみよう．

　　RM の作話の多くは実際にあった過去の出来事に言及していたが，かなり誇張されており，自分の能力や功績を大げさに語る傾向があった．たとえば学生時代の RM は優秀なサッカー選手で，年間の最優秀選手に選ばれたことも 1 度あったのだが，それを本人はよく「4〜5 年連続で最優秀選手になった」という形で語っていたのである．RM はこのような出来事を長々と話し，自分の身体的・知的な能力がいかに絶賛されていたかを熱弁した．そこから浮かび上がるのは，間違いと誇張にあふれた想起のなかで自己主張し，自分の力を誇示しようと必死になる 1 人の青年の姿だった．（Fotopoulou 2008: 555）

一般に，作話する人々は大きく現実からそれた形で過去を語る．そのため作話には潜在的なメリットがあるのと同時に，重大なデメリットもある．現実からそれた物語を口にすることで，患者は「自分をとりまく社会的な環境に深刻な困難を生みだしてしまう」(Fotopoulou 2008: 542)．

　人の心に広く観察されるこの自己高揚という傾向には，メリットとデメリットの両方がともなうのだ．マーク・アリッケとコンスタンティン・セディキデスのレビュー論文では（Alicke and Sedikides 2009），主要なメリットとデメリットがまとめられている．まず自己高揚的な記憶が身体的・心理的な健康に与

151

える大きなメリットとして，ストレスの軽減，ストレスへの積極的な対処行動，人生における目的，人格的な成長，心理的ダメージからの回復力，そして主観的な幸福感があげられている．さらには，不安障害や神経症，うつ病に悩まされる確率も低くなるという．自分をポジティブにとらえるのはおおむね有益なことで，充実した対人関係をうまく築きあげるためにも役立つのだ．ただし，あまりにも行きすぎた自己高揚には危険も潜む．たとえば，うぬぼれと傲慢さは反感を買い，社会的なペナルティを呼びおこすだろう．

　楽観主義がストレスの軽減や身体的・心理的な健康とおおむね相関することはシャクターとドナ・アディスの論文でも述べられているが，この論文では，どのようなデメリットがありえるかについてもいっそうくわしい説明がされている (Schacter and Addis 2007). ものごとを過剰にポジティブにとらえる傾向があると，失敗したときの備えをしておらず「苦難にうまく対応する」ことができないせいで，目標の達成に支障をきたす場合がある．さらに，楽観主義に染まった人は「全部うまくいくだろう」という誤った思いこみに動かされ，リスキーなふるまいをしてしまうこともありうる．その結果が思っていたほどうまくいかなければ，落胆することになるかもしれない．重要な目標をめざしているときや，目標を達成できる見込みが小さいときは，もっと現実的な態度をとるのが得策といえるだろう．

4.3.3　苦難を解釈し直す

　私たちの記憶には，内的な整合性と現実との一致という 2 つの認識的な要求が課されていて，この 2 つは衝突する場合もあるのだった．同じことは私たちが自分の物語を作りあげる場合にもいえる．ときとして自己物語は，人生の出来事の一部だけをバイアスのかかった形で解釈し，説明したものとなる．それゆえ自分の無意識的・前意識的なふるまいの傾向性は，本来なら関係あるものだったとしても，自己物語には反映されないことがある．病的な要因で物語のアップデートが妨げられる場合，その原因としては記憶障害，動機的な諸要因，自己の情報へのアクセスが損なわれていること，があげられる．物語があまりにも現実との一致を無視したものになると，他人の目にはあからさまに間違ったものと映る場合もある．

自分の知覚や記憶や行為について，あるいはそれらの結びつきについて，説明を与えることでその人の物語がつむがれていく．この物語は意識的な経験のさまざまな要素をつなぎ合わせ，全体として1つの整合的な形を与える．（Roser and Gazzaniga 2004: 58）

　自己物語の問題点は，物語の書き手が私たち自身だということだ．私たちは好きなだけ歪曲をくわえ，自分の望む自分を描いたおとぎ話を作りだせるのである．理想化された自己物語にそぐわない人生のネガティブな側面は抑圧され，歪められ，無視される．こうした自我のあり方は「全体主義的自我」と呼ばれてきた．（Hood 2012: 171）

　ダン・マクアダムスは，物語と自己の関係が6つの原理によって支配されていると述べる（McAdams 2008）．(1)：「自己は物語で語られる」．私たちは自分の目標や関心にもとづき，手持ちの情報をまとめあげて物語をつむぐ．この物語の作り方によって，私たちの過去の思い出し方や，未来の思い浮かべ方は変化する．(2)：「物語は人生を統合する」．物語のなかには，一見すると関連性のない多種多様な出来事がふくまれている．物語はこうした出来事のあいだに因果的なつながりと意味上のつながりを浮かびあがらせ，それによって形と方向性を与える．(3)：「物語は社会的な関係のなかで語られる」．しばしば，物語は特定の聞き手を意識して作られる．どのような社会的文脈におかれるかで，物語の語られ方は変わってくることがある．(4)：「物語は時間とともに変化する」．ちょうど記憶と同じように，物語も不安定になったり，うつろいやすい動機・関心から大きく影響を受けたりすることがある．(5)：「物語は文化的なものである」．物語は文化的な環境に埋めこまれており，ときにこの環境が物語の重要な側面——たとえば，語られるに値するものと忘れられてよいものの区別——を左右する．(6)：「物語にはよしあしがある」．複雑性，整合性，本人の幸福への影響といった内在的な性質をもとに物語に評価をつけることができる．

　自己物語は自分についての正しい物語になっていないこともある．だが興味深いことに，自己物語は本人の現在・未来におけるふるまいに影響する力，あ

るいはそれを左右する力をもっている．だからこそ，ある人が適応的でない考え方や悪い習慣を身につけてしまったとき，それを変えたり捨てたりするためには，自分の物語を編集し直すことが非常に有効なのだ．このように「自分のふるまいを変え，その状態を維持するために，自分自身と社会についての物語を方向修正する一連の手法」をティモシー・ウィルソンは物語編集と呼んだ（Wilson 2013: 155）．特定の性質をもった物語を作りあげることと，本人が幸福に生きることの関係は近年研究の対象になっており，しばしば驚くべき結論が導かれている．

　ジェームズ・ペネベイカーはいくつかの実験によって，個人的なトラウマを言葉にして書き出すことがよい効果をもつと示した．たとえば同僚ジャネル・シーガルとの研究では，被験者がトラウマ的な経験を回想することで，その経験をある意味で制御下においたという感覚を得られた場合，ストレスへの対処行動のプロセスが促進されることが発見された．自分の思考や感覚をまとめあげて統合し，1つの整合的な物語にすることで，トラウマ的な出来事は意味をもった物語の一部になるのだ．ペネベイカーとシーガルの実験は，被験者に自分の経験を書き出してもらい，それを通じて自分に起きた出来事を回想してもらうというものだった（Pennebaker and Seagal 1999）．被験者はまず，自分のトラウマからある程度の距離をとれるようになるまで待つ．その後，1日15分かけてトラウマを書き出す作業を3〜4日続ける．初めのころは物語にかなりの混乱が見られる場合もあったが，作業を続けるにつれ，概して物語は整合的なものになっていった．

　　経験が構造をもち意味をもつことで，その経験が感情にもたらす影響は扱いやすくなるだろう．物語を作りあげると「この問題は片がついた」という感覚が生まれ，それについて考え込むことは少なくなる．そして，つらい経験はいつしか意識にのぼらなくなっていくのだ．（Pennebaker and Seagal 1999: 1243）

研究の結果，こうした手法はデブリーフィングよりもはるかに効果的であることがわかった．デブリーフィングとは，トラウマ的な出来事が起きてからすぐ

に行われるケアの手法で，自分の経験した出来事を本人の口から語らせるものだ．デブリーフィングがうまくいけば「つらい記憶を凍りつかせる」ことができるが，そうした記憶は後になって意識に浮かび，頭を離れなくなってしまうことがある．これに対し，トラウマを書き出す手法は出来事を解釈し直す作用をもつ．この手法を用いることで，人々は「起こったことを1歩下がって眺め，新たな枠組みでとらえる」のだ(Wilson 2013: 175)．そのメリットは長く続き，かつ幅広い．トラウマを書き出した被験者たちには免疫力の向上や学業成績の改善がみられ，医師にかかることも少なかったと報告されている．

　より具体的な仮説が立てられることもある．それによると，ある種の物語が長きにわたって幸福を生みだせるのは，その物語が人生のつらい出来事を自己変容のチャンスとして解釈しているからだという．

> ユーダイモニックな幸福〔単なる快楽や幸福感でなく，人生に深い意味を見いだし自己実現を果たすといった意味での幸福〕において高い水準にある人々には，自分の人生という物語のなかでとりわけ苦しい場面を，自分が変容を果たしたエピソードとしてとらえる傾向が見られた．そのときは強い苦しみと苦悩を経験したが，それを通して新たな人生の教訓を学び，それまでにない自己洞察を手に入れ，人間関係を深め，さらに／あるいは自分の暮らす世界をより深く理解することができた——このようなとらえ方をしていたのだ．(Bauer et al. 2008: 99)

自分の作りあげた物語のなかで，ストレスの元になる暗い出来事を掘り起こし，その出来事が呼びさます感情を解消することができるなら，身体的・心理的によい影響が生じることがわかっている(Goldie 2003も見よ)．だが反省がもっと他の形で行われた場合，これほど有益だとは到底いえないようだ．たとえば言葉による構造化を行わず，ただ思考した場合がそうである．

> 研究の結果，人生のトラウマ的な出来事について思考してもよい結果は生じないことが極めて強く示唆されている．これは思考でなく書き出した，または話した場合の影響に関する研究とは逆の結果である．トラウマ的な

出来事を経験したとき，人は通常そこに意味を見いだし，理解しようとする．それは必要であり有益なことだとみなされてきた．だが残念なことに，こうした努力は悪い方向へと落ちこんでしまう危険をはらんでいる．そうなると，ネガティブな思考が自分の意思にかかわりなく頭のなかでくりかえされるようになってしまう．（Lyubomirsky et al. 2006: 693）

　こうした結果が生じることは次の事実から説明がつく．経験した出来事を言葉で表現するとき，私たちはそうした出来事に一定の構造を与えている．だが構造化をともなわない思考は，こうした出来事に意味を見いだし，反省を活発化するために必ずしも役立たないのだ．物語的な構造は，それぞれの感情にラベルを貼り，生きられた経験からアイデンティティを構築する助けになる．頭のなかでただ考えていると，考えが同じところを行ったり来たりするようになり，経験した出来事の記憶が呼びおこされる場合がある．思考の対象になっている経験がポジティブなものなら，幸せな瞬間をもう一度体験できるのだから，幸福感や人生への満足感は高まる．しかしその経験がネガティブだったなら，かつての感情を追体験することになり，不安に襲われてしまう．

　哲学や心理学の研究では，人が物語の構築を通じて人生の出来事に意味づけしていくプロセスは，行為や意思決定に深く結びつくものとされてきた．デビッド・ヴェルマンは，自分のコミットメントにもとづいて未来のふるまいを決定する力をもつ者こそが，まさに自律的な行為者だと論じる（Velleman 2006）．またリー・ロイ・ビーチによれば，行為者が過去の出来事や経験をどう考えるかは，人生の方向性の感覚を（少なくとも部分的に）左右する力をもつという（Beach 2010）．とりわけ，次に起こることについて裏づけをもった予測——予見——を立てるために，物語は使うことができる．自分の未来を予見した後も，行為者は望ましい出来事を引き起こすため，あるいは望ましくない出来事を阻止するために介入することができるのだ．

結論と含意

私たちはハークの方針に導かれ，「人の行為者は日常のなかの科学者である

4 非合理性と世界

(ことが期待される)」という考え方を検討してきた. 行為者は自分をとりまく自然や社会的な環境を理解しようとする. そして手持ちの証拠にうながされ, 証拠の制約のなかで信念を形成しているなら, 行為者は認識的に合理的だといわれる. 科学こそが合理性の典型だと述べるのは科学を理想化した考え方かもしれないし, 民主主義社会が多種多様なニーズを生じさせるなかで科学者にあまりにも大きな力を与えるのは間違っているだろう. しかし, すべての現代科学(および他の多くの価値ある人間活動)を特徴づける性質——たとえば証拠への敏感さ, 透明で批判に開かれたあり方——は, 認識的に合理的な行為者の本質でもあり, それ自体として積極的に奨励されるべきものといえる.

実験心理学から浮上してくる1つの疑問がある. 人々の幸福が究極的な目標だとすれば, 完璧に証拠をふまえた信念よりも, 現実から乖離した信念や記憶や物語のほうが有益ではないのだろうか. 自分の才能や将来の見込みについて過剰にポジティブな見方をしていることは, その人が認識的に合理的でないことを意味している. だがこうした見方が, かえって成功(行為者が目標を達成するという意味での)を助けることもある. ここから, 楽観的な信念や自己高揚的な記憶, そして注意深く編集された物語は「認識的には非合理だが実践的には有益だ」と結論したくなる. だがしかし, このように認識的な合理性と行為者の成功をトレードオフとみなす考え方は, 結局はうまくいかない. この考え方では, 人の認知と証拠の結びつきの複雑さを十分にくみ取ることができていないのだ.

認識的な非合理性は克服すべき欠陥なのだろうか? それとも心理的な幸福を手に入れ, うまく環境に適応するために重要な財産なのだろうか? まずいっておけば, 現実から根本的に乖離した信念や記憶や物語は財産ではない. 第2章で論じたことを思い返してほしい. まるで信憑性がなく証拠もふまえていない妄想や作話は, ひとときの安らぎをもたらすかもしれないが, 長い目で見れば不安やストレスや社会からの疎外を引き起こすし, 機能障害の原因の1つともなる. しかし, 現実の歪曲が小さいものにとどまるなら話は変わってくる. ほどほどに楽観的な認知からは, 大きなメリットがもたらされる可能性がある. とりわけ, 行為者がそうした認知をもつことで未来を切り開き, 自分の願望を叶えられる場合はそうである. ものごとをポジティブにとらえれば身体的・心

157

理的な健康が増進され，目標達成や自己実現の能力も後押しされる場合があるのだ．

　ケイト・スウィーニーとその同僚たちは，楽観的／悲観的な傾向が幸福につながるかどうかを左右する1つの要素があると論じ，それを心構えと呼んだ．ここでいう心構えとは「特定の結果に対し，対応する準備ができていること」であり（Sweeny et al. 2006: 302），災難に備えておくことと，チャンスにうまく乗る準備をしておくことの両方をふくむ．人々が最初にもっている楽観的な態度は，後から変化することがあるのだ．何らかの証拠を目にして変化するかもしれないし，望まない結果が起こる可能性を察知して変化するかもしれない．初めに立てた予測があまりに楽天的だったと示す情報が新たに手に入ったなら，人々はその証拠に応じて楽観主義を悲観主義に切り替える．自分の内から，または外から，正確な予測をせよという圧力を受けて，手持ちの情報をより注意深く見直すこともあるだろう．そしてよくない帰結が生じる確率が高そうなときは，切り替えて落胆に備えるのである．そうすれば結果として，望まない帰結を避けるために必要なエネルギーを集めることができるかもしれない．楽観主義から悲観主義に移行することのメリットとデメリット（例：災難に備えておくのはよいことだが，不安を生む場合もある）を考察したうえで，スウィーニーらは両者のあいだでバランスを取ることを強く薦めている．

　　ポジティブな考え方にはたくさんのメリットがあるのだから，人々はそれを活かせるくらいには楽観的になるべきだ．しかし，楽観主義をほどよく抑えておくのも重要である．そうすれば災難を予防するための行為が動機づけられ，油断を突かれることを避けられるのだ．（Sweeny et al. 2006: 305）

文献案内

　科学の社会における役割は何か，科学を合理性と同一視することは正しいか，という論争（俗に「サイエンス・ウォーズ」と呼ばれる）のバランスよく詳細な解説としては，フィリップ・キッチャー（Kitcher 2001）とスーザン・ハーク

(Haack 2003)の本を薦めておく．イアン・ハッキングの論文集(Hacking 2002)もこれに関係があり，魅力的な1冊だ．収録された論文のうちの1つ「言語，真理，理性」では，科学的な方法論が他の「推論のスタイル」に対して優位に立つという考え方が批判的に論じられている．トマス・クーン(Kuhn 1970)とポール・ファイヤアーベント(Feyerabend 1975)の古典的な著作は，それまで無視されていた科学の社会学的な側面を論じており，一読に値する．彼らは，科学が認識的に合理的な形で発展するという前提をくりかえし描き出し，批判している．

　さまざまな形の非合理な信念がもつメリットとデメリットについて，よりくわしく知りたいならばライアン・マカーイとダニエル・デネットの論文(McKay and Dennett 2009)を読むといい．この論文ではポジティブ幻想をふくめ，現実から乖離した認知の例がいくつも扱われており，その道の専門家らによる簡潔で有用なコメンタリーもたくさん付属している．ダニエル・シャクターの論文(Schacter 1999)では記憶の歪曲に関する実験がよりくわしく語られ，少なくともある種の歪曲は適応的だという議論がなされている．またマーティン・コンウェイの論文(Conway 2005)には，自己と記憶の密接な結びつきについての興味深い議論が見られる．

　自己物語がもつ心理学的・哲学的な意義について一定の背景知識が欲しいなら，ダン・マクアダムスの著作を読むのがいいだろう．1冊目に選ぶとすれば，1993年の本(McAdams 1993)あたりだろうか．人のふるまいを個人的・社会的なレベルで形づくるために物語がどのような役割を果たすか考察する，より近年の著作としては，ティモシー・ウィルソンの書いたもの(Wilson 2013)を紹介しておこう．自己概念の歪曲をもう少し悲観的にとらえる1冊としては，ブルース・フッドの著書(Hood 2012)がある．

結論——非合理な人間の行為者

　ある種の「非合理な能力」は私たちにとって天の恵みである．そうダン・ア
リエリーは述べている（Ariely 2010: 176）．いくつかの非合理性は人に典型的に
見られるものだが，私たちはそれなしではうまく生きていけないのだ，と．非
合理でなければ，新しい環境に適応することも，他人を信用することも，ある
種の娯楽を楽しむことも，自分の子供を愛することも，今より難しくなってし
まうだろうとアリエリーは論じる．これが正しいかどうかは，おおむね私たち
が「非合理」という言葉で何を意味するかにかかっている．

　この本を通して見てきた通り，「非合理性」は価値評価をふくんだ概念であ
る．何らかのふるまいが人の行為者性の核心を脅かすとみなされたとき，私た
ちはそれに非合理性という概念を適用するのだ．本書では「人の行為者性の核
心」の具体例をいくつも扱った．まず，(1)：志向的な状態や意図的な行為を帰
属されるために必要な能力．これは社会のなかで協調し，協力するために必須
である．そして(2)：自律的で行為の責任を問われうる存在であるための前提条
件となる，正常な機能．次に(3)：知恵のある選択を行う能力．これは道徳的に
行為するためにも，本人の人生を充実させるためにも使われる．最後に(4)：正
確な信念・記憶・物語を形成して維持することで，未来を正しく予測し，うま
く立ち回ることを可能にする能力．

　人の非合理なふるまいに関するこの短いイントロダクションが示したように，
私たちは恐れずこう問いかけるべきなのである——人が行為者であるためには，
本当に合理的でなければならないのか？　非合理にふるまう人も，物理的・社
会的な環境をうまく生き抜くことができるのではないか？　順番に考えてみよ
う．(1)：間違った信念や非論理的な信念が問題解決を妨げ，よい意思決定を難
しくすることは否定できない．だがそうした信念は，本人のふるまいが常識心
理学の言葉で説明され，予測されることを阻みはしない．それゆえ，行為者が
お互いを理解し協調するときに障害とはならない．(2)：固定された信念，改ざ
んされた記憶，不適切な感情反応，そして信頼できない物語．これらは精神疾

患の症状として現れるのと同時に，そうでない人々にも広く観察される．こう
した非合理性が生じると，心の健康と社会機能は損なわれる．だがそれで必ず
しも，自分がよくわからなくなったり，自律的な思考が難しくなったりするわ
けではない．(3)：人はよく合理的な熟慮よりも直観と感情にもとづいて選択し，
態度を形成する．そして理性は，おもに事後的な正当化のために使われる．し
かし，だからといってその選択や態度が劣っているとはかぎらない．(4)：人の
信念は，そのとき直面している物理的・社会的な環境を正確に表象するものと
いえるほど，強く証拠と結びついてはいない場合もある．しかし，現実をほど
ほどに歪曲することは，望む未来を実現するために役立つ．

　私たちの限界がどこにあるのか，それがどのような限界なのかを知ること．
そして，合理性を人間の行為者であるための前提条件ではなく，1つの理想と
して見ること．それによって，私たちはよりよい考え方の道筋を見つけられる
だろう．

参考文献

Abramson, L. Y., Alloy, L. B., Hankin, B. L., Haeffel, G. J., MacCoon, D. G. and Gibb, B. E. (2002). Cognitive vulnerability-stress models of depression in a self-regulatory and psychobiological context. In I. H. Gotlib and C. L. Hammen (eds), *Handbook of Depression*. New York: The Guilford Press, pp. 268-94.

Alicke, M. and Sedikides, C. (2009). Self-enhancement and self-protection: what they are and what they do. *European Review of Social Psychology* 20(1): 1-48.

Allport, G. (1937). The functional autonomy of motives. *American Journal of Psychology* 50: 141-56.

Amador, X. and David, A. (2005). *Insight and Psychosis: Awareness of Illness in Schizophrenia and Related Disorders*. New York: Oxford University Press.

American Psychiatric Association (2000). *Diagnostic and Statistical Manual of Mental Disorders (DSM-IV-TR)*. Washington, DC: APA. 〔『DSM-IV-TR 精神疾患の診断・統計マニュアル』, 高橋三郎・大野裕・染矢俊幸 (訳), 医学書院, 2003 年〕

American Psychiatric Association (2013). *Diagnostic and Statistical Manual of Mental Disorders (DSM 5)*. Washington, DC: APA. 〔『DSM-5 精神疾患の診断・統計マニュアル』, 日本精神神経学会 (監修), 高橋三郎・大野裕 (監訳), 染矢俊幸・神庭重信・尾崎紀夫・三村將・村井俊哉 (訳), 医学書院, 2014 年〕

Andreasen, N. C. (1997). The evolving concept of schizophrenia from Kraepelin to present and future. *Schizophrenia Research* 28(2-3): 105-9.

Annas, J. (1981). *Introduction to Plato's Republic*. New York: Oxford University Press.

Anscombe, R. (1987). The disorder of consciousness in schizophrenia. *Schizophrenia Bulletin* 13(2): 241-60.

Ariely, D. (2009). *Predictably Irrational: The Hidden Forces that Shape Our Decisions*. London: HarperCollins. 〔『予想どおりに不合理：行動経済学が明かす「あなたがそれを選ぶわけ」』, 熊谷淳子 (訳), ハヤカワ・ノンフィクション文庫, 2013 年〕

Ariely, D. (2011). *The Upside of Irrationality: The Unexpected Benefits of Defying Logic at Work and at Home*. London: HarperCollins. 〔『不合理だからうまくいく：行動経済学で「人を動かす」』, 櫻井祐子 (訳), ハヤカワ・ノンフィクション文庫, 2014 年〕

Aristotle ([c. 330 BC] 1965). *Poetics (The Art of Poetry)*. Trans. T. S. Dorsch. In H. Adams (ed.), *Classical Literary Criticism*. London: Penguin, pp. 50-66. 〔『詩学』, 『新版 アリストテレス全集 第18巻』所収, 朴一功 (訳), 岩波書店, 2017 年〕

Aristotle ([350 BC] 1986). *On the Soul*. Trans. H. Lawson-Tancred. London: Penguin. 〔『魂について』, 『新版 アリストテレス全集 第7巻』所収, 中畑正志 (訳), 岩波書店, 2014 年〕

Aristotle ([350 BC] 1989a). *Metaphysics*, Books I-IX, Books X-XIV. Trans. H. Tredennick, Cambridge: Harvard University Press (Loeb Classical Library). 〔『形而上学』上下巻, 出隆 (訳), 岩波文庫, 1959/61 年〕

Aristotle (1989b). *Politics*. Trans. H. Rackham. Cambridge, MA: Harvard University Press (Loeb Classical Library). 〔『政治学』, 『新版 アリストテレス全集 第17巻』所収, 神崎繁・相澤康隆・瀬口昌久 (訳), 岩波書店, 2018 年〕

Aristotle ([350 BC] 2004). *Nicomachean Ethics*. Trans. J. A. K. Thomson. London: Penguin. 〔『ニコマコス倫理学』, 『新版 アリストテレス全集 第15巻』所収, 神崎繁 (訳), 岩波

書店，2014 年〕

Armitage, C. and Christian, J.(eds)(2004). *Planned Behavior: The Relationship between Human Thought and Action*. New Brunswick, NJ: Transaction.

Armstrong, D. (1973). *Belief, Truth and Knowledge*. Cambridge: Cambridge University Press.

Aronson, E.(1999). Dissonance, hypocrisy and the self-concept. In E. Harmon-Jones and J. Mills(eds), *Cognitive Dissonance*. Washington, DC: American Psychological Association, pp. 103-26.

Ascalone, E. (2007). *Mesopotamia: Assyrians, Sumerians, Babylonians (Dictionaries of Civilizations; 1)*. Berkeley: University of California Press.

Audi, R.(1993a). *Action, Intention, and Reason*. Ithaca, NY: Cornell University Press.

Audi, R.(1993b). *The Structure of Justification*. Cambridge: Cambridge University Press.

Austen, J.([1811]1992). *Sense and Sensibility*. Hertfordshire: Wordsworth.〔『分別と多感』，中野康司(訳)，ちくま文庫，2007 年〕

Austin, J. and Vancouver, J.(1996). Goal constructs in psychology: structure, process and content. *Psychological Bulletin* 120: 338-75.

Ayer, A. J.(1946). *Language, Truth and Logic*. London: Victor Gollancz.〔『言語・真理・論理』，吉田夏彦(訳)，岩波書店，1955 年〕

Bagozzi, R. P., Dholakia, E. M. and Basuroy, S.(2003). How effortful decisions get enacted: the motivating role of decision processes, desires, and anticipated emotions. *Journal of Behavioral Decision Making* 16(4): 273-95.

Baker, A. G., Msetfi, R. M., Hanley, N. and Murphy, R. A.(2011). Depressive realism?: Sadly not wiser. In M. Haselgrove and L. Hogarth (eds), *Clinical Applications of Learning Theory*. East Sussex and New York: Psychology Press, pp. 153-78.

Baker, C. and Morrison, A.(1998). Cognitive processes in auditory hallucinations: attributional biases and metacognition. *Psychological Medicine* 28(5): 1199-1208.

Baltes, P. and Smith, J.(1990). Towards a psychology of wisdom and its ontogenesis. In R. Steinberg(ed.), *Wisdom: Its Nature, Origins, and Development*. New York: Cambridge University Press, pp. 87-120.

Bandura, A.(1989). Human agency in social cognitive theory. *American Psychologist* 44(9): 1175-84.

Baron, J.(1985). *Rationality and Intelligence*. New York(NY): Cambridge University Press.

Bartlett, F. C.(1932). *Remembering*. Cambridge: Cambridge University Press.〔『想起の心理学：実験的社会的心理学における一研究』，宇津木保・辻正三(訳)，誠信書房，1983 年〕

Bauer, J., McAdams, D. and Pals, J.(2008). Narrative identity and eudaimonic well-being. *Journal of Happiness Studies* 9(1): 81-104.

Baumeister, R. F.(2008). Free will in scientific psychology. *Perspectives on Psychological Science* 3(1): 14-19.

Baumeister, R. F., Campbell, J. D., Krueger, J. I. and Vohs, K. D. (2003). Does high self-esteem cause better performance, interpersonal success, happiness, or healthier life styles? *Psychological Science in the Public Interest* 4(1): 1-44.

Baumeister, R. F., Masicampo, E. J. and DeWall, C. N.(2009). Prosocial benefits of feeling free: disbelief in free will increases aggression and reduces helpfulness. *Personality and Social Psychology Bulletin* 35: 260-8.

Bayne, T.(2010). Delusions as doxastic states: contexts, compartments, and commitments. *Philosophy, Psychiatry & Psychology* 17(4): 329-36.

Beach, L. R. (2010). *The Psychology of Narrative Thought: How the Stories We Tell Ourselves Shape Our Lives.* Bloomington: Xlibris.

Bell, D. E., Raiffa, H. and Tversky, A. (eds) (1988). *Decision Making: Descriptive, Normative, and Prescriptive Interactions.* Cambridge: Cambridge University Press.

Bennett, J. (1964). *Rationality: An Essay towards an Analysis.* London: Routledge and Kegan Paul.

Bennett, J. (1988). Thoughtful brutes. *Proceedings and Addresses of the American Philosophical Association* 62: 197-210.

Bentall, R. (2003). *Madness Explained: Psychosis and Human Nature.* London: Penguin.

Bentall, R. (2006). Madness explained: why we must reject the Kraepelinian paradigm and replace it with a 'complaint-orientated' approach to understanding mental illness. *Medical Hypotheses* 66(2): 220-33.

Bentall, R., Corcoran, R., Howard, R., Blackwood, N. and Kinderman, P. (2001). Persecutory delusions: a review and theoretical integration. *Clinical Psychology Review* 21(8): 1143-92.

Berkovitz, L. (ed.) (1978). *Cognitive Theories in Social Psychology.* New York: Academic Press.

Bermúdez, J. (2001). Normativity and rationality in delusional psychiatric disorders. *Mind & Language* 16(5): 457-93.

Bermúdez, J. L. (2003). The domain of folk psychology. In A. O'Hear (ed.), *Mind and Persons.* Cambridge: Cambridge University Press, pp. 25-48.

Bermúdez, J. L. and Millar, A. (eds) (2002). *Reason and Nature: Essays in the Theory of Rationality.* New York: Oxford University Press.

Birren, J. and Fischer, L. (1990). The elements of wisdom: overview and integration. In R. Steinberg (ed.), *Wisdom: Its Nature, Origins, and Development.* New York: Cambridge University Press, pp. 317-32.

Blackwood, N. J., Howard, R. J., Bentall, R. P. and Murray, R. M. (2001). Cognitive neuropsychiatric models of persecutory delusions. *American Journal of Psychiatry* 158(4): 527-39.

Bleichrodt, H. and Pinto Prades, J. L. (2009). New evidence of preference reversals in health utility measurement. *Health Economics* 18(6): 713-26.

Bless, H., Betsch, T. and Franzen, A. (1998). Framing the framing effect. *European Journal of Social Psychology* 28(2): 287-91.

Bleuler, E. ([1911] 1968). *Dementia Praecox or the Group of Schizophrenias.* Trans. J. Zinkin. Madison: International Universities Press.

Blume, L. and Easley, D. (2008). Rationality. In S. Durlauf and L. Blume (eds), *The New Palgrave Dictionary of Economics.* Basingstoke: Palgrave Macmillan.

Boiler, F. and Forbes, M. M. (1998). History of dementia and dementia in history: an overview. *Journal of the Neurological Sciences* 158(2): 125-33.

Bortolotti, L. (2002). Marks of irrationality. In S. Clarke and T. Lyons (eds), *Recent Themes in the Philosophy of Science: Scientific Realism and Commonsense.* Dordrecht: Kluwer, pp. 157-74.

Bortolotti, L. (2003). Inconsistency and interpretation. *Philosophical Explorations* VI(2): 109-23.

Bortolotti, L. (2004). Can we interpret irrational behavior? *Behavior and Philosophy* 32(2): 359-75.

Bortolotti, L. (2005a). Intentionality without rationality. *Proceedings of the Aristotelian Society* CV(3): 385–92.

Bortolotti, L. (2005b). Delusions and the background of rationality. *Mind & Language* 20(2): 189–208.

Bortolotti, L. (2009a). *Delusions and Other Irrational Beliefs*. Oxford: Oxford University Press.

Bortolotti, L. (2009b). The epistemic benefits of reason-giving. *Theory and Psychology* 19(5): 1–22.

Bortolotti, L. (2010). Double bookkeeping in delusions: explaining the gap between saying and doing. In K. Frankish, A. Buckareff and J. Aguilar (eds), *New Waves in the Philosophy of Action*. Basingstoke: Palgrave, chapter 11, pp. 237–56.

Bortolotti, L. (2011a), Does reflection lead to wise choices? *Philosophical Explorations* 14(3): 297–313.

Bortolotti, L. (2011b). Psychiatric classification and diagnosis: delusions and confabulations. *Paradigmi* XXXIX(1): 99–112.

Bortolotti, L. (2013). Rationality and sanity: the role of rationality judgments in understanding psychiatric disorders. In B. Fulford, M. Davies, R. Gipps, G. Graham, J. Sadler, G. Stanghellini and T. Thornton (eds), *The Oxford Handbook of Philosophy and Psychiatry*. Oxford: Oxford University Press, chapter 30, pp. 480–95.

Bortolotti, L. and Broome, M. R. (2012). Affective dimensions of the phenomenon of double bookkeeping in delusions. *Emotion Review* 4(2): 187–91.

Bortolotti, L. and Cox, R. (2009). Faultless ignorance: strengths and limitations of epistemic definitions of confabulation. *Consciousness & Cognition* 18(4): 952–65.

Bortolotti, L. and Heinrichs, B. (2007). Delimiting the concept of research: an ethical perspective. *Theoretical Medicine and Bioethics* 28(3): 157–79.

Bortolotti, L., Broome, M. R. and Mameli, M. (2013). Delusions and responsibility for action: insights from the Breivik case. *Neuroethics* 7(3): 377–382.

Bortolotti, L., Cox, R., Broome, M. and Mameli, M. (2012). Rationality and self-knowledge in delusions and confabulations: implications for autonomy as self-governance. In L. Radoilska (ed.), *Autonomy and Mental Disorder*. New York: Oxford University Press, chapter 5, pp. 100–22.

Bowden, W. (1993). The onset of paranoia. *Schizophrenia Bulletin* 19(1): 165–7.

Bowers, L. (1998). *The Social Nature of Mental Illness*. New York: Routledge.

Braddon-Mitchell, D. and Jackson, F. (1996). *Philosophy of Mind and Cognition*. Oxford: Blackwell.

Branquinho, J. (ed.) (2001). *The Foundations of Cognitive Science*. Oxford: Oxford University Press.

Bratman, M. (1999). *Faces of Intention*. New York: Cambridge University Press.

Bratman, M. (2000). Reflection, planning and temporally extended agency. *Philosophical Review* 109: 35–61.

Breen, N., Caine, D., Coltheart, M., Hendy, J. and Roberts, C. (2000). Towards an understanding of delusions of misidentification: four case studies. *Mind & Language* 15(1): 74–110.

Brennan, T. (2005). *The Stoic Life*. Oxford: Oxford University Press.

Broome, J. (1999). Normative requirements. *Ratio* 12: 398–419.

Broome, J. (2004). Reasons. In R. J. Wallace, P. Pettit, M. Smith and S. Scheffler (eds), *Reason and Value*. Oxford: Clarendon Press.

Broome, M. R. and Bortolotti, L. (2009a). Mental illness as mental: in defence of psychological realism. *HumanaMente* 11: 25-44.

Broome, M. R. and Bortolotti, L. (eds) (2009b). *Psychiatry as Cognitive Neuroscience: Philosophical Perspectives*. Oxford: Oxford University Press.

Broome, M. R. and Bortolotti, L. (2010). A commentary on 'What is a mental/psychiatric disorder? From DSM-IV to DSM-V' by Stein et al. (2010). *Psychological Medicine* 40 (11): 1783-5.

Broome, M. R., Johns, L. C., Valli, I., Woolley, J. B., Tabraham, P., Brett, C., Valmaggia, L., Peters, E., Garety, P. A. and McGuire, P. K. (2007). Delusion formation and reasoning biases in those at clinical high risk for psychosis. *British Journal of Psychiatry* 191: s38-s42.

Broome, M. R., Mameli, M. and Bortolotti, L. (2010). Moral responsibility and mental illness: a case study. *Cambridge Quarterly of Healthcare Ethics* 19 (2): 179-87.

Broome, M. R., Woolley, J. B., Tabraham, P., Johns, L. C., Bramon, E., Murray, G. K., Pariante, C., McGuire, P. K. and Murray, R. M. (2005). What causes the onset of psychosis? *Schizophrenia Research* 79 (1): 23-34.

Broome, M. R., Woolley, J. B., Johns, L. C., Valmaggia, L., Tabraham, P., Gafoor, R., Bramon, E., and McGuire, P. (2005). Outreach and support in South London (OASIS): implementation of a clinical service for prodromal psychosis and the at risk mental state. *European Psychiatry* 20 (5-6): 372-8.

Brown, H. I. (1988). *Rationality*. London: Routledge.

Brown, J. D. (1986). Evaluations of self and others: self-enhancement biases in social judgments. *Social Cognition* 4: 353-76.

Brown, R. (2005). The operation was a success but the patient died: aider priorities influence decision aid usefulness. *Interfaces* 35 (6): 511-21.

Burge, T. (1993). Concepts, definitions and meaning. *Metaphilosophy* 24 (4): 309-25.

Burton, C. M. and King, L. A. (2004). The health benefits of writing about intensely positive experiences. *Journal of Research in Personality* 38 (2): 150-63.

Burton, N. (2009). *The Meaning of Madness*. Oxford: Acheron Press.

Buss, S. (2012). Autonomous action: self-determination in the passive mode. *Ethics* 122 (4): 647-91.

Campbell, J. (1999). Schizophrenia, the space of reasons, and thinking as a motor process. *The Monist* 82 (4): 609-25.

Campbell, J. (2002). Rationality, meaning and the analysis of delusion. *Philosophy, Psychiatry and Psychology* 8 (2-3): 89-100.

Carrier, L. S. (1980). Perception and animal belief. *Philosophy* 55 (212): 193-209.

Carroll, L. (1865). *Alice's Adventures in Wonderland & Through the Looking-Glass*. New York: HarperCollins. 〔『不思議の国のアリス』・『鏡の国のアリス』, 邦訳多数〕

Carruthers, P. (1989). Brute experience. *Journal of Philosophy* 86 (5): 258-69.

Carruthers, P. (2005). *Consciousness: Essays from a Higher-order Perspective*. Oxford: Oxford University Press.

Carruthers, P., Stich, S. and Siegal, M. (eds) (2002). *The Cognitive Basis of Science*. New York: Cambridge University Press.

Cherniak, C. (1986). *Minimal Rationality*. Cambridge, MA: MIT Press. 〔『最小合理性』, 柴田正良 (監訳), 中村直行・村中達矢・岡庭宏之 (訳), 勁草書房, 2009 年〕

Child, W. (1994). *Causality, Interpretation and the Mind*. Oxford: Clarendon Press.

Chinn, C. A. and Brewer, W. (2001). Models of data: a theory of how people evaluate data. *Cognition and Instruction* 19(3): 323-93.

Chomsky, N. (1965). *Aspects of the Theory of Syntax*. Cambridge, MA: MIT Press.〔『文法理論の諸相』，安井稔（訳），研究社，1970年〕

Clarke, A. (1990). Belief, opinion and consciousness. *Philosophical Psychology* 3(1): 139-54.

Clarke, A. (1994). Beliefs and desires incorporated. *Journal of Philosophy* 91(8): 404-25.

Clarke, S. (2008). SIM and the city: rationalism in the psychology and philosophy of Haidt's account of moral judgment. *Philosophical Psychology* 21(6): 799-820.

Cohen, J. (1981). Can human irrationality be experimentally demonstrated? *Behavioural and Brain Sciences* 4(3): 317-29.

Conway, M. A. (2005). Memory and the self. *Journal of Memory and Language* 53(4): 594-628.

Conway, M. and Ross, M. (1984). Getting what you want by revising what you had. *Journal of Personality and Social Psychology* 47(4): 738-48.

Conybeare, C. (2006). *The Irrational Augustine*. New York: Oxford University Press.

Cooper, R. (2008). *Psychiatry and the Philosophy of Science*. Montreal: McGill-Queen's University Press.〔『精神医学の科学哲学』，伊勢田哲治・村井俊哉（監訳），植野仙経・中尾央・川島啓嗣・菅原裕輝（訳），名古屋大学出版会，2015年〕

Cosmides, L. (1989). The logic of social exchange: has natural selection shaped how humans reason? Studies with the Wason selection task. *Cognition* 31(3): 187-276.

Cosmides, L. and Tooby, J. (1992). Cognitive adaptations for social exchange. In J. Barkow, L. Cosmides and J. Tooby (eds), *The Adapted Mind: Evolutionary Psychology and the Generation of Culture*. New York: Oxford University Press, pp. 163-228.

Cosmides, L. and Tooby, J. (1996). Are humans good statisticians after all? Rethinking some conclusions from the literature on judgement under uncertainty. *Cognition* 58(1): 1-73.

Cottingham, J. (1998). *Descartes*. Oxford: Oxford University Press.

Craigie, J. and Bortolotti, L. (2014). Rationality, diagnosis and patient autonomy in psychiatry. In J. Sadler et al. (eds), *Oxford Handbook of Psychiatric Ethics*. Oxford: Oxford University Press.

Crane, T. (2001). *Elements of Mind*. Oxford: Oxford University Press.〔『心の哲学：心を形づくるもの』，植原亮（訳），勁草書房，2010年〕

Croyle, R. T., Loftus, E. F., Barger, S. D., Sun, Y.-C., Hart, M. and Gettig, J. (2006). How well do people recall risk factor test results? Accuracy and bias among cholesterol screening participants. *Health Psychology* 25(3): 425-32.

Currie, G. (2000). Imagination, delusion and hallucinations. *Mind & Language* 15(1): 168-83.

Currie, G. and Jureidini, J. (2002). Delusion, rationality, empathy. *Philosophy, Psychiatry and Psychology* 8(2-3): 159-62.

Damasio, A. (1994). *Descartes' Error: Emotion, Reason, and the Human Brain*. New York: Penguin.〔『デカルトの誤り：情動，理性，人間の脳』，田中三彦（訳），筑摩書房，2010年〕

Davidson, D. (1980). Psychology as philosophy. *Essays on Actions and Events*. Oxford: Oxford University Press, pp. 229-38.〔「哲学としての心理学」，『行為と出来事』所収，服部裕幸・柴田正良（訳），勁草書房，1990年〕

Davidson, D. (1982). Paradoxes of irrationality. In R. Wollheim (ed.), *Philosophical Essays on Freud*. London: Cambridge University Press, pp. 289-305.〔「不合理性のパラドクス」，『合理性の諸問題』所収，金杉武司・塩野直之・鈴木貴之・信原幸弘（訳），春秋社，2007年〕

Davidson, D. (1984). *Inquiries into Truth and Interpretation*. Oxford: Clarendon Press.〔『真理と解釈』，野本和幸・金子洋之・植木哲也・高橋要(訳)，勁草書房，1991 年〕

Davidson, D. (1985). Incoherence and irrationality. *Dialectica* 39(4): 345-54.〔「非一貫性と不合理性」，『合理性の諸問題』所収，金杉武司・塩野直之・鈴木貴之・信原幸弘(訳)，春秋社，2007 年〕

Davidson, D. (1988). Deception and division. In J. Elster (ed.), *The Multiple Self*. Cambridge: Cambridge University Press, pp. 79-92.〔「欺瞞と分裂」，『合理性の諸問題』所収，金杉武司・塩野直之・鈴木貴之・信原幸弘(訳)，春秋社，2007 年〕

Davidson, D. (1994). Knowing one's own mind. In Q. Cassam (ed.), *Self-Knowledge*. Oxford: Oxford University Press, pp. 43-64.〔「自分自身の心を知ること」，『主観的，間主観的，客観的』所収，清塚邦彦・柏端達也・篠原成彦(訳)，春秋社，2007 年〕

Davidson, D. (2001). *Subjective, Intersubjective, Objective*. Oxford: Oxford University Press.〔『主観的，間主観的，客観的』，清塚邦彦・柏端達也・篠原成彦(訳)，春秋社，2007 年〕

Davidson, D. (2004). *Problems of Rationality*. Oxford: Clarendon Press.〔『合理性の諸問題』，金杉武司・塩野直之・鈴木貴之・信原幸弘(訳)，春秋社，2007 年〕

Davies, M. and Coltheart, M. (2000). Introduction: pathologies of belief. *Mind & Language* 15(1): 1-46.

Davies, M., Coltheart, M., et al. (2002). Monothematic delusions: towards a two-factor account. *Philosophy, Psychiatry and Psychology* 8(2-3): 133-58.

Dawes, R. M. (2001). *Everyday Irrationality: How Pseudo-scientists, Lunatics and the Rest of Us Systematically Fail to Think Rationally*. Boulder: Westview.

de Cervantes Saavedra, M. ([1605 and 1615]1993). *The Ingenious Gentleman Don Quixote of La Mancha*. Transl. by S. Boyd. London: Wordsworth.〔『ドン・キホーテ』，『セルバンテス全集』第 2-3 巻所収，岡村一(訳)，本田誠二(注釈)，水声社，2017 年〕

Delius, J. (1985). Cognitive processes in pigeons. In D'Yldevalle (ed.), *Cognition, Information Processing and Motivation*. Amsterdam: Elsevier, pp. 3-18.

Dennett, D. (1971). Intentional systems. *Journal of Philosophy* 68(4): 87-106.

Dennett, D. C. (1978). *Brainstorms: Philosophical Essays on Mind and Psychology*. London: Penguin Books.

Dennett, D. C. (1987a). *The Intentional Stance*. Cambridge, MA: MIT Press.〔『「志向姿勢」の哲学：人は人の行動を読めるのか？』，若島正・河田学(訳)，白揚社，1996 年〕

Dennett, D. C. (1987b). True believers. In Dennett, *The Intentional Stance*. Cambridge, MA: MIT Press, pp. 13-36.〔「本物の信念者：志向戦略はなぜ有効か？」，『「志向姿勢」の哲学：人は人の行動を読めるのか？』所収，若島正・河田学(訳)，白揚社，1996 年〕

Dennett, D. C. (1991). Real Patterns. *Journal of Philosophy* 88(1): 27-51.

Dennett, D. C. (1992). The self as a center of narrative gravity. In F. Kessel, P. Cole and D. Johnson (eds), *Self and Consciousness: Multiple Perspectives*. Hillsdale, NJ: Lawrence Erlbaum, pp. 103-15.

Descartes, R. (1989). *Passions of the Soul*. Transl. S. Voss. Indianapolis: Hackett.〔『情念論』，『デカルト著作集』第 3 巻所収，花田圭介(訳)，白水社，2001 年〕

Descartes, R. (1996). *Meditations on First Philosophy*, ed. J. Cottingham. Cambridge: Cambridge University Press.〔『省察および反論と答弁』，『デカルト著作集』第 2 巻所収，所雄章(訳)，白水社，2001 年〕

de Sousa, R. (1990). *The Rationality of Emotions*. Cambridge, MA: MIT Press.

de Waal, F. (1996). *Good Natured: The Origins of Right and Wrong in Humans and Other Animals*. Cambridge: Harvard University Press.〔『利己的なサル，他人を思いやるサル：

モラルはなぜ生まれたのか』，西田利貞・藤井留美（訳），草思社，1998 年〕

de Waal, F.(2005a). *Our Inner Ape*. London: Granta.〔『あなたのなかのサル：霊長類学者が明かす「人間らしさ」の起源』，藤井留美（訳），早川書房，2005 年〕

de Waal, F.(2005b). *The Bonobo in All of Us*. Interview conducted by Sue Western and edited by Peter Tyson. *NOVA Online*. At:⟨http://www.pbs.org/wgbh/nova/nature/bonobo-all-us.html⟩; accessed October 2013.

de Waal, F.(2006). Morally evolved. In J. Ober and S. Macedo (eds), *Primates and Philosophers: How Morality Evolved*. Princeton: Princeton University Press, pp. 1-82.

Dijksterhuis, A. and van Olden, Z.(2006). On the benefits of thinking unconsciously: unconscious thought can increase post-choice satisfaction. *Journal of Experimental Social Psychology* 42(5): 627-31.

Dodds, E. R.(1951). *The Greeks and the Irrational*. Ewing, NJ: University of California Press.〔『ギリシァ人と非理性』，岩田靖夫・水野一（訳），みすず書房，1972 年〕

Doody, G. A., Götz, M., Johnstone, E. C., Frith, C. D. and Cunningham Owens, D. G.(1998). Theory of mind and psychoses. *Psychological Medicine* 28(2): 397-405.

Dretske, F.(1981). *Knowledge and the Flow of Information*. Oxford: Blackwell.

Dretske, F.(1988). *Explaining Behavior: Reasons in a World of Causes*. Cambridge, MA: MIT Press.〔『行動を説明する：因果の世界における理由』，水本正晴（訳），勁草書房，2005 年〕

Dretske, F. (2000). *Perception, Knowledge and Belief*. New York: Cambridge University Press.

Dreyfus, H. L.(1997). Intuitive, deliberative, and calculative models of expert performance. In C. E. Zsambok and G. Klein (eds), *Naturalistic Decision making*. Mahwah, NJ: Lawrence Erlbaum, pp. 17-28.

Dreyfus, H. L.(2002). Intelligence without representation. Merleau-Ponty's critique of mental representation: The relevance of phenomenology to scientific explanation. *Phenomenology and the Cognitive Sciences* 1(4): 367-83.

Dreyfus, H. and Dreyfus, S.(1986). *Mind over Machine: The Power of Human Intuition and Expertise in the Era of the Computer*. New York: Free Press.〔『純粋人工知能批判：コンピュータは思考を獲得できるか』，椋田直子（訳），アスキー，1987 年〕

Drury, V. M., Robinson, E. J. and Birchwood, M.(1998). 'Theory of mind' skills during an acute episode of psychosis and following recovery. *Psychological Medicine* 28(5): 1101-12.

Edwards, R. B.(1981). Mental health as rational autonomy. *Journal of Medicine and Philosophy* 6(3): 309-22.

Egan, A.(2009). Imagination, delusion, and self-deception. In T. Bayne, J. Fernández (eds), *Delusions and Self-Deception: Affective Influences on Belief Formation*. New York: Psychology Press, pp. 263-80.

Elio, R.(2002). Issues in commonsense reasoning and rationality. In R. Elio (ed.), *Common Sense, Reasoning, and Rationality*. New York: Oxford University Press, pp. 3-36.

Ellis, B.(1979). *Rational Belief Systems*. Oxford: Blackwell.

Elster, J.(2009). *Reason and Rationality*. Princeton, NJ: Princeton University Press.

Englehardt, H. T.(1973). Psychotherapy as meta-ethics. *Psychiatry* 36: 440-5.

Ennen, E. (2003). Phenomenological coping skills and the striatal memory system. *Phenomenology and the Cognitive Sciences* 2(4): 299-325.

Estroff, S. E., Lachicotte, W. S., Illingworth, L. C. and Johnston, A.(1991). Everybody's got a little mental illness: accounts of illness and self among people with severe, persistent mental illnesses. *Medical Anthropological Quarterly* 4(5): 331-69.

Euripides([c. 431 BC] 1955). *Medea*. Trans. by R. Warner. In D. Grene and R. Lattimore (eds), *The Complete Greek Tragedies* (vol. 5). Chicago: University of Chicago Press, pp. 71-123.〔『メデイア』,『エウリピデス悲劇全集』第 1 巻所収, 丹下和彦(訳), 京都大学学術出版会, 2012 年〕

Evans, J. S. B. and Over, D. E.(1996). *Rationality and Reasoning*. Hove: Psychology Press. 〔『合理性と推理：人間は合理的な思考が可能か』, 山祐嗣(訳), ナカニシヤ出版, 2000 年〕

Evans-Pritchard, E. E.(1976). *Witchcraft, Oracles and Magic among the Azande*. Oxford: Oxford University Press.〔『アザンデ人の世界：妖術・託宣・呪術』, 向井元子(訳), みすず書房, 2001 年〕

Festinger, L.(1957). *A Theory of Cognitive Dissonance*. Stanford: Stanford University Press. 〔『認知的不協和の理論：社会心理学序説』, 末永俊郎(監訳), 誠信書房, 1965 年〕

Feyerabend, P.(1975). *Against Method*. London: Left Books.〔『方法への挑戦：科学的創造と知のアナーキズム』, 村上陽一郎・渡辺博(訳), 新曜社, 1981 年〕

Feyerabend, P.(2011). *The Tyranny of Science*. Cambridge: Polity.

Fine, C.(2006). Is the emotional dog wagging its rational tail, or chasing it? *Philosophical Explorations* 9(1): 83-98.

Flanagan, O.(1984). *The Science of the Mind*. Cambridge, MA: MIT Press.

Fotopoulou, A.(2008). False selves in neuropsychological rehabilitation: the challenge of confabulation. *Neuropsychological Rehabilitation* 18(5-6): 541-65.

Foucault, M.(1961). *Folie et Déraison: Histoire de la folie à l'âge classique*. Paris: Librarie Pion. Trans. and ed. by J. Khalfa (2006) as *History of Madness*. Abingdon: Routledge. 〔『狂気の歴史：古典主義時代における』, 田村俶(訳), 新潮社, 1975 年〕

Foussias, G. and Remington, G.(2008). Negative symptoms in schizophrenia: avolition and Occam's razor. *Schizophrenia Bulletin* 36: 359-69.

Frede, M. and Striker, G.(eds)(2002). *Rationality in Greek Thought*. Oxford: Oxford University Press.

Freud, S.(1917). *Delusion and Dream*. New York: Moffat Yard.〔『妄想と夢』,『グラディーヴァ／妄想と夢』所収, 種村季弘(訳), 平凡社, 2014 年〕

Fulford, K. W. M.(2004a). Facts/values: ten principles of values-based medicine. In J. Radden (ed.), *The Philosophy of Psychiatry: A Companion*. New York: Oxford University Press, chapter 14, pp. 205-34.

Fulford, K. W. M.(2004b). Neuro-ethics or neuro-values? Delusion and religious experience as a case study in values-based medicine. *Poiesis and Praxis* 2(4): 297-313.

Fulford, K. W. M., Davies, M., Gipps, R. and Graham, G.(eds)(2013). *The Oxford Handbook in Philosophy and Psychiatry*. Oxford: Oxford University Press.

Gagné, F. M. and Lydon, J. E.(2004). Bias and accuracy in close relationships: an integrative review. *Personality and Social Psychology Review* 8(4): 322-38.

Gallagher, S.(2009). Delusional realities. In M. R. Broome and L. Bortolotti(eds), *Psychiatry as Cognitive Neuroscience: Philosophical Perspectives*. Oxford: Oxford University Press, pp. 245-68.

Garety, P.(1991). Reasoning and delusions. *British Journal of Psychiatry* 159(suppl. 14): 14-18.

Gazzaniga, M.(1985). *The Social Brain: Discovering the Networks of the Mind*. New York: Basic Books.〔『社会的脳：心のネットワークの発見』, 杉下守弘・関啓子(訳), 青土社,

1987 年〕

Gerrans, P. (2000). Refining the explanation of Cotard's delusion. *Mind & Language* 15 (1): 111-22.

Gerrans, P. (2001). Delusions as performance failures. *Cognitive Neuropsychiatry* 6 (3): 161-73.

Gerrans, P. (2009). Mad scientists or unreliable autobiographers? Dopamine dysregulation and delusion. In M. R. Broome and L. Bortolotti (eds), *Psychiatry as Cognitive Neuroscience: Philosophical Perspectives*. Oxford: Oxford University Press, chapter 8, pp. 151-72.

Ghaemi, N. S. (1999). An empirical approach to understanding delusions. *Philosophy, Psychiatry, and Psychology* 6 (1): 21-24.

Gigerenzer, G. (1991). How to make cognitive illusions disappear. *European Review of Social Psychology* 2: 83-115.

Gigerenzer, G. (2000). *Adaptive Thinking: Rationality in the Real World*. New York: Oxford University Press.

Gigerenzer, G. (2007). *Gut Feelings: Short Cuts to Better Decision Making*. New York: Penguin. 〔『なぜ直感のほうが上手くいくのか？：「無意識の知性」が決めている』, 小松淳子 (訳), インターシフト, 2010 年〕

Gigerenzer, G., Todd, P. and the ABC research group (eds) (1999). *Simple Heuristics that Make us Smart*. New York: Oxford University Press.

Gilovich, T., Griffin, D. W. and Kahneman, D. (eds) (2002). *Heuristics and Biases: The Psychology of Intuitive Judgement*. Cambridge: Cambridge University Press.

Gladwell, M. (2005). *Blink: The Power of Thinking Without Thinking*. Boston, MA: Little Brown and Co. 〔『第 1 感：「最初の 2 秒」の「なんとなく」が正しい』, 沢田博・阿部尚美 (訳), 光文社, 2006 年〕

Goldie, P. (2003). One's remembered past: narrative thinking, emotion, and the external perspective. *Philosophical Papers* 32 (3): 301-19.

Goldman, A. I. (1986). *Epistemology and Cognition*. Cambridge, MA: Harvard University Press.

Goldman, A. I. (1992a). *Interpretation Psychologized*. In *Liaisons*. Cambridge, MA: MIT Press, pp. 9-35.

Goldman, A. I. (1992b). *Liaisons: Philosophy Meets the Cognitive and Social Sciences*. Cambridge, MA: MIT Press.

Goldman, A. I. (1993). *Philosophical Applications of Cognitive Science*. Boulder: Westview Press.

Goldman, A. I. (1995). Empathy, mind and morals. In M. Davies and T. Stone (eds), *Mental Simulation*. Oxford: Blackwell, pp. 185-208.

Goldman, A. I. (2000). The mentalizing folk. In D. Sperber (ed.), *Metarepresentations*. Oxford: Oxford University Press, pp. 171-96.

Goldstein, D. G. and Gigerenzer, G. (2002). Models of ecological rationality: the recognition heuristics. *Psychological Review* 109 (1): 75-90.

Goleman, D. (1995). *Emotional Intelligence*. New York: Bentham Dell. 〔『EQ こころの知能指数』, 土屋京子 (訳), 講談社, 1996 年〕

Gopnik, A. (1996). Theories and modules: creation myths, developmental realities and Neurath's boat. In P. Carruthers and P. K. Smith (eds), *Theories of Theories of Mind*. Cambridge: Cambridge University Press, pp. 169-83.

Gould, T. (1963). Aristotle and the irrational. *Arian* 2 (2): 55-74.

Graham, G. (2010). Are the deluded believers?: Are philosophers among the deluded? *Phi-*

losophy, Psychiatry & Psychology 17(4): 337-9.

Graham, G.(2010). *The Disordered Mind*. New York: Routledge, chapter 5.

Grandy, R.(1973). Reference, meaning and belief. *Journal of Philosophy* 70(14): 439-52.

Greenspan, S. I. (1989). Emotional intelligence. In K. Field, B. J. Cohler and G. Wool (eds), *Learning and Education: Psychoanalytic Perspectives*. Madison, CT: International Universities Press, pp. 209-43.

Greenwald, A. G. and Krieger, L. H. (2006). Implicit bias: scientific foundations. *California Law Review* 94: 945-67.

Griffin, D. R.(2001). *Animal Minds: Beyond Cognition to Consciousness*. Chicago: University of Chicago Press.

Griggs, R. and Cox, J.(1982). The elusive thematic-materials effect in the Wason Selection Task. *British Journal of Psychology* 73(3): 407-20.

Gunn, J.(2002). No excuses. *Journal of the Royal Society of Medicine* 95(2): 61-3.

Haack, S. (2003). *Defending Science within Reason: Between Scientism and Cynicism*. Amherst, NY: Prometheus Books.

Hacking, I.(1982). Language, truth and reason. In M. Hollis and S. Lukes (eds), *Rationality and Relativism*. Oxford: Blackwell, pp. 44-66.〔「言語，真理，理性」，『知の歴史学』所収，出口康夫・大西琢朗・渡辺一弘(訳)，岩波書店，2012年〕

Hacking, I.(2002). *Historical Ontology*. Cambridge, MA: Harvard University Press.〔『知の歴史学』，出口康夫・大西琢朗・渡辺一弘(訳)，岩波書店，2012年〕

Haidt, J.(2001). The emotional dog and its rational tail: a social intuitionist approach to moral judgment. *Psychological Review* 108(4): 814-34.

Haidt, J. and Bjorklund, F.(2008). Social intuitionists answer six questions about morality. In W. Sinnott-Armstrong(ed.), *Moral Psychology, vol. 2: The Cognitive Science of Morality*. Cambridge, MA: MIT Press, pp. 181-217.

Hall, L., Johansson, P., Tärning, B., Sikström, S. and Deutgen, T.(2010). Magic at the marketplace: choice blindness for the taste of jam and the smell of tea. *Cognition* 117(1): 54-61.

Hall, L., Strandberg, T., Pärnamets, P., Lind, A., Tärning, B. and Johansson, P.(2013). How the polls can be both spot on and dead wrong: using choice blindness to shift political attitudes and voter intentions. *PLoS ONE* 8(4): e60554.

Hamilton, E. and Cairns, H. (eds) (1978). *Collected Dialogues of Plato*. Princeton: Princeton University Press.

Hammond, K.(2007). *Beyond Rationality: The Search for Wisdom in a Troubled Time*. New York: Oxford University Press.

Harman, G.(1999). *Reasoning, Meaning and Mind*. New York: Oxford University Press.

Harris, P. (1996). Desires, beliefs and language. In P. Carruthers and P. K. Smith (eds), *Theories of Theories of Mind*. Cambridge: Cambridge University Press, pp. 200-20.

Hauser, M. D.(2000). *Wild Minds*. New York: Henry Holt.

Heal, J.(1998). Understanding other minds from the inside. In A. O'Hear(ed.), *Current Issues in Philosophy of Mind*. Cambridge: Cambridge University Press, pp. 83-100.

Heal, J.(2001). On first-person authority. *Proceedings of the Aristotelian Society* 102(1): 1-19.

Hemsley, D. R. and Garety, P. A. (1986). The formation and maintenance of delusions: a Bayesian analysis. *British Journal of Psychiatry* 149(1): 51-6.

Henderson, D. K.(1939). *Psychopathic States*. New York: W. W. Norton & Co.

Hertwig, R. and Gigerenzer, G.(1999). The conjunction fallacy revisited: how intelligent inferences look like reasoning errors. *Journal of Behavioral Decision Making* 12 (4):

275-305.

Hewitt, J.(2010). Schizophrenia, mental capacity, and rational suicide. *Theoretical Medicine and Bioethics* 31(1): 63-77.

Heyes, C. and Dickinson, A.(1993). The intentionality of animal action. In M. Davies and G. Humphreys(eds), *Consciousness: Psychological and Philosophical Essays*. Oxford: Blackwell, pp. 105-20.

Hirstein, W.(ed.)(2009). *Confabulation: Views from Neuroscience, Psychiatry, Psychology, and Philosophy*. New York: Oxford University Press.

Hoed, C.(2001). On thought insertion. *Philosophy, Psychiatry and Psychology* 8(2-3): 189-200.

Hollis, M.(1982). The social destruction of reality. In M. Hollis and S. Lukes(eds), *Rationality and Relativism*. Oxford: Blackwell, pp. 67-86.

Honey, G. D., Fletcher, P. C. and Bullmore, E. T.(2002). Advances in neuropsychiatry: functional brain mapping of psychopathology. *Journal of Neurology, Neurosurgery & Psychiatry* 72(4): 432-9.

Hood, B.(2012). *The Self Illusion: Why There Is No 'You' Inside Your Head*. London: Constable.

Hume, D.([1748]1978). *A Treatise of Human Nature*, 2nd edn, ed. L. A. Selby-Bigge and P. H. Niditch. Oxford: Clarendon Press.〔『人間本性論』全3巻，木曽好能・石川徹・中釜浩一・伊勢俊彦(訳)，法政大学出版局，2011-2年〕

Hursthouse, R.(1991). Arational actions. *Journal of Philosophy* 88(2): 57-68.

Hutto, D. and Ratcliffe, M.(2007). *Folk Psychology Re-Assessed*. Dordrecht: Springer.

Hutton, R. J. and Klein, G.(1999). Expert decision making. *Systems Engineering* 2(1): 32-45.

Insel, T. and Quirion, R.(2005). Psychiatry as a clinical neuroscience discipline. *Journal of the American Medical Association* 294(17): 2221-4.

Jablensky, A. and Kendell, R. E.(2002). Criteria for assessing a classification in psychiatry. In M. Maj, W. Gaebel, J. Lopez-Ibor, et al.(eds), *Psychiatric Diagnosis and Classification*. Chichester: John Wiley, pp. 1-24.

Jackman, H.(2003). Charity, self-interpretation and belief. *Journal of Philosophical Research* 28: 145-70.

Jackson, F.(1999). Non-cognitivism, normativity, belief. *Ratio* XII(4): 420-35.

James, H.(1996). *The Portrait of a Lady*. Hertfordshire: Wordswarth Editions Limited.〔『ある婦人の肖像』上中下巻，行方昭夫(訳)，岩波文庫，1996年〕

Jarvie, I. C. and Agassi, J.(1967). The problem of the rationality of magic. *British Journal of Sociology* 18(1): 55-74.

Jarvie, J. C. and Agassi, J.(2002). Rationality. In A. Barnard and J. Spencer(eds), *Encyclopedia of Social and Cultural Anthropology*. London: Routledge, pp. 467-70.

Johansson, P., Hall, L., Sikström, S. and Olsson, A.(2005). Failure to detect mismatches between intention and outcome in a simple decision task. *Science* 310(5745): 116-19.

Jones, E.(1999). The phenomenology of abnormal belief: a philosophical and psychiatric inquiry. *Philosophy, Psychiatry, and Psychology* 6(1): 1-16.

Joyce, R.(1995). Early Stoicism and akrasia. *Phronesis* 40(3): 315-35.

Kahneman, D.(2003). Maps of bounded rationality: psychology for behavioral economics. *American Economic Review* 93(5): 1449-75.

Kahneman, D.(2011). *Thinking, Fast and Slow*. New York: Penguin.〔『ファスト＆スロー：あなたの意思はどのように決まるか？』上下巻，村井章子(訳)，ハヤカワ・ノンフィクショ

ン文庫，2014 年〕

Kahneman, D., Slovic, P. and Tversky, A.(eds)(1982). *Judgement under Uncertainty: Heuristics and Biases*. Cambridge: Cambridge University Press.

Kemp, C. H., Silverman, F. N., Steele, B. F., Droegemueller, W. and Silver, H.(1985). The battered-child syndrome. *Child Abuse & Neglect* 9: 143-54.

Kennett, J. and Fine, C.(2009). Will the real moral judgement please stand up? *Ethical Theory and Moral Practice* 12(1): 77-96.

Kennett, J. and Matthews, S.(2002). Identity, control and responsibility: the case of dissociative identity disorder. *Philosophical Psychology* 15(4): 509-26.

Kennett, J. and Matthews, S.(2009). Mental time travel, agency and responsibility. In M. R. Broome and L. Bortolotti (eds), *Psychiatry as Cognitive Neuroscience: Philosophical Perspectives*. Oxford: Oxford University Press, chapter 16, pp. 327-49.

Kenny, A.(1976). Human abilities and dynamic modalities. In J. Manninen and R. Tuomela (eds), *Essays on Explanation and Understanding*. Dordrecht: D. Reidel: 209-32.

Kety, S.(1974). From rationalization to reason. *American Journal of Psychiatry* 131(9): 957-63.

Kincaid, H.(1996). *Philosophical Foundations of the Social Sciences*. Cambridge: Cambridge University Press.

Kitcher, P.(2001). *Science, Truth and Democracy*. New York: Oxford University Press.

Klein, G.(1997). Developing expertise in decision making. *Thinking and Reasoning* 3(4): 337-52.

Klosko, G.(2006). *The Development of Plato's Political Theory*. New York: Oxford University Press.

Knowles, J.(2002). Is folk psychology different? *Erkenntnis* 57(2): 199-230.

Knuuttila, S.(2004). *Emotions in Ancient and Medieval Philosophy*. New York: Oxford University Press.

Kraepelin E.([1919]1971). *Dementia Praecox and Paraphrenia*. Trans. by R. M. Barclay and ed. by G. M. Robertson. New York: Robert E. Krieger.

Kraepelin, E.([1912] 2007). *Clinical Psychiatry: A Textbook for Students and Physicians*. Trans. by A. R. Diefendorf. Whitefish, MT: Kessinger Publishing.〔『クレペリン精神医学』全6巻，西丸四方・西丸甫夫・遠藤みどり・稲浪正充・伊達徹(訳)，みすず書房，1986-94 年〕

Kring, A. M. and Germans, M. K.(2004). Subjective experience of emotion in schizophrenia. In J. H. Jenkins and R. J. Barrett (eds), *Schizophrenia, Culture, and Subjectivity: The Edge of Experience*. New York: Cambridge University Press, pp. 329-48.

Kristjánsson, K.(2007). *Aristotle, Emotions and Education*. Hampshire: Ashgate.

Kühberger, A.(1998). The influence of framing on risky decisions: a meta-analysis. *Organizational Behaviour and Human Decision Processes* 75(1): 23-55.

Kuhl, J. and Beckman, J.(eds)(1985). *Action Control: From Cognitions to Behaviors*. New York: Springer.

Kuhn, T.(1970). *The Structure of Scientific Revolutions*. Chicago: University of Chicago Press.〔『科学革命の構造』，中山茂(訳)，みすず書房，1971 年〕

Kyziridis, T.(2005). Notes on the history of schizophrenia. *German Journal of Psychiatry* 8 (3): 8-42. At:⟨http://www.gjpsy.uni-goettingen.de⟩; accessed October 2013.

Langdon, R. and Coltheart, M.(2000). The cognitive neuropsychology of delusions. *Mind & Language* 15(1): 184-218.

Langer, E. J. (1975). The illusion of control. *Journal of Personality and Social Psychology* 32 (2): 311-28.

Leeser, J. and O'Donohue, W. (1999). What is a delusion? Epistemological dimensions. *Journal of Abnormal Psychology* 108(4): 687-94.

Lehrer, K., Lum, J., Slichta, B. A. and Smith, N. D. (eds) (1996). *Knowledge, Teaching, and Wisdom*. Dordrecht: Kluwer Academic Publishers.

Lennon, K. (1990). *Explaining Human Action*. London: Duckworth.

Levi, I. (1997). *The Covenant of Reason*. Cambridge: Cambridge University Press.

Levin, I. and Gaeth, G. (1988). How consumers are affected by the framing of attribute information before and after consuming the product. *Journal of Consumer Research* 15(3): 374-8.

Levin, I., Schneider, S. and Gaeth, G. (1998). All frames are not created equal: a typology and critical analysis of framing effects. *Organizational Behaviour and Human Decision Processes* 76(2): 149-88.

Levy, N. (2006). The wisdom of the pack. *Philosophical Explorations* 9(1): 99-103.

Levy, N. (2007). *Neuroethics*. Cambridge: Cambridge University Press.

Lewis, D. (1983). Radical interpretation. In *Philosophical Papers*. Oxford: Oxford University Press, vol. I, pp. 108-21.

Li, S. and Xie, X. (2006). A new look at the 'Asian disease' problem: a choice between the best possible outcomes or between the worst possible outcomes? *Thinking & Reasoning* 12(2): 129-43.

Lipowski, Z. (1989). Psychiatry: mindless or brainless, both or neither? *Canadian Journal of Psychiatry* 34(3): 249-54.

Lloyd, G. E. (1979). *Magic, Reason and Experience. Studies in the Origins and Development of Greek Science*. New York: Cambridge University Press.

Locke, J. ([1698]1994). *An Essay Concerning Human Understanding*. New York: Prometheus Books, book 2, chapter 27, §8. 〔『人間知性論』第 2 巻第 27 章八節，大槻春彦（訳），岩波文庫，1974 年〕

Long, A. A. (1986). *Hellenistic Philosophy: Stoics, Epicureans, Skeptics*, 2nd edn. London: Duckworth.

Lukes, S. (1982). Relativism in its place. In M. Hollis and S. Lukes (eds), *Rationality and Relativism*. Oxford: Blackwell, pp. 261-305.

Lyubomirsky, S., Sousa, L. and Dickerhoof, R. (2006). The costs and benefits of writing, talking, and thinking about life's triumphs and defeats. *Journal of Personality and Social Psychology* 90(4): 692-708.

McAdams, D. (1993). *The Stories We Live By: Personal Myths and the Making of the Self*. New York: Guilford Press.

McAdams, D. (2008). Personal narratives and the life story. In O. John, R. Robins and L. Pervin (eds), *Handbook of Personality: Theory and Research*, 3rd edn. New York: Guildford Press, chapter 8, pp. 242-64.

McCarthy, T. (2006). *The Remainder*. Surrey: Alma Books. 〔『もう一度』，栩木玲子（訳），新潮クレスト・ブックス，2014 年〕

McDowell, J. (1985). Functionalism and anomalous monism. In B. McLaughlin and E. Lepore (eds), *Actions and Events*. Oxford and New York: Blackwell, pp. 387-98.

McFarland, D. (2008). *Guilty Robots, Happy Dogs: The Question of Alien Minds*. Oxford: Oxford University Press.

McGeer, V.(2007). The regulative dimension of folk psychology. In D. D. Hutto and M. Ratcliffe(eds), *Folk Psychology Re-Assessed*. Dordrecht: Springer, pp. 137-56.

McGeer, V. and Pettit, P.(2002). The self-regulating mind. *Language and Communication* 22 (3): 281-99.

MacIntyre, A.(1999). *Dependent Rational Animals: Why Human Beings Need the Virtues*. London: Duckworth.〔『依存的な理性的動物：ヒトにはなぜ徳が必要か』，高島和哉(訳)，法政大学出版局，2018 年〕

McKay, R. and Dennett, D. C.(2009). The evolution of misbelief. *Behavioral and Brain Sciences* 32(6): 493-561.

McKay, R., Langdon, R. and Coltheart, M.(2005). 'Sleights of mind': delusions, defences and self-deception. *Cognitive Neuropsychiatry* 10(4): 305-26.

Mackenzie, C.(2012), Emotions, reflection and moral agency. In R. Langdon and C. Mackenzie, *Emotions, Imagination and Moral Reasoning*. New York: Psychology Press, pp. 237-55.

Maher, B. A.(1974). Delusional thinking and perceptual disorder. *Journal of Individual Psychology* 30(1): 98-113.

Maher, B. A.(1999). Anomalous experience in everyday life: its significance for psychopathology. *The Monist* 82(4): 547-70.

Makela, K.(1997). Drinking, the majority fallacy, cognitive dissonance and social pressure. *Addiction* 92(6): 729-36.

Malcolm, N.(1973). Thoughtless brutes. *Proceedings and Addresses of the American Philosophical Association* 46: 5-20.

March, J. and Simon, H.(1993). *Organizations*. Cambridge, MA: Blackwell.〔『オーガニゼーションズ：現代組織論の原典』，高橋伸夫(訳)，ダイヤモンド社，2014 年〕

Marcus, G. B.(1986). Stability and change in political attitudes: observe, recall, and 'explain'. *Political Behavior* 8: 21-44.

Martin, J. B.(2002). The integration of neurology, psychiatry, and neuroscience in the 21st century. *American Journal of Psychiatry* 159(5): 695-704.

Måseide, H.(2012). The battle about Breivik's mind. *The Lancet* 379(9835): 2413.

Matheson, D.(2006). Bounded rationality and the Enlightenment picture of cognitive virtue. In R. J. Stainton (ed.), *Contemporary Debates in Cognitive Science*. Maiden: Blackwell, chapter 8, pp. 134-43.

Matsuzawa, T.(1996). Chimpanzee intelligence in nature and captivity. In W. McGrew, T. Nishida and L. Marchant(eds), *Great Ape Societies*. Cambridge: Cambridge University Press, pp. 196-209.

Matthews, G., Deary, I. J. and Whiteman, M. C.(2003). *Personality Traits*. New York: Cambridge University Press.

Maxwell, N.(1992). What kind of inquiry can help us create a good world? *Science, Technology and Human Values* 17(2): 205-27.

Maxwell, N.(2007). *From Knowledge to Wisdom: A Revolution for Science and the Humanities*, 2nd edn. London: Pentire Press.

Mayberg, H.(2012). Does neuroscience give us new insights into criminal responsibility? In A. Mansfield(ed.), *A Judge's Guide to Neuroscience: A Concise Introduction*. University of California Santa Barbara, pp. 37-41.

Meacham, J.(1990). The loss of wisdom. In R. Sternberg(ed.), *Wisdom: Its Nature, Origins, and Development*. New York: Cambridge University Press, chapter 9, pp. 181-211.

Megone, C. (1998). Aristotle's function argument and the concept of mental illness. *Philosophy, Psychiatry, & Psychology* 5(3): 187-201.

Mele, A. (1987). *Irrationality: An Essay on Akrasia, Self-deception and Self-control*. New York and Oxford: Oxford University Press.

Mele, A. (1992). Acting for reasons and acting intentionally. *Pacific Philosophical Quarterly* 73(4): 355-74.

Mele, A. (2012). *Backsliding*. Oxford: Oxford University Press.

Melle, I. (2013). The Breivik case and what psychiatrists can learn from it. *World Psychiatry* 12(1): 16-21.

Miller, D. T. and Ross, M. (1975). Self-serving biases in the attribution of causality: fact or fiction? *Psychological Bulletin* 82(2): 213-25.

Moore, M. S. (1975). Some myths about 'mental illness'. *Archives of General Psychiatry* 32 (12): 1483-97.

Morel, B. A. (1890). *Traite des maladies mentales*. Paris: Masson.

Murphy, D. (2006). *Psychiatry in the Scientific Image*. Cambridge, MA: MIT Press.

Nee, C. and Meenaghan, A. (2006). Expert decision making in burglars. *British Journal of Criminology* 46: 935-49.

Neisser, U. and Fivush, R. (eds) (1994). *The Remembering Self: Construction and Accuracy in the Self-Narrative*. Cambridge: Cambridge University Press.

Newton-Smith, W. (1980). Is science rational? *Social Science Information* 19(3): 469-99.

Newton-Smith, W. H. (1981). *The Rationality of Science*. London: Routledge & Kegan Paul.

Nisbett, R. E. and Ross, L. (1980). *Human Inference: Strategies and Shortcomings in Social Judgement*. Englewood Cliffs: Prentice Hall.

Nisbett, R. E. and Thagard, P. (1983). Rationality and charity. *Philosophy of Science* 50 (2): 250-67.

Nisbett, R. E. and Wilson, T. D. (1977). Telling more than we can know: verbal reports on mental processes. *Psychological Review* 84(3): 231-59.

Nottelmann, N. (ed.) (2013). *New Essays on Belief: Constitution, Content and Structure*. Basingstoke: Palgrave Macmillan.

Nozick, R. (1993). *The Nature of Rationality*. Princeton: Princeton University Press.

Nussbaum, M. C. (1986). *The Fragility of Goodness: Luck and Ethics in Greek Tragedy and Philosophy*. New York: Cambridge University Press.

Nussbaum, M. C. (1990). The discernment of perception: an Aristotelian conception of private and public rationality. In *Love's Knowledge: Essays on Philosophy and Literature*. New York: Oxford University Press, pp. 95-105.

Nussbaum, M. C. (2001). *Upheavals of Thought: The Intelligence of Emotions*. New York: Cambridge University Press.

Oaksford, M. and Chater, N. (1998). *Rationality in an Uncertain World: Essays on the Cognitive Science of Human Reasoning*. Hove: Psychology Press.

Osbeck, L. and Robinson, D. (2005). Philosophical theories of wisdom. In R. Sternberg and J. Jordan (eds), *A Handbook of Wisdom: Psychological Perspectives*. Cambridge: Cambridge University Press, pp. 61-83.

Payne, R. (1992). My schizophrenia. *Schizophrenia Bulletin* 18(4): 725-8.

Pears, D. (1984). *Motivated Irrationality*. Oxford: Clarendon Press.

Pennebaker, J. and Seagal, J. (1999). Forming a story: the health benefits of a narrative. *Journal of Clinical Psychology* 55(10): 1243-54.

Fersaud, R. and Spaaij, R. (2012). Inside the Mind of Anders Breivik. Huffington Post blog. At: ⟨http://www.huffingtonpost.co.uk/drraj-persaud/anders-breivik-psychology-inside-the-mind-of-anders_b_1419343.html⟩; accessed October 2013.

Pettit, P. (1993). *The Common Mind*. Oxford: Oxford University Press.

Pettit, P. (1996). Practical belief and philosophical theory. *Australasian Journal of Philosophy* 76(1): 15–33.

Pettit, P. and Smith, M. (1993). Practical unreason. *Mind* 102(405): 53–79.

Pfister, H. R. and Böhm, G. (2008). The multiplicity of emotions: a framework of emotional functions in decision making. *Judgment and Decision Making* 3(1): 5–17, 101.

Phillips, M. L. and David, A. S. (1997). Visual scan paths are abnormal in deluded schizophrenic. *Neuropsychologia* 35(1): 99–105.

Pickard, H. (2009). Mental illness is indeed a myth. In M. R. Broome and L. Bortolotti (eds), *Psychiatry as Cognitive Science: Philosophical Perspectives*. Oxford: Oxford University Press, pp. 83–102.

Pickard, H. (2011). Responsibility without blame: empathy and the effective treatment of personality disorder. *Philosophy, Psychiatry & Psychology* 18(3): 211–23.

Pinel, P. ([1801] 1806). *A Treatise on Insanity: In which are Contained the Principles of a New and More Practical Nosology of Maniacal Disorders Than Has Yet Been Offered to the Public*. Trans. D. Davis. London: W. Todd.

Pirandello, L. ([1904] 1993). *Il fu Mattia Pascal*, Garzanti. Trans. W. Weaver, as *The Late Mattia Pascal*. New York: New York Review Books, 2004.〔『二度死んだ男：故マッティーヤ・パスカル』，岩崎純孝(訳)，本の友社，2001 年〕

Pirandello, L. ([1926] 1992). *One, No One and One Hundred Thousand*. Trans. W. Weaver. Venice: Marsilio.〔『ひとりは誰でもなく，また十万人』，脇功(訳)，河出書房新社，1972 年〕

Plato (1999). *Phaedo*. Trans. D. Gallop. Oxford: Oxford University Press.〔『パイドン』，『饗宴／パイドン』所収，朴一功(訳)，京都大学学術出版会，2007 年〕

Plato (2004). *Protagoras and Meno*. Trans. R. Bartlett. Ithaca, NY: Cornell University Press.〔『プロタゴラス：ソフィストたち』，藤沢令夫(訳)，岩波文庫，1988 年；『メノン』，藤沢令夫(訳)，岩波文庫，1994 年〕

Plato (2007). *The Republic*. Trans. D. Lee with introduction by M. Lane. New York: Penguin.〔『国家』上下巻，藤沢令夫(訳)，岩波文庫，1979 年〕

Povinelli, D. J., Nelson, K. E. and Boysen, S. T. (1990). Inferences about guessing and knowing by chimpanzees. *Journal of Comparative Psychology* 104(3): 203–10.

Prichard, J. C. ([1835] 1973). *A Treatise on Insanity and Other Disorders Affecting the Mind*. New York: Arno Press.

Quattrone, G. and Tversky, A. (1984). Causal versus diagnostic contingencies: on self-deception and on the voter's illusion. *Journal of Personality and Social Psychology* 46(2): 237–48.

Quine, W. V. O. (1960). *Word and Object*. Cambridge, MA: MIT Press.〔『ことばと対象』，大出晁・宮館恵(訳)，勁草書房，1984 年〕

Radden, J. (1985). *Madness and Reason*. London: George Allen and Unwin.

Radden, J. (2010). *On Delusion*. Oxford and New York: Routledge.

Ramachandran, V. S. and Blakeslee, S. (1998). *Phantoms in the Brain*. New York: Morrow and Co.〔『脳のなかの幽霊』，山下篤子(訳)，角川文庫，2011 年〕

Rankin, K. P., Baldwin, E., Pace-Savitsky, C., Kramer, J. H. and Miller, B. L. (2005). Self awareness and personality change in dementia. *Journal of Neurology, Neurosurgery & Psychiatry* 76(5): 632-9.

Reid, I., Young, A. W. and Hellawell, D. J.(1993). Voice recognition impairment in a blind Capgras patient. *Behavioural Neurology* 6(4): 225-8.

Reimer, M.(2010). Only a philosopher or a madman: impractical delusions in philosophy and psychiatry. *Philosophy, Psychiatry & Psychology* 17(4): 315-28.

Rescher, N. and Brandom, R.(1979). *The Logic of Inconsistency*. Oxford: Blackwell.

Reynolds, C., Lewis, D., Detre, T., Schatzberg, A. and Kupfer, D. (2009). The future of psychiatry as clinical neuroscience. *Academic Medicine* 84(4): 446-50.

Richardson, R. C.(1998). Heuristics and satisficing. In W. Bechtel and G. Graham (eds), *A Companion to Cognitive Science*. Maiden: Blackwell, chapter 44, pp. 566-75.

Rips, L. J.(1994). *The Psychology of Proof: Deductive Reasoning in Human Thinking*. Cambridge, MA: MIT Press.

Roe, D. and Davidson, L.(2005). Self and narrative in schizophrenia: time to author a new story. *Medical Humanities* 31(2): 89-94.

Rogers, L.(1997). *Minds of Their Own*. Boulder: Westview.〔『意識する動物たち：判断するオウム，自覚するサル』，長野敬・赤松眞紀(訳)，青土社，1999 年〕

Rosenthal, D.(1993). Thinking that one thinks. In M. Davies and G. Humphreys(eds), *Consciousness: Psychological and Philosophical Essays*. Oxford: Blackwell, pp. 196-223.

Roser, M. and Gazzaniga, M.(2004). Automatic brains-interpretive minds. *Current Directions in Psychological Science* 13(2): 56-9.

Rowlands, M.(2002). *Animals Like Us*. London: Verso.

Rust, J.(1990). Delusions, irrationality and cognitive science. *Philosophical Psychology* 3(1): 123-37.

Ryan, R. and Deci, E.(2000). Self-determination theory and the facilitation of intrinsic motivation, social development, and well-being. *American Psychologist* 55: 68-78.

Sacks, O.(1985). *The Man Who Mistook His Wife for a Hat*. London: Picador.〔『妻を帽子とまちがえた男』，高見幸郎・金沢泰子(訳)，ハヤカワ・ノンフィクション文庫，2009 年〕

Samuels, R., Stich, S. and Bishop, M.(2002). Ending the rationality wars: how to make disputes about human rationality disappear. In R. Elio (ed.), *Common Sense, Reasoning, and Rationality*. Oxford: Oxford University Press, pp. 236-68.

Sarin, R. K.(1992). What now for generalized utility theory? In W. Edwards(ed.), *Utility Theories: Measurements and Applications*. Boston: Kluwer, pp. 135-63.

Sass, L. A.(1994). *The Paradoxes of Delusion*. Ithaca and London: Cornell University Press.

Sass, L. A.(2001). Self and world in schizophrenia: three classic approaches. *Philosophy, Psychiatry, and Psychology* 8(4): 251-70.

Schacter, D. L.(1999). The seven sins of memory: insights from psychology and cognitive neuroscience. *American Psychologist* 54(3): 182-203.

Schacter, D. L.(2001). *The Seven Sins of Memory: How the Mind Forgets and Remembers*. New York, NY: Houghton Mifflin.〔『なぜ、「あれ」が思い出せなくなるのか：記憶と脳の7つの謎』，春日井晶子(訳)，日経ビジネス人文庫，2004 年〕

Schacter, D. L.(2012). Constructive memory: past and future. *Dialogues in Clinical Neuroscience* 14(1): 7-18.

Schacter, D. L. and Addis, D. R.(2007). The optimistic brain. *Nature Neuroscience* 10(11): 1345-7.

Schacter, D. L., Guerin, S. A. and St. Jacques, P. L.(2011). Memory distortion: an adaptive perspective. *Trends in Cognitive Sciences* 15(10): 467-74.

Scharfe, E. and Bartholomew, K.(1998). Do you remember? Recollections of adult attachment patterns. *Personal Relationships* 5(2): 219-34.

Schechtman, M.(1994). The same and the same: two views of psychological continuity. *American Philosophical Quarterly* 31(3): 199-212.

Schechtman, M.(2004). Self-expression and self-control. *Ratio* 17(4): 409-27.

Scherer, K.(1985). Emotions can be rational. *Social Science Information* 24(2): 331-5.

Schields, C.(2003). Aristotle's psychology. In E. Zalta (ed.), *The Stanford Encyclopedia of Philosophy*. At:⟨http://plato.stanford.edu/entries/aristotle-psychology⟩; accessed October 2013.

Schmid, W. T.(1998). *Plato's Charmides and the Socratic Ideal of Rationality*. New York: State University of New York Press.

Schneider, K.([1923]1958). *Psychopathic Personalities*. Trans. M. W. Hamilton. London: Cassell.〔『精神病質人格』，懸田克躬・鰭崎轍(訳)，みすず書房，1954 年〕

Schön, D.(1987). *Educating the Reflective Practitioner*. San Francisco: Jossey-Bass.

Schrag, C. O.(1992). *The Resources of Rationality: A Response to the Postmodern Challenge*. Indiana: University of Indiana Press.

Schwitzgebel, E.(2012). Mad belief? *Neuroethics* 5(1): 13-17.

Searle, J.(1979). What is an intentional state? *Mind* 88(348): 74-92.

Searle, J.(1984). *Intentionality: An Essay in the Philosophy of Mind*. New York: Cambridge University Press.〔『志向性：心の哲学』，坂本百大(監訳)，誠信書房，1997 年〕

Searle, J.(2003). *Rationality in Action*. Cambridge, MA: MIT Press.〔『行為と合理性』，塩野直之(訳)，勁草書房，2008 年〕

Sedgwick, P.(1973). Illness: mental and otherwise. *Hastings Center Studies* 1(3): 19-40.

Segal, G.(1996). The modularity of theory of mind. In P. Carruthers and P. K. Smith(eds), *Theories of Theories of Mind*. Cambridge: Cambridge University Press, pp. 141-57.

Seligman, C., Fazio, R. H. and Zanna, M. P.(1980). Effects of salience of extrinsic rewards on liking and loving. *Journal of Personality and Social Psychology* 38: 453-60.

Sharpe, R. A.(1987). The very idea of folk psychology. *Inquiry* 30(4): 381-93.

Siddle, R., Haddock, G., Tarrier, N. and Faragher, E. B.(2002). Religious delusions in patients admitted to hospital with schizophrenia. *Social Psychiatry and Psychiatric Epidemiology* 37(3): 130-8.

Silva, J. A., Leong, G. B., Weinstock, R., Sharma, K. K. and Klein, R.(1994). Delusional misidentification syndromes and dangerousness. *Psychopathology* 27(3-5): 215-19.

Simon, H.(1957). *Models of Man*. New York: Wiley.〔『人間行動のモデル』，宮沢光一(監訳)，同文舘出版，1970 年〕

Simon, H.(1982). *Models of Bounded Rationality*. Cambridge, MA: MIT Press.

Sloman, S. A.(2002). Two systems of reasoning. In T. Gilovich, D. Griffin and D. Kahneman (eds), *Heuristics and Biases: The Psychology of Intuitive Judgment*. Cambridge: Cambridge University Press, pp. 379-98.

Smith, N. V.(1999). *Chomsky. Ideas and Ideals*. Cambridge: Cambridge University Press.

Sorabji, R.(2000). *Emotion and Peace of Mind*. Oxford: Oxford University Press.

Sorabji, R.(2002). The denial of rationality. In M. Frede and G. Striker (eds), *Rationality in Greek Thought*. Oxford: Oxford University Press, pp. 311-34.

Sperber, D.(1990). The epidemiology of beliefs. In C. Fraser and G. Gaskell(eds), *The Social Psychological Study of Widespread Beliefs*. Oxford: Clarendon Press, pp. 25-44.

Sperber, D. (1996). *Explaining Culture*. Oxford: Blackwell. 〔『表象は感染する：文化への自然主義的アプローチ』，菅野盾樹（訳），新曜社，2001 年〕

Sperber, D. (1997). Intuitive and reflective beliefs. *Mind & Language* 12 (1): 67-83.

Stalmeier, P. F. M., Wakker, P. P. and Bezembinder, T. G. G. (1997). Preference reversals: violations of unidimensional procedure invariance. *Journal of Experimental Psychology, Human Perception and Performance* 23 (4): 1196-1205.

Stalnaker, R. (1984). *Inquiry*. Cambridge, MA: MIT Press.

Stanovich, K. E. (1999). *Who is Rational? Studies of Individual Differences in Reasoning*. Mahwah: Erlbaum Associates.

Stanovich, K. E. (2001). The rationality of educating for wisdom. *Educational Psychologist* 36 (4): 247-51.

Stanovich, K. E. (2009). *What Intelligence Tests Miss*. New Haven and London: Yale University Press.

Stanovich, K. E. and West, R. F. (2000). Individual differences in reasoning: implications for the rationality debate. *Behavioral & Brain Sciences* 23 (5): 645-65.

Stanton, B. and David, A. S. (2000). First-person accounts of delusions. *Psychiatric Bulletin* 24 (9): 333-6.

Stefanidis, E. (2006). Personal account: being rational. *Schizophrenia Bulletin* 32 (3): 422-3.

Stein, E. (1996). *Without Good Reason*. New York: Oxford University Press.

Stein, E. (2006). *Without Good Reason: The Rationality Debate in Philosophy and Cognitive Science*. Oxford: Clarendon Press.

Sterelny, K. (2000). Primate worlds. In C. Heyes and L. Huber (eds), *The Evolution of Cognition*. Cambridge, MA: MIT Press, pp. 143-63.

Sternberg, R. J. (1985). Implicit theories of intelligence, creativity and wisdom. *Journal of Personality and Social Psychology* 49 (3): 607-27.

Sternberg, R. J. (ed.) (1990). *Wisdom: Its Nature, Origins, and Development*. New York: Cambridge University Press.

Sternberg, R. J. and Jordan, J. (eds) (2005). *A Handbook of Wisdom: Psychological Perspectives*. New York: Cambridge University Press.

Sternberg, R. J. and Lubart, T. (2001). Wisdom and creativity. In E. Birren and K. Shale (eds), *Handbook of the Psychology of Aging*. New York: Academic Press, pp. 500-22.

Stich, S. (1981). Dennett on intentional systems. *Philosophical Topics* 12 (1): 39-62.

Stich, S. (1990). *The Fragmentation of Reason: Preface to a Pragmatic Theory of Cognitive Evaluation*. Cambridge, MA: MIT Press. 〔『断片化する理性：認識論的プラグマティズム』，薄井尚樹（訳），勁草書房，2006 年〕

Still, A. and Dryden, W. (1999). The place of rationality in Stoicism and REBT. *Journal of Rational-Emotive & Cognitive-Behavioral Therapy* 17 (3): 143-64.

Stone, T. and Davies, M. (1993). Cognitive neuropsychology and the philosophy of mind. *British Journal of Philosophy of Science* 44 (4): 589-622.

Stone, T. and Young, A. (1997). Delusions and brain injury: the philosophy and psychology of belief. *Mind & Language* 12 (3-4): 327-64.

Suddendorf, T., Addis, D. and Corballis, M. (2009). Mental time travel and the shaping of the human mind. *Philosophical Transactions of the Royal Society* (*Biological Sciences*) 364: 1317-24.

Sutherland, R. (1994). *Irrationality: The Enemy Within*. London: Penguin. 〔『不合理：誰もがまぬがれない思考の罠 100』，伊藤和子・杉浦茂樹（訳），阪急コミュニケーションズ，2013

年〕

Sutton, J., McIlwain, D., Christensen, W. and Geeves, A. (2011). Applying intelligence to the reflexes: embodied skills and habits between Dreyfus and Descartes. *Journal of the British Society for Phenomenology* 42(1): 78-103.

Sweeny, K., Carroll, P. J. and Shepperd, J. A. (2006). Is optimism always best? Future outlooks and preparedness. *Current Directions in Psychological Science* 15(6): 302-6.

Szasz, T. (1997). *Insanity: The Idea and Its Consequences*. New York: Syracuse University Press.

Szasz, T. (2001). Mental illness: psychiatry's phlogiston. *Journal of Medical Ethics* 27 (5): 297-301.

Szostak, R. (2004). *Classifying Science: Phenomena, Data, Theory, Method, Practice*. Dordrecht: Springer.

Takahashi, M. and Overton, W. F. (2005). Cultural foundations of wisdom. In R. J. Sternberg and J. Jordan (eds), *A Handbook of Wisdom: Psychological Perspectives*. New York: Cambridge University Press, pp. 32-60.

Tambiah, S. J. (1990). *Magic, Science, and the Scope of Rationality*. New York: Cambridge University Press.〔『呪術・科学・宗教：人類学における「普遍」と「相対」』，多和田裕司（訳），思文閣出版，1996 年〕

Taranto, M. A. (1989). Facets of wisdom: a theoretical synthesis. *International Journal of Aging and Human Development* 29(1): 1-21.

Tavris, C. and Aronson, E. (2008). *Mistakes were Made (but Not by Me). Why We Justify Foolish Beliefs, Bad Decisions and Hurtful Acts*. Orlando, FL: Harcourt.〔『なぜあの人はあやまちを認めないのか：言い訳と自己正当化の心理学』，戸根由紀恵（訳），河出書房新社，2009 年〕

Taylor, C. (2003). Plato on rationality and happiness. In J. Yu and J. E. Garcia (eds), *Rationality and Happiness: From the Ancient Greeks to the Early Medievals*. Rochester, NJ: University of Rochester Press, pp. 35-50.

Taylor, M. A. (1999). *The Fundamentals of Clinical Neuropsychiatry*. Oxford: Oxford University Press.

Taylor, S. E. (1989). *Positive Illusions: Creative Self-deception and the Healthy Mind*. New York: Basic Books.

Taylor, S. E. and Brown, J. D. (1988). Illusion and well-being: a social psychological perspective on mental health. *Psychological Bulletin* 103(2): 193-210.

Taylor, S. E. and Brown, J. (1994). Positive illusions and well-being revisited: separating fact from fiction. *Psychological Bulletin* 116(1): 21-7.

Taylor, S. E., Kemeny, M. E., Aspinwall, L. G., Schneider, S. G., Rodriguez, R. and Herbert, M. (1992). Optimism, coping, psychological distress, and high-risk sexual behavior among men at risk for acquired immunodeficiency syndrome (AIDS). *Journal of Personality and Social Psychology* 63(3): 460-73.

Taylor, S. E., Lerner, J. S., Sherman, D. K., Sage, R. M. and McDowell, N. K. (2003). Are self-enhancing cognitions associated with healthy or unhealthy biological profiles? *Journal of Personality and Social Psychology* 85: 605-15.

Thagard, P. and Barnes, A. (1996). Emotional decisions. *Proceedings of the Eighteenth Annual Conference of Cognitive Science Society*. Hillsdale, NJ: Erlbaum, pp. 426-9.

Thomas, L. (1983). *Late Night Thoughts on Listening to Mahler's Ninth Symphony*. New York: Bantam Books.〔『科学者の夜想』，沢田整（訳），地人書館，1986 年〕

Thorndike, R. K. (1920). Intelligence and its uses. *Harper's Magazine* 140: 227-335.

Tiberius, V. (2008). *The Reflective Life: Living Wisely with Our Limits*. Oxford: Oxford University Press.

Tirole, J. (2002). Rational irrationality: some economics of self-management *European Economic Review* 46: 633-55.

Tolman, E. C. (1932). *Purposive Behavior in Animals and Men*. New York: Appleton-Century. 〔『新行動主義心理学：動物と人間における目的的行動』，富田達彦（訳），清水弘文堂，1977年〕

Tomasello, M. (1999). *The Cultural Origins of Human Cognition*. Cambridge, MA: Harvard University Press.〔『心とことばの起源を探る』，大堀壽夫・中澤恒子・西村義樹・本多啓（訳），勁草書房，2006年〕

Tomasello, M. (2000). Two hypotheses about primate cognition. In C. Heyes and L. Huber (eds), *The Evolution of Cognition*. Cambridge, MA: MIT Press, pp. 165-83.

Trigg, R. (1993). *Rationality & Science: Can Science Explain Everything?* Oxford: Blackwell.

Trufetter, G. (2012). *Conflicting Assessments: New Report Finds Breivik Sane Ahead of Trial*. Spiegel Online. Available at:〈http://www.spiegel.de/international/europe/second-expert-report-deems-breivik-sane-for-trial-a-826673.html〉; accessed October 2013.

Tumulty, M. (2012). Delusions and not-quite-beliefs. *Neuroethics* 5(1): 29-37.

Turnbull, O. H., Jenkins, S. and Rowley, M. L. (2004). The pleasantness of false beliefs: an emotion-based account of confabulation. *Neuropsychoanalysis* 6: 5-16.

Tversky, A. and Kahneman, D. (1974). Judgement under uncertainty: heuristics and biases. *Science* 185(4157): 1124-31.〔「不確実性下における判断：ヒューリスティクスとバイアス」，『ファスト＆スロー：あなたの意思はどのように決まるか？』下巻所収，村井章子（訳），ハヤカワ・ノンフィクション文庫，2014年〕

Tversky, A. and Kahneman, D. (1981). The framing of decisions and the psychology of choice. *Science* 211(4480): 453-8.

Tversky, A. and Kahneman, D. (1983). Extensional versus intuitive reasoning: the conjunction fallacy in probability judgment. *Psychological Review* 90(4): 293-315.

Tversky, A. and Kahneman, D. (2000). Rational choice and the framing of decisions. In D. Kahneman and A. Tversky (eds), *Choices, Values, and Frames*. New York: Cambridge University Press, pp. 209-23.

Tversky, A. and Thaler, R. (1990). Anomalies. Preference reversals. *Journal of Economic Perspectives* 4(2): 201-11.

Ustinova, Y. (2009). *Caves and the Ancient Greek Mind: Descending Underground in the Search for the Ultimate Truth*. New York: Oxford University Press.

Valdesolo, P. and DeSteno, D. (2008). The duality of virtue: deconstructing the moral hypocrite. *Journal of Experimental Social Psychology* 44(5): 1334-8.

Velleman, D. (2006). *Self to Self*. New York: Cambridge University Press.

von Hippel, W. and Trivers, R. (2011). The evolution and psychology of self-deception. *Behavioral Brain Sciences* 34(1): 1-16.

Von Soden, W. (1985). *The Ancient Orient: An Introduction to the Study of the Ancient Near East*. Trans. D. G. Schley. Grand Rapids, MI: William B. Eerdmans Publishing Company, chapter 11, pp. 145-72.

Wakefield, J. C. (1992). The concept of mental disorder. *American Psychologist* 47(3): 373-88.

Wallace, R. J. (2009). Practical reason. In E. N. Zalta (ed.), *The Stanford Encyclopedia of Philosophy*. At:〈http://plato.stanford.edu/archives/sum2009/entries/practical-reason/〉; accessed 16 February 2010.

Wason, P. C. (1966). Reasoning. In B. M. Foss (ed.), *New Horizons in Psychology*, vol. 1. Harmondsworth: Penguin, pp. 135-51.

Wason, P. C. and Johnson-Laird, P. N. (1972). *Psychology of Reasoning: Structure and Content*. Cambridge, MA: Harvard University Press.

Wason, P. C. and Shapiro, D. (1971). Natural and contrived experience in a reasoning problem. *Quarterly Journal of Experimental Psychology* 23: 63-71.

Watanabe, S., Blaisdell, A. P., Huber, L. and Young, A. (eds) (2009). *Rational Animals, Irrational Humans*. Tokyo: Keio University Press.

Weiner, N. O. (1993). *The Harmony of the Soul: Mental Health and Moral Virtue Reconsidered*. New York: SUNY Press.

Wellman, H. and Phillips, A. (2001). Developing intentional understandings. In B. Malle, L. Moses and D. Baldwin (eds), *Intentions and Intentionality*. Cambridge, MA: MIT Press, pp. 125-48.

Wenger, A. and Fowers, B. (2008). Positive illusions in parenting: every child is above average. *Journal of Applied Social Psychology* 38(3): 611-34.

Wessely, S. (2012). Anders Breivik, the public, and psychiatry. *The Lancet* 379(9826): 1563-4.

Wheeler, M. (2005). *Reconstructing the Cognitive World: The Next Step*. Cambridge, MA: MIT Press.

Wicker, A. (1969). Attitudes versus actions: the relationship of verbal and overt behavioral responses to attitude objects. *Journal of Social Issues* XXV(4): 41-78.

Wilkes, K. V. (1984). Pragmatics in science and theory in common sense. *Inquiry* 27(1-4): 339-62.

Wilkes, K. V. (1997). Talking to cats, rats and bats. In J. Preston (ed.), *Thought and Language*. Cambridge: Cambridge University Press, pp. 177-98.

Williams, L. (1998). Personal accounts: a 'classic' case of borderline personality disorder. *Psychiatric Services* 49(2). At: ⟨http://ps.psychiatryonline.org/article.aspx?articleID=810 24⟩; accessed October 2013.

Williamson, T. (2000). *Knowledge and its Limits*. Oxford and New York: Oxford University Press.

Wilson, T. (2002). *Strangers to Ourselves: Discovering the Adaptive Unconscious*. Cambridge, MA: Harvard University Press.[『自分を知り，自分を変える：適応的無意識の心理学』，村田光二(監訳)，新曜社，2005 年]

Wilson, T. (2013). *Redirect: Changing the Stories We Live By*. New York: Penguin.

Wilson, T. and Dunn, E. (2004). Self-knowledge: its limits, value, and potential for improvement. *Annual Review of Psychology* 55(1): 493-518.

Wilson, T. and Hodges, S. (1993). Effects of analyzing reasons on attitude change: the moderating role of attitude accessibility. *Social Cognition* 11(4): 353-66.

Wilson, T. and Kraft, D. (1993). Why do I love thee? Effects of repeated introspections about a dating relationship on attitudes toward the relationship. *Personality and Social Psychology Bulletin* 19(4): 409-18.

Wilson, T. and Schooler, J. (1991). Thinking too much: introspection can reduce the quality of preferences and decisions. *Journal of Personality and Social Psychology* 60(2): 181-92.

Wilson, T., Dunn, D., Bybee, J., Hyman, D. and Rotondo, J. (1984). Effects of analyzing reasons on attitude-behavior consistency. *Journal of Personality and Social Psychology*

47(1): 5-16.

Wilson, T., Hodges, S. and LaFleur, S. (1995). Effects of introspecting about reasons: inferring attitudes from accessible thoughts. *Journal of Personality and Social Psychology* 69(1): 16-28.

Wittgenstein, L. (1969). *On Certainty*. Oxford: Blackwell. 〔『確実性の問題』,『ウィトゲンシュタイン全集』第9巻所収,黒田亘(訳),大修館書店,1975年〕

World Health Organization (2007). *International Statistical Classification of Diseases and Related Health Problems 10th Revision* (ICD-10), Section F—Mental and Behavioural Disorders. 〔『疾病,傷害及び死因の統計分類提要:ICD-10(2013年版)準拠』第5章:精神及び行動の障害(F00-F99),厚生労働省大臣官房統計情報部(編),厚生労働統計協会,2016年〕

Worley, S. (1997). Belief and consciousness. *Philosophical Psychology* 10(1): 41-56.

Young, A. W. (2000). Wondrous strange: the neuropsychology of abnormal beliefs. *Mind & Language* 15(1): 47-73.

日本語参考文献

　本書では章ごとに充実した文献案内が付属しており，そこで紹介されている文献には邦訳が存在するものも少なくない（邦訳の情報は参考文献表に記載してあるので，適宜参照されたい）．ここでは各章の内容と関連の深い，日本人著者の手になる文献を各章1冊ずつに絞って紹介しておく．

1)　金杉武司，『解釈主義の心の哲学——合理性の観点から』，勁草書房，2014 年.
　デイヴィドソンやデネットの議論を参照しつつ，解釈主義の立場を明確化し擁護する．本書の第 1 章で徹底した批判の対象となる解釈主義だが，そもそもなぜ解釈主義は批判する価値があるほどに魅力的な理論なのか，他にどのような競合理論が存在するのかといった解説は本書にはあまりないので，そうした情報を求める読者に.

2)　石原孝二，『精神障害を哲学する——分類から対話へ』，東京大学出版会，2018 年.
　心の病と哲学の歴史的関係を概観しつつ，精神医学がいかにして成立したか，その後どのような問題に行き当たってきたかを丹念に紐解き，これからの精神医学は心の病の客観的分類に腐心するよりも，患者との対話を優先したアプローチへ転換するとの見通しを論じる．本書第 2 章を読んで，より深く精神医学の哲学を学びたいと感じたなら.

3)　信原幸弘，『情動の哲学入門——価値・道徳・生きる意味』，勁草書房，2017 年.
　本書第 3 章のテーマである人間の生における情動の位置づけについて，多様な視点から哲学的に論じる．情動を肯定的にとらえて主役に据えつつ，理性の役割も軽視しないというスタンスは本書と近いものだが，扱われるトピックはいっそう幅広い．現代哲学で，情動についてどのような議論が存在するかを概観してみたい読者に.

4)　伊勢田哲治，『疑似科学と科学の哲学』，名古屋大学出版会，2003 年.
　科学と疑似科学をいかに線引きするかという問題をテーマに据え，科学の本性を掘り下げる．クーンやファイヤアーベントの議論，科学合理主義の是非といった本書第 4 章で登場した話題が扱われており，疑似科学とのからみで人の非合理な信念についても考察される．第 4 章の議論に関心をもった読者が次に読む 1 冊として.

.

解　説

非合理性と合理性の伸縮

●

一ノ瀬正樹

近代的人間観のお作法

「自分」のことは「自分」で決める．他人に指図されたり，決まったルート
を進むのではなく，「自分」で選ぶ．むしろ，そうする権利がある．高校卒業
後，どういう進路に進むか．「自分」で決めるべきだし，決めることができる．
こうした「自分」の位置づけは，近代社会の基本常識であろう．近代以降，私
たち人間は，一人一人自立し独立の（independent）存在であり，自分のことを
自分で制御し律することのできる自由で自律的（autonomous）な存在者であり，
そういう者として人権（human rights）を保有し，責任（responsibility）を担える
「人格」（person）であると，そう捉えられてきた．「個人」（individual）という概念
が，こうした捉え方に対応していると表現してもよいだろう．

　むろん，私たちの日常で，自分は自律した人格であり，自立した個人なのだ，
などと大げさに意識することはあまりない．けれども，先に触れた高校卒業後
の進路だとか，成人した後に結婚を決めるときとか，職業を選択するときとか，
人生の節目に際しては，自分で決めることができるし，自分で決めるしかない，
という事態が露わとなる．親などに助言を請うことはあっても，最終決定権は
自分にある．実際，親の希望と自分の思惑が違っていたとき，親は子どもを強
制することはできない．子どもには彼・彼女自身の人権があるのだ．もちろん，
同時に，自分で選び決断する以上，その結末を引き受ける責任も自分が担うわ
けである．おそらく，実は同じような構造は，もっと卑近なところでも潜在的
には成り立っているように思われる．メニューから食事を選ぶとき，買い物を
するとき，どの映画を見るか決めるとき，などなど．予算や時間の制限など，
もろもろの制約はあるにしても，自分で好きなものを選ぶ．他人が強制するこ
とはできないのである．

　こうした自分の捉え方と，日常的・社会的事実として通用しているそのあり

189

方は，犯罪と刑罰の場で非常に顕著な仕方で表面化する．この点を跡づけるには，犯罪的行為をしたのに，そもそも刑罰が科せられないのは，どういう場合か，というのを思い起こすとよい．それは，刑法39条に明示されている．曰く「心神喪失者の行為は，罰しない．心神耗弱者の行為は，その刑を減軽する」．精神喪失者や精神耗弱者，すなわち，病のゆえに残念ながら何が正しいことかが判別しがたくなってしまったり（弁識能力の減衰），自分のことを律することがし難い状態になったり（制御能力の減衰）している方々については，かりに触法行為に及んだとしても，責任能力が十全には認められず，罪に問えない，あるいは罪を軽減する，ということである（内藤1991: 791）．こうした捉え方の根底にある考え方を逆の角度から言い直してみるならば，そもそも刑罰を科される場合とは，自分自身でさまざまなことを考量し判断し，それにもとづいて行為する者である，という見方が導かれるであろう．悪いことをしたら罰せられる，というごく常識的な見方は，私たちは自分で自分のことを決めることができるのだから，その結果は自分で引き受けなければならない，という考え方に明白にもとづいている．そして，結果が正の価値をもつ場合には，それは自分の功績として自分に帰せられ，結果が犯罪のように負の価値をもつ場合は，責任を問われ刑罰が科せられることになる．刑法39条は，そもそも自分で自分のことが決められる，という前提条件が十全に満たされないような，例外事象についての規定なのである．

　以上のような，自分で自分のことを律して，自分のことを決められる「個人」や「人格」，という近代的人間観は，「合理性」（rationality），あるいは合理性の源をなす能力としての「理性」（reason）という概念によって表現されるのが標準的である．現代でも，「自立した自律性をもつ人格」という概念は，しばしば哲学者によって，「合理性」とともに，もっと厳密に言えば，「反省的合理性」（reflective rationality）とともに，語られる（See Rovane 2004）．おそらく，そうした近代的人間観の源泉の1つは，ジョン・ロックの人格論であろう．ロック曰く「私の考えでは，人格とは思考する知的な存在者であり，理性をもち反省を行い，自分自身を自分自身として，つまり異なる時間と場所において同じである思考するものとして考えることのできる存在者である．そしてそれは意識によってのみなされる」（Locke 1975: 2. 27. 9）．言ってみるならば，近代以

降の人間観を語るとき，「合理性」や「理性」に言及するのは基本的「お作法」なのである．

　この場合の「合理性」や「理性」は，理論的次元で矛盾なく首尾一貫した仕方で思考したり推論したりできるということだけではなく，道徳的な考慮ができるという実践的次元でのあり方も含意している．実際，いま引用したロックによる人格概念の定義は，最終的には刑罰の主体として人格を規定する，という方向に向かう．「人格とは，行為とその功罪に充当する法廷用語(Forensic Term)である．したがって人格は，法を理解することができ，幸・不幸になりうる知的な行為者にのみ属する」(Locke 1975: 2. 27. 26)．ここでのポイントは，「法を理解することができ」というときの，「できる」である．ここに「合理性」や「理性」が重ねられていると解釈するのが妥当であろう．

「自分」は「自分」ではなかった

　けれども，今日の観点から率直に考えると，こうした近代的人間観は，あけすけに言ってしまえば，「嘘」だったのである．少なくとも「嘘」っぽい．少し冷静に考えれば，おかしいと思える点がぞろぞろ出てくる．まず，自分のことは自分で決定できる，という物言いは明白に間違いであると言ってのけたくなる．自分なる，他者から完全に独立の「個人」なるものなど，ありえない虚構であることは，むしろ明白なのではないか．自分の好みでメニューを選択できる，と言われる．けれども，そもそも好みを形成する範囲や料理の種類は，外からあてがわれて，幼少から自分を制約してきたものでしかない．「味噌汁」など，自分で創造したものではない．自分の誕生前から存在していて，それに自分が曝されてきたにすぎない．「鯖の煮付け」だって「きんぴらゴボウ」だって同様である(例が片寄っているかもしれないが……)．それに，そもそも言語が自分由来のものではない．ずっと昔から，多くの他者が使い続けてきたものにすぎない．それに自分が従っているだけだ．

　むろん，こうした捉え方に対しては，素材はたしかに他者由来だとしても，いまこのとき，この特定のものを選択するのは自分なのだから，自分の自律性はやはり成立するのではないか，と言われるかもしれない．こうした議論は，本「現代哲学のキーコンセプト」シリーズの『自由意志』の巻ともかかわる論

点で，たしかに一理あるかもしれない．おそらくこれは，生物としての人間を作る原因は何か，という問いに対する答え方の場合と似ている．新生児誕生の原因は，精子と卵子，すなわち父と母である．なるほど，そういう言い方はたしかに通用する．けれども，厳密に考えて，父と母が，新生児の内臓の構造や，成長の力を創造したと言えるだろうか．とてもそうは思えない．むしろ，DNAとか，あるいは究極的には神とか，そういう親をはるかに飛び越えた親ならざるものに原因性を帰する方が誠実な見方ではないか．同じ事情が，自分で自分のことを決定する，という捉え方にも当てはまりうるだろう．

　そして，自律的・合理的人格という近代的人間観が問題含みであることは，先に触れた刑罰の問題について一層明白に当てはまる．すでに触れたように，近代的人間観を形成する「合理性」は道徳的考慮能力を含意していた．ということは，合理的人格は道徳をわきまえ，道徳に適った行動をするはずであると捉えられているのである．だとするなら，道徳を破るような加害行為をするような者は，定義的に，合理的人格ではない，ということになる．しかるに，そもそも刑罰とは何であろうか．罪を犯した人に対する社会からの対応である．この場合，罪を犯した「人」に対する，という点が重要である．刑罰は「人」に対して科せられるものなのである．考えてみれば当たり前である．動物や昆虫に対して刑罰を科す，ということは奇妙である．動物や昆虫に対して裁判などするはずもないし，動物や昆虫に懲役刑を科すなど意味不明である．動物が加害行動をした場合は，駆逐するか駆除するかであって，刑罰概念は適用されない．けれども，このような事情だとしたなら，妙な事態になってくる．加害行為をした者は合理的人格ではない，つまりは「人」ではない．日本語で言うところの「人でなし」である．道徳的考慮能力がないからである．けれども，いま確認したように，「人でなし」には定義的に刑罰を加えられない．しかし，それでは収まりがつかない．ということで，「人でなし」の「人」，すなわち「人非人」という位格でもって刑罰を科す対象として扱うのである．

　これは，明々白々たる論理の倒錯であろう．強く言うなら，ある種のごまかしなのではないか．「自分」というものが近代的人間観に従った合理的人格として自分のことを自分自身で決めることのできる存在者であるとするなら，「自分」は実は「自分」ではなかった，と言うべきなのではないか．実際，こ

うした合理的人間観にもとづいた刑罰システムは，今日たくさんの矛盾に曝され，困難の中にあえいでいる．死刑存廃論しかり，障害者や高齢者の累犯しかり，である．死刑論争がデッドロックに乗り上げ，にっちもさっちもいかなくなっていることはよく知られていよう．国連から廃止勧告を受けても，日本政府は世論の死刑支持のもと廃止勧告を拒絶している．しかし，この点については，人権を保持する合理的人格に対する刑罰として死刑をどう位置づけるか，真摯な反省が迫られているのである（一ノ瀬 2011 第 1 章参照）．また，障害者や高齢の囚人が服役を終えて釈放されても，職もなく住居もなく，自力では生活できない．かくして，再び犯罪を繰り返し，刑務所に戻ろうとする（山本 2006 参照）．刑務所ならば，寝る場所も食事もあるからである．これでは，何のための刑罰か，という疑問が出るのは必定だろう．

むしろ人間は非合理なのだ

だとしたら，むしろ思い切って，私たちはたいていの場合合理的ではない，（合理的な場合があるのはあるとしても）基本的に非合理な存在なのだ，と割り切ってしまうという方針が思いつかれてくるのは必然である．実際，今日の学問水準では，とりわけ哲学や行動経済学などの分野では，人間は外部や他者からの影響をもろに受けて，非合理な判断や選択をしがちな存在者であると，言い換えれば，合理的に自分のことを自分で決めたり律したりできる存在者とは言い難いと，そのような把握をデフォルトとして議論を始めるやり方が興隆をきわめている．ボルトロッティによる本書『非合理性』はまさしく，そうした 21 世紀の現代の学術的人間観についてコンパクトな形で検討を加えた，時宜を得た好著である．

本書は，4 つの局面から，私たち人間の，むしろ本性と言うべき（?!），非合理性について検討している．第 1 は，人々の考えを解釈したり推論したりすることにまつわる非合理性である．私たちが考えていることが，他者にも理解可能で説得性をもつためには，そうした考えの前提となる信念の真理性や，推論過程の整合性が要請される．しかるに，往々にして，そうした要請が満たされない場合がある．その最たる例は，自己欺瞞であろう．ボルトロッティは「息子のジミーが重大な犯罪に手を染めたと示す有力な証拠があるにもかかわらず，

母のメアリーがそれを信じようとしない場合」という例を挙げている（29 頁）.
これほどシリアスな場合ではなくとも，私たちはしばしば，現実のデータを前
にしたとき，それを中立的に捉えるのではなく，自分に都合良く解釈したり，
逆に過度に悲観的な仕方で理解したりしがちである．

　私のような大学教員は，講義中の学生たちの反応をいつも気に掛ける．学生
たちがニコニコしていたり，じっと教員を見つめていたりするとき，今日の講
義は学生に受け容れられ完璧だったと自負する教員がいるだろう．けれども，
出席していた学生自身は，自分たちが講義に関心をもち集中していたわけでは
ない，と感覚している場合も十分にある．学生の視点からすれば，はて，なぜ
この教授はそんなに自信をもったんだろうと不思議に思わざるをえない．要す
るに，教員の満足は，合理的裏付けを欠いた，空虚なうぬぼれにすぎないので
ある．こうした事例に対するボルトロッティの議論の特徴は，たとえ非合理に
見えて，理解しがたい考えでも，「私たちはみな粘り強い解釈者なのだ」（48
頁）と指摘する点にある．すなわち，私たちは，非合理に見える考えを抱く人
に対しても「うまく解釈することは可能だと」（49 頁），そのように再び理解可
能性の方に引きつけていこうとするものなのだ，というのである．ボルトロッ
ティは，要するに，非合理性は（解釈可能性という）合理性へともう一度振幅し
揺り戻されていく，という私たち人間の実践を描こうとしているのである．実
際，虚心坦懐に考えれば，うぬぼれている教授がなぜ自分に都合良くものごと
を捉えようとするのかは理解できなくはないはずである．そう思い込まないと，
恐ろしくて大学での講義などできないからだ，つまり，無意識的にせよ，自分
を安心させようとしているからだ，というのがたぶん 1 つの合理的な理解の仕
方であろう．精神衛生的に健康な仕方で教授生活を維持するための，いわば防
衛機制なのだと．

　こうした点は，ボルトロッティも引用する，カーネマンらの行動経済学にお
けるヒューリスティックスの考察からも確認できる．カーネマンによるベスト
セラー『ファスト＆スロー』から，利用可能性ヒューリスティックス，すなわ
ち，私たちはたやすく思い出されるものに過剰に注意を向けてしまいがちであ
る，という認知バイアスの例を引いてみよう．それは「エイラー事件」とよば
れる出来事である．「エイラーは化学物質の名称で，リンゴの生長をコントロ

ールして見映えをよくする効果があり，正規の許可を得てリンゴに散布されていた．それがパニックになった発端は，ネズミにこの物質を大量に摂取させたところ，ガン性腫瘍が発生したとの報告が報道されたことである．この報告は当然ながら世間を震え上がらせ，この恐怖を受けて報道は一段と過熱した……リンゴも，リンゴジュースやジャムなどの加工品もみんな怖がって買わなくなり，リンゴ産業は大打撃を被った……その後の調査で，エイラーは発ガン物質としての危険性はきわめて小さいことが確認されており，エイラー事件は大山鳴動して何とやらの典型例だったと言える．この事件のせいで健康によいリンゴの消費量が減ってしまったのだから，結果的には公衆衛生に好ましくない影響を与えたことになる」(カーネマン 2012: 210-11)．私たち人間は，しばしば，目の前に出てきた危険性を示す報告のみに注意を集中し，それへの恐怖を膨れ上がらせ，「どれくらい危険なのか」という合理的かつ量的思考ができなくなってしまう．「エイラーの一件は，小さなリスクに対応する能力が私たちに欠けていることをはっきりと示した．私たちはリスクを完全に無視するかむやみに重大視するかの両極端になり，中間がない」(カーネマン 2012: 211)のである．その結果，非合理きわまりないことに，かえって別の弊害を招いてしまう．いつか見た光景だ，と思い当たる読者も多いだろう．我が国でも同様なことが過去何回も繰り返されてきたのである．カーネマンは，このように事態が泥沼化していくことを「利用可能性カスケード」と呼ぶ．

　なぜ，私たちはこのように非合理な思考をしてしまうのだろうか．カーネマンは，こうした人間の癖について説明するために，つまりはそうした癖自体を合理的に理解可能なものにするために，「2つのシステム」というアイディアを出す．ものを判断するときに自動的に高速で働き，努力不要なシステムは「システム1」と呼ばれ，複雑な計算など知力を使わないとできない判断を導くものを「システム2」と呼び，「エイラー事件」のような認知バイアスは「システム1」の機能が全面に出てきて，「システム2」の入り込む余地がなくなっている状態なのだと捉えるのである．これは，非合理性を合理性へと再び取り込む議論であり，ボルトロッティの論調と合致する．おそらく，カーネマンらが創始した行動経済学という学問そのものが，人間の非合理性を合理性へと回収することをもくろんだ活動なのだと言ってよいように思われる[*1]．

合理性／非合理性とバネの比喩

　ボルトロッティが論じる，非合理性の第2の局面は，精神異常と非合理性の関連についてである．ボルトロッティは，精神異常は必ずしも非合理性と結びつくわけではなく，非合理とは見なされないような精神疾患もあるし，あるいは，非合理的な特徴があるとしても「狂気と正気は連続的なもの」(86頁)と捉えられる，という視点を強く打ち出している．私たちは，健常な状態でも，「非合理なふるまいはするものであり，しばしば現実から遊離するもの」なのである(87頁)．正しくは次のように言うべきだ，というのがボルトロッティの考えである．「心を病んだ人々を他の人々から区別するのは量的なちがい——つまり現実からの遊離の程度と，それがもたらす心理的な幸福や社会機能へのダメージの深刻さなのである」(87頁)．こうした，私たち人間を非合理性を免れない存在と見なすという見方は，本解説前半ですでに私がおもに刑罰の場面に焦点を当てて確認してきたことと合致するだろう．それがゆえに，まともに人間を合理的で自律的な存在と見なしてしまうと，無理が生じてしまうわけである．

　この局面で示されているボルトロッティの議論でぜひ注意を向けるべきは，「現実からの遊離の程度」として，程度概念が導入されている点である．もともと合理性は“ratio”からきた“rationality”であり，非合理性は“irrationality”である．しかるに，もとの“ratio”は，「比率・割合」を表している．だとしたら，合理性／非合理性という対概念には，比率という意味での程度概念が本質的に染みこんでいる．「どのくらい」合理的か，「どのくらい」非合理的か，そういう量概念として語られるのが本筋なのである．完全に合理的，完全に非合理的，というのはないのだ．精神疾患の問題を通じて提起されたボルトロッティの指摘は，まさしくこの根源的な核心を突いている．しかも，このことを見通すことによって，さらに重大なことが導かれる．すなわち，実は「非合理性」といっても，完全に合理性と絶縁したもののわけではなく，合理性との連携を保持しているのだ，ということである．たとえていえば，伸縮している最中のバネのようなものと言ったらよいだろうか．完全に縮みきった状態もなく，完全に伸びきった状態もなく，いつも伸びたり縮んだりしているバネ．それが合理性／非合理性の対に当てはまる比喩なのではなかろうか．

解説　非合理性と合理性の伸縮

　さて，ボルトロッティが析出する非合理性の第3の局面は，選択や意思決定における感情と理性の連関をめぐる非合理性である．ボルトロッティは，感情や直観にまかせた選択がいつも非合理になるわけではなく，直観的プロセスと理性による熟慮的プロセスとの両方を見つめながら，どちらに重きを置くかを，その都度の文脈にのっとって選択していくことが合理的なのであり，反対に，そうした「決断の文脈を見誤ってしまう者」(126頁)が非合理的と言われるのだと論じる．ここにも，合理性／非合理性の，バネの伸縮のような相互性が指摘されていると読むことができるだろう．

　そして最後に，ボルトロッティが目を向ける非合理性の第4の局面は，世界のあり方を捉える際の非合理性であり，その問題は現代科学や証拠の概念をめぐって展開される．科学的な世界像は合理的で，それに反する世界像は非合理的だ，という通念は果たして妥当か，という問いかけが導きの糸となっている．そして，合理的で証拠に支えられた信念の問題が「幸福」概念と結びつけられ，「認識的な非合理性は克服すべき欠陥なのだろうか」(157頁)という問いを梃子に，現実を歪曲しすぎることは結局は不安や疎外を引き起こしてしまって幸福には結びつかないが，多少の「ほどほどに楽観的な認知からは，大きなメリットがもたらされる可能性がある」(157頁)と指摘され，楽観主義／悲観主義のバランスを取ることが推奨される．明らかに，ここにもバネの比喩が妥当する．いずれにせよ，本書は，通読してみるならば，パノラマをなすような広い領域が通覧されていて，壮大な思考世界が展開されている書物であることが分かる．まことに痛快な1冊となっていると言えるだろう．

　おそらく，非合理性に対する合理性は，事実として「そうである」というよりもむしろ，他者との相互的な関係のもとで「そうあるべきだ」という規範性（normativity）という審級のもとで語られるものなのである．だからこそ，事実として非合理的であることを免れない私たち人間に対して，近代初期以降，繰り返し自律的で合理的な人間観が語り継がれてきたのである．実際，こうした合理的人間観が「人格」として語られてきたこと，そして「人格」が道徳や法といった規範的文脈での主体となってきたことが明らかであることを顧みるとき(See Rovane 2004)，合理性／非合理性の対が濃密に規範的文脈へと浸透していることが了解されてくる．合理性や自律性は，たぶん，たとえ完全なる完

197

成形が見果てぬ夢だとしても，それを語り続けること自体になにがしかの価値が置かれているものなのである．このような点からすると，合理的な人間を「個人」として捉えることは，やはり当初から無理筋であったことが再確認されもする．私たちは，合理的・自律的であることを規範的に期待されるという形で，他者や外部との相互影響のもとで存立する存在者なのであり，それは「人格」ではあっても，厳密には，独立した「個人」とは言えないからである．そして，本書が示唆するように，合理性／非合理性の対が排他的ではなくシームレスに連続するものであるならば，事実／規範という対もまたシームレスに連関していくという洞察を読み取ることもできるかもしれない*2．読者の皆さんも，本書を読みながら，そのような根源的な問いについて考えてみたらいかがだろうか．

*1　私たち人間の非合理性は，事実としてそうなのだと受けとめられるならば，逆にそれを利用したりすることもできるし，そうした利用は，反転して，合理的なやり方であるとも言える．このことを確認するには，伊藤公一朗が紹介している例，つまり，アメリカ大統領選挙でのオバマ陣営が支持者登録数を上げるために，どのようなウェブサイトが良いかをマーケティング戦略によって決定した例がよいだろう．それによれば，マーケティング調査をした結果，利便性から合理的に判断してベストだと思われたウェブサイトよりも，家族写真が入っているウェブサイトが最も好感度が高いことがわかり，それを採用して成功を収めたという趣旨の報告がなされている（伊藤 2017: 83-100 参照）．これは，人々のいわば非合理的なバイアスをそれとして受けとめて利用するということであり，その利用自体は合理的な，つまり目的に適った戦略であると言うことができるであろう．
*2　ボルトロッティ自身，意思決定における非合理性を論じる場面で，「道徳を生んだのは，進化によるプロセスという人間と動物に共通のものであ」(101 頁)るという見方に言及しており，そうした道徳心理学あるいは進化心理学的な視点というのは，かなり大々的な仕方で事実／規範の対の連続性の指摘を志向するものであると言える．

参考文献
一ノ瀬正樹 2011. 『死の所有』，東京大学出版会
伊藤公一朗 2017. 『データ分析の力　因果関係に迫る思考法』，光文社新書
カーネマン D. 2012. 『ファスト＆スロー（上）』，早川書房
Locke, J. 1975. *An Essay concerning Human Understanding*. ed. by P. H. Nidditch, Oxford University Press.
内藤謙 1991. 『刑法講義　総論（下）I』，有斐閣
Rovane, C. 2004. 'Rationality and Persons'. In *The Oxford Handbook of Rationality*, eds. A. R. Mele & P. Rawling. Oxford University Press. pp. 320-342.
山本譲司 2006. 『累犯障害者』，新潮社

訳者あとがき

　本書は Lisa Bortolotti(2015), *Irrationality*, Polity Press の全訳である．原著はポリティ社の "Key Concepts in Philosophy" シリーズの 1 冊で，著者ボルトロッティは英バーミンガム大学の哲学教授．認知科学の哲学，とりわけ心理学と精神医学の哲学を専門としている．本書の参考文献表に並ぶ多数の論文・著書・編著からも窺い知れるとおり類まれな生産性をもった研究者で，2009 年に出版された著書『妄想とその他の非合理な信念』(*Delusions and Other Irrational Beliefs*) は 2011 年にアメリカ哲学会の著作賞を受賞している．また 2010 年には来日もしており，東京大学にて計 5 回の連続講演会が行われた．

　非合理性を主題にした哲学のガイドブックは，多くはない．とりわけ本書のようにコンパクトかつ分野横断的なものともなればそうそう存在はするまい．だが，本書のような本は存在すべきであり，その理由は少なくとも 3 つある．第 1 に，合理性と非合理性は哲学の様々な領域で説明項として使われるにもかかわらず，相当に多義的な概念でもある．哲学研究者がこの多義性をよく理解しておかなければ，議論のすれ違いのおそれがある．第 2 に，人の非合理性は心理学・精神医学・行動経済学といった諸科学にとっても重要な研究対象であるから，哲学がこうした関連分野といかに交わりうるかを見るために格好のテーマである．そして第 3 に，解説でも論じられているとおり経験科学によって近代的人間観の誤謬が明らかにされつつある現代，人の非合理性とその含意を正しく把握することは，すべての人の自己理解にとって意義をもつ．

　これらに対応して，本書の用途にも大きく分けて 3 つが考えられる．まず，哲学を学ぶ者が非合理性概念についてのまとまった見識を得るために読む場合．とりわけ行為論，倫理学，心の哲学など，人のふるまいに直結した分野の研究者にとっては本書の議論から得るものは少なくないだろう．2 番目に，哲学に関心をもつ関連諸科学の研究者が読む場合．自分たちの研究対象について哲学者はいったいどんなことを考えているのか，という疑問をもっているなら，本書が手がかりを与えてくれるだろう．3 番目に，人の心理や行動傾向に興味が

199

ある一般読者が読む場合．非合理性のようなテーマを扱うと，意図せずして過度に扇動的な言説を生んでしまう危険性もあるものだが，その点本書の議論は慎重でバランス感覚がよく，安心して薦められる．

　非合理性についてのバラエティ豊かな議論をこの分量にまとめた代償として，いくらか予備知識があったほうが読みやすい箇所が本書にあることは否定しきれない．たとえば第1章の解釈主義をめぐる議論は，ある程度関連した哲学的素養がある者を念頭に置いて書かれている感はある．だが本書の特徴の1つは，各章の内容的な独立性の高さである．前の章を読んでいなければ後の章が理解できない，という構成にはなっていないので，序論さえ読んだらあとは好きな順番で読んでも，あるいは興味のある章だけを読んでもさほど大きな問題はない．特に哲学外の研究者や一般読者にとって，そうした選択肢もあることは記憶にとどめておく価値があるだろう．

　訳の方針について述べておくと，本書の翻訳は日本語としての読みやすさを重視したものである．文脈によって同じ英単語もしくは英語表現に異なる日本語訳を当てることはもちろん，文の区切り方を変えたり構造を変えたりと，趣旨を損なわない範囲で原文に手を加えて訳している箇所も多々ある．また特記すべき点として，読みやすさを優先するために原語の併記をほぼ排している．これについては，索引にある語ならそちらで原語を確認することができるので，必要に応じて参照されたい．

　最後に謝辞を述べる．本書の翻訳にあたっては多くの人物の助力を得たが，ここではとりわけお世話になったお二方にのみ言及することをお許し願いたい．葛谷潤氏と川瀬和也氏には，本書の第1〜2章の草稿を綿密に検討していただいた．読み込みの深さも，かかった時間も，通常の訳文検討のレベルをはるかに超えたものであり，全体的な訳の方針について貴重な示唆を得た．改めて厚く御礼を申し上げる．

索　引

ア 行

ICD／『疾病及び関連保健問題の国際統計分類』　66,70-71,86

アジアの病気(Asian Disease)　33-34,39,42

アディス(Addis, Donna Rose)　152

誤り／間違い／ミス(mistake)　20-40,44,48-49,56

アリエリー(Ariely, Dan)　161

アリストテレス(Aristotle)　51,71,99-100

アリッケ(Alicke, Mark)　151

アルツハイマー病(Alzheimer's disease)　62,150

医学モデル(medical model)　58,61

意思決定(decision-making)　1-4,9-12,29,35-42,73,79,85,87,89-128

——理論(decision theory)　35-37,96

意志の弱さ(weakness of will)　21

意図(intention)　2-4,97-98

因果的な関係，結びつき，相互作用(causal relations (connections, interactions))　18,24,57,59,104-106,122,153

因果的な来歴または説明(causal history or explanation)　59-60,62,137,140

ウィルソン(Wilson, Tim)　85,109-110,112,114-115,124-125,127,144,154-155,159

ウェイソンの選択課題(Wason selection task)　29-31,39

ヴェルマン(Velleman, David)　156

うつ病(depression)　56,88,98,152

エドワーズ(Edwards, Ben)　55-56

エラー(error)　23,35,38,147

カ 行

解釈(interpretation)　8-9,14-49

根源的解釈(radical interpretation)　18-19,21

科学(science)　5,11,37,61-63,129-141,156-159

——合理主義(rationalism about science)　134

——主義(scientism)　133-138

——的な手法(scientific method)　130-133,136-139,159

——についての反合理主義(anti-rationalism about science)　134-135

ガザニガ(Gazzaniga, Michael)　115

カーネマン(Kahneman, Daniel)　29,34,38,40,49,107

カールーザーズ(Carruthers, Peter)　112

勘／直感(gut feelings)　3-4,10,103

考え／意見(opinion)　68,92,125,136,147

感情(emotion, feeling)　2-11,65-71,80,87,89-106,110,122-127,147,154-156,161-162

——の障害(emotional disturbances)　75,97-99

予期感情(anticipated emotions)　97

寛容の原理(principle of charity)　19-20,23-25,28,36

記憶(memory)　145-159

——障害(memory impairments)　84-86,152

——の歪曲(distorted memory)　53,145-156

エピソード記憶(episodic memory)　84-85

自伝的記憶(autobiographical memory)　67,85-87,146-148

偽善(hypocrisy)　21

キッチャー(Kitcher, Philip)　127,137-138,158

機能(functioning)　9,12,17,24,44-48,52,56,59,68,85

技能(skills)　7,117-121,126,143

規範(norms)　1-4,7-11,26,36,40-41,43,47-49,52-59,86,129

共感(empathy)　71,87,94,99-101,128

クアットローン(Quattrone, George)　141

クライン(Klein, Gary)　116-118,120

グランディ(Grandy, Richard)　23-26

クリュシッポス(Chrysippus)　92

201

クレペリン（Kraepelin, Emil） 64,68
計画（planning） 3,66,84,92,99,119,123
ケネット（Kennett, Jeanette） 84-85,104-106
現実検討（reality testing） 79,82
限定合理性（bounded rationality） 40-41
行為者性（agency） 1-12,99-102,122,128,161-162
　志向的行為者性（intentional agency）14-15,21,29,42-46
　道徳的な行為者性／道徳的に行為すること（moral agency） 94,99-102,106,127-128
　人の行為者性（human agency） 1-12,14,16,54,80-81,84-86,93,161-162
高速で倹約的なヒューリスティック（fast and frugal heuristics） 41,107
交通問題（Traffic Problem） 32-34,39
幸福（well-being） 4,6,10,38,52,60-63,85-87,123-127,142,152-158
合理化（rationalization） 10,47,103-104
心の健康（mental health） 51-88
心の病（mental illness） 9,53-88
混合的な状態（hybrid state） 46

サ 行

サイコーシス（psychosis） 9,12,56,60,65,68,74-78,82-83
再認ヒューリスティック（recognition heuristic） 41
サイモン（Simon, Herbert） 40,108
作話（confabulation） 56,67-68,81,85,102-103,110-114,123,130,151,157
サズ（Szasz, Thomas） 53-54,57-59,71-73,88
サットン（Sutton, John） 120-121
三角測量（triangulation） 19
幸せ（happiness） 4,11-12,32,51,93,96,125,137,156
しきい値理論（threshold view） 42-44,46
志向性（intentionality） 46,48
　志向的行為者性（intentional agency）14-15,21,29,42-46
　志向的状態（intentional states） 8,14-18,21-27,42-49
　志向的スタンス（intentional stance） 16-

18,22-26,36
自己欺瞞（self-deception） 18,21,46,145
自己創造（self-creation） 112
自己知（self-knowledge） 9,67,71,85-86,90,106,109,111-114,122,125-127
シジウィック（Sedgwick, Peter） 59-60
実践的な合理性（practical rationality） 4,10-11,55,157
シミュレーション（simulation） 23
社会的直観説（social intuitionism） 102-106,122
シャクター（Schacter, Dan） 146-148,152,159
シュヴィッツゲーベル（Schwitzgebel, Eric）44-46
習慣（habit） 68,72,107,111,115,120-121,154
熟慮（deliberation） 1-4,10,29,40,72,84-85,89-91,104-106,108-111,115-126
熟練（expertise） 107-108,115-121
証拠／データ（evidence） 7-11,24,42-49,56,67-68,81-83,103,109,122-124,129-158
　——に敏感であること（responsiveness to evidence） 24,47,129,139,141,157
情動的な状態（affective states） 10,53,57,93,120,123
自律（autonomy） 6,9,11,45,54-55,83-87,98,156,161-162
人格／性格（personality） 94,149-150,152
診断（diagnosis） 6,9,53-88
信念（belief） 2-11,14-29,35-39,42-50,53-58,67-68,74-83,129-130,134-148,157-159
真理（truth） 8,15,20-21,25,28,67,91,136-138
　真理性条件（truth condition） 20-21,25,28
推論（reasoning） 3,19-31,35-49,55-56,83,91,96,103-104,107,122-127
スウィーニー（Sweeny, Kate） 158
スタノヴィッチ（Stanovich, Keith） 38,40
ストア派（Stoicism） 92-93
スライディング・スケール理論（sliding scale view） 43-46
成功（success） 6,12,41,97,143-144,146,

157

精神医学者の見解(psychiatrist's view)
53, 61-64

精神異常(insanity)　9, 52-54, 57-58, 61,
64, 81, 86-88

生態学的合理性(ecological rationality)　41

責任(responsibility)　6, 9, 45, 54-55, 59,
68, 73-80, 83-87, 146, 161

説明(explanation)　8, 14-18, 21-27, 44-49,
59-61, 104, 112-113, 115, 130-138, 139-
141

セディキデス(Sedikides, Constantine)　151

選好(preference)　2, 31-35, 39, 56, 112-114

　　——の逆転(preference reversals)　31,
33

選択(choice)　2-7, 29-34, 38-40, 84, 89-
128, 161-162

　　——盲(choice blindness)　113-114, 122

　　合理的な選択(rational choice)　39

　　熟練者の選択(expert choice)　116-118,
119-121

　　直接の選択(direct choice)　32

　　釣り合い(matching)　31-33

　　よい選択，賢明な／知恵のある選択(good
(wise) choice)　10, 38, 91, 96, 99, 106,
116, 122, 161

ソマティック・マーカー仮説(somatic-
marker view)　96

タ 行

態度(attitude)　29, 33, 55, 71, 73, 98, 101-
106, 107-115, 122-127, 149

　　——の形成(attitude formation)　1, 5, 7,
10, 90, 102-106

　　——の正当化(attitude justification)
101-106, 108-110, 112-114, 122

ダマシオ(Damasio, Antonio)　94-96, 127

タマルティ(Tumulty, Maura)　46-48

知恵(wisdom)　10, 39, 91-93, 100, 111,
115-118, 121, 123, 161

知覚(perception)　17-18, 22, 86, 93, 118-
121, 123, 126, 148, 153

知性(intelligence)　38-39, 119-120

　　IQ　38

　　オンラインの知性とオフラインの知性
(online vs. offline intelligence)　119-

120

直観(intuition)　1-2, 26, 31, 40, 90-91, 102-
110, 115-127, 162

チン(Chinn, Clark)　139-140

デイヴィドソン(Davidson, Donald)　15,
18-25, 28-29, 36, 42-43, 50

DSM／『精神疾患の診断・統計マニュアル』
66-67, 71, 74, 77, 86

ティベリウス(Tiberius, Valerie)　111, 115,
127

テイラー(Taylor, Shelley)　142-144

デカルト(Descartes, René)　93, 119

テスト(testing)　131-134

デネット(Dennett, Daniel)　15-18, 21-22,
25-26, 35-36, 43, 46-47, 50, 144-145, 159

手早く大雑把なヒューリスティック(quick
and dirty heuristics)　39, 41, 107

ドゥ・ヴァール(de Waal, Frans)　100-
101, 127

トヴェルスキー(Tversky, Amos)　29, 32,
34, 38, 40, 49, 141

動機(motivation)　7, 46, 56, 97-99, 117,
126, 139, 141-142, 152-153

統合失調症(schizophrenia)　12, 60, 64-68,
74-78, 80, 85, 88, 98

ドレイファス(Dreyfus, Hubert)　107-
108, 115-116, 118-120

ドレイファス(Dreyfus, Stuart)　115, 118-
120

ナ 行

内観(introspection)　103, 105, 108-112,
114-115, 122-127

なじみ深い非合理性(familiar irrationality)
21, 36, 49, 56, 81-82

二重プロセス理論(dual-process theory)
40, 49, 103

ニスベット(Nisbett, Richard)　29, 37-39,
49, 112, 114-115

人間性の原理(principle of humanity)　21-
25, 44

認識的な合理性(epistemic rationality)　4,
8-12, 53, 56, 64, 67, 81-83, 129-139, 157

認知(cognition)　1, 11-12, 26-28, 39, 41,
86, 93, 99, 146-148, 157-159

　　——科学(cognitive sciences)　1, 5, 37,

203

49,88,106,119

――的な状態(cognitive states)　1,53,
92-93,123

――の障害または欠損(cognitive impair-
ments or deficits)　57,65-66,76,79,
86,142

人の認知(human cognition)　5,12,27,
99,130,157

認知症(dementia)　62,64,67,85,149-150

ハ 行

バイアス(bias)　11,27,56,83,105-106,
119,122,124-127,139,145-152

一貫性バイアス(consistency bias)　149

確証バイアス(confirmation bias)　83,
140

結論への飛躍バイアス(jumping to
conclusions bias)　83

自己高揚バイアス(self-enhancing bias)
145-146,150-152,157

自己奉仕バイアス(self-serving bias)
27,145-146

潜在的なバイアス(implicit bias)　105,
127

ハイト(Haidt, Jonathan)　102-106,110,
114-115

バウワーズ(Bowers, Len)　59

ハーク(Haack, Susan)　133,138-139,156,
158-159

パーソナリティ障害(personality disorders)
64,68-72,74-75,77-78,80,86,88

ハットン(Hutton, Robert)　116-118,120

反省(reflection)　2-3,10,40,90-91,99-
115,119-127,155-156

判断(judgement)　24,29,38-39,68,84,90,
93,99-109,112-113,140-142

ビーチ(Beach, Lee Roy)　156

ピッカード(Pickard, Hanna)　71-72,80

非難(blame)　80,87

ヒューイット(Hewitt, Jeanette)　65-66,68

病因／病因学(aetiology)　57,62,67

費用対効果分析(cost-benefit analysis)
95-96,123,126

ファイヤアーベント(Feyerabend, Paul)
135-137,159

ファイン(Fine, Cordelia)　104-106

不安(anxiety)　56,98-99,152,156-158

不一致(disagreement)　20,22-24

不協和(dissonance)　33

フーコー(Foucault, Michel)　52-54

不整合(inconsistency)　6,18,20,28-29,
44,48-49,53,67,105,109

ブラウン(Brown, Jonathon)　142-144

プラトン(Plato)　91-93,99,110

プリチャード(Prichard, J. C.)　68

ブリューワー(Brewer, William)　139-140

ふるまい(behaviour)　1-10,14-28,36-40,
42-49,52-57,61,63-71,86-87,99-102,
122-125

――と解釈(behaviour and interpretation)
14-28

志向的なふるまい(intentional behaviour)
14-15,42-43,49

人の行為者のふるまい(behaviour of human
agents)　1-8,16-17

フレーミング効果(framing effect)　34-35

ブロイラー(Bleuler, Eugen)　64

分析(analysis)　40,95-96,109,113,119-
123,126

法律家の見解(lawyer's view)　54-58

ポジティブ幻想(positive illusions)　142-
145,159

ホール(Hall, Lars)　113-114

本能(instinct)　10,93,99-100

マ 行

マカーイ(McKay, Ryan)　68,144-145,159

マーカス(Marcus, Greg)　149

マクアダムス(McAdams, Dan)　153,159

マクギアー(McGeer, Victoria)　47

マクノートン・ルール(McNaughton rules)
75

マシューズ(Matthews, Steve)　84-85

見分けること(recognition)　116-118,120-
121,126

無統制(unruliness)　89,91-92

迷信(superstition)　21,81-82,130-131,137

妄想(delusion)　9,12,45-47,65-68,70-71,
74-86,130,137,157

目的／目標(goal)　2-4,15-16,39,66,93,
96-98,117,123,126,152-158

目的と手段に関する推論(means-ends

reasoning) 55

物語(narrative) 11,84-85,87,111,115,
　122,139,145-159,161
　自己物語(self-narrative) 11,84-85,87,
　　111,122,145-159

ヤ 行

抑うつリアリズム(depressive realism) 82
予測(prediction) 8,14-27,36,43-49,56,
　82,109,121,125,158
　自己予測(self-prediction) 109,125,145
欲求(desire) 2-5,8,11,14-16,46,56,92,
　97,100,142
ヨハンソン(Johansson, Petter) 113

ラ 行

楽観主義(optimism) 82,125,142-145,
　152,157-158
理解(understanding) 8-9,14,17-20,25,

47,67,90,111,115,117-119
理解可能性(intelligibility) 21-28
リスク(risk) 31,34,97,145
理性(reason) 3,7,52-54,89,91-94,96,
　99-102,123,126
理想的な合理性(ideal rationality) 36
理にかなっていること(reasonableness)
　52-53
理由をあげること(reasons giving) 7,10,
　55-56,72,85,102-106,110-115,122-125
類似性ヒューリスティック(similarity
　heuristic) 25-28
ルークス(Lukes, Steven) 25-26
ルール(rules) 26,36,59
連言錯誤(conjunction fallacy) 28-29
連想(association) 1,40,105,147-148
論理／論理学(logic) 3,19-21,24-25,28-
　29,33-37,39,44,55,132,161
論理条件(logic condition) 19-20,28

リサ・ボルトロッティ　Lisa Bortolotti

オーストラリア国立大学 PhD. 現在，バーミンガム大学哲学科教授．心理学・精神医学の哲学，認知科学の哲学．*Delusions and Other Irrational Beliefs.* Oxford University Press (2009); *An Introduction to the Philosophy of Science,* Polity Press (2008) など．

鴻　浩介

1986 年生．東京大学大学院人文社会系研究科基礎文化研究専攻博士課程．駿河台大学・慶應義塾大学・千葉工業大学・武蔵野大学非常勤講師．哲学．

一ノ瀬正樹

1957 年生．東京大学大学院人文社会系研究科教授を経て，現在，東京大学名誉教授，オックスフォード大学名誉フェロウ，武蔵野大学教授．哲学．

現代哲学のキーコンセプト
非合理性　　　　　　　　　　　リサ・ボルトロッティ

2019 年 7 月 23 日　第 1 刷発行
2023 年 9 月 25 日　第 2 刷発行

訳　者　鴻　浩介

発行者　坂本政謙

発行所　株式会社 岩波書店
　　　　〒101-8002 東京都千代田区一ツ橋 2-5-5
　　　　電話案内 03-5210-4000
　　　　https://www.iwanami.co.jp/

印刷・三陽社　カバー・半七印刷　製本・松岳社

ISBN 978-4-00-024536-4　　Printed in Japan

入門から　もう一歩進んで考える

現代哲学のキーコンセプト
Key Concepts in Philosophy
解説　一ノ瀬正樹

A5 判　並製

- 英国ポリティ（Polity）社から刊行中のシリーズから精選
- 手ごろな分量で，現代哲学の中心的な概念について解説
- 概念の基本的な意味や使い方・論争点等を示す教科書

『確率』
ダレル・P. ロウボトム（香港嶺南大学教授）／佐竹佑介訳………222 頁
定価 2640 円

『非合理性』
リサ・ボルトロッティ（バーミンガム大学教授）／鴻 浩介訳……214 頁
定価 2640 円

『自由意志』
ジョセフ・K. キャンベル（ワシントン州立大学教授）／高崎将平訳…182 頁
定価 2200 円

『真理』
チェイス・レン（アラバマ大学准教授）／野上志学訳………………246 頁
定価 2750 円

『因果性』
ダグラス・クタッチ（西インド諸島大学講師）／相松慎也訳………230 頁
定価 2750 円

所属は執筆時

────── 岩波書店刊 ──────

定価は消費税 10% 込です
2023 年 9 月現在